南薇先生评传
汪永泰　刘耕源·著
四川大学出版社

责任编辑:梁　平
责任校对:杜　彬
封面设计:璞信文化
责任印制:王　炜

图书在版编目(CIP)数据

南薇先生评传 / 汪永泰，刘耕源著. —成都：四川大学出版社，2018.3（2025.6 重印）
ISBN 978-7-5690-1655-0

Ⅰ.①南… Ⅱ.①汪… ②刘… Ⅲ.①南薇（1921—1989）-评传 Ⅳ.①K825.78

中国版本图书馆 CIP 数据核字（2018）第 060775 号

书名　南薇先生评传

著　　者　汪永泰　刘耕源
出　　版　四川大学出版社
地　　址　成都市一环路南一段 24 号 (610065)
发　　行　四川大学出版社
书　　号　ISBN 978-7-5690-1655-0
印　　刷　北京长宁印刷有限公司
成品尺寸　170 mm×240 mm
印　　张　16
字　　数　302 千字
版　　次　2018 年 6 月第 1 版
印　　次　2025 年 6 月第 2 次印刷
定　　价　72.00 元

◆读者邮购本书，请与本社发行科联系。
电话：(028)85408408/(028)85401670/
(028)85408023　邮政编码：610065
◆本社图书如有印装质量问题，请寄回出版社调换。
◆网址：http://press.scu.edu.cn

越剧功臣：南薇和韩义

（代序）

刘厚生

首先想问一声现在的越剧观众和青年越剧工作者，你们知道南薇和韩义这两个名字吗？

我问过一些人。少数人模模糊糊，多数人不知道，只有健在的越剧前辈老大姐们还忘不了他们。

他们是不应该被遗忘的人。今天的越剧艺术如同春花灿烂，秋实丰硕，爱好者越来越多，其根源在于20世纪40年代的革新。革新的主流是越剧“十姐妹”那一代人。走在前面举大旗的是袁雪芬，而南薇和韩义则是这一革新运动的元勋功臣。南薇于1989年早逝，韩义也在2006年2月离世。在纪念越剧诞生百年之际，我以为必须把这两位先贤请出来同大家见见面。

20世纪30年代后期，越剧在上海初步形成以演新本戏为主的格局，但是演出形式和剧目内容比较陈旧。1942年袁雪芬受到话剧影响，立志革新。她主导大来剧场和后来的雪声（越）剧团建立了完整的编导制度，但是剧场老板不愿出钱请编导，她就用自己的工资邀请了几位青年知识分子入团担任编剧导演和舞台美术设计。韩义和南薇就是最早参加者中的两人。

韩义曾学过美术，在上海剧艺社工作过；南薇是商界小职员，但熟悉京剧评弹等。那时他们都刚刚二十出头，有一定的文化素养，赞同袁雪芬的改革理想，凭着对戏曲的热爱，放手就干，他们打出了“新越剧”的旗号。

南薇在进入袁雪芬的剧团头三年中，由他编导的新戏就有26部之多——那时越剧演出大都每天两场，每半个月到一个月换一个新戏。其中比较突出的有《香妃》《绝代艳后》《琵琶记》等，当时都很轰动，但在文化界仍然不被重视。

到了1946年，越剧出现了一次历史性变革。南薇经人介绍，读了一篇评论鲁迅小说《祝福》的文章，即《祥林嫂——鲁迅作品中之女性研究之一》，作者丁英。直到中华人民共和国成立后他们才知道这篇文章的作者就是曾任上海市出版局局长的现代文学史家丁景唐。南薇跑到后台，在袁雪芬日夜场之间换装时把《祝福》读给她听。他们都不了解鲁迅，但是祥林嫂命运的戏剧价值和社会意义使他们决定立即改编上演。他们还拜访了鲁迅夫人许广平先生。此戏于当年5月6日以《祥林嫂》剧名演出。彩排时，许广平为剧团邀请了田汉、于伶、佐临、白杨、欧阳山尊、赵丹等一批文艺名人观摩，引起了文艺界的巨大震动。越剧由此同文艺界有了日益密切的联系，促进了袁雪芬思路的飞跃，《祥林嫂》成为越剧史上一座里程碑。南薇发现这个题材，为越剧打开了一扇新窗户。

越剧在各种地方戏中是最讲究舞台美术的。而韩义可以说是这方面最早的开创者。在布景方面他创造了“样式化”布景和灵便节约的“小装置”；在灯光方面他最先开始用聚光灯和多色转灯，发挥光影作用；在服装方面他突破传统衣箱制，为每部戏都设计新服装，还引进民族服装；在化装方面他首先使用油彩化装。这些方面的开创使得越剧的舞台美术有了全新面貌，影响深远。同时韩义也担任编导工作。如1949年初他写的《万里长城》反映了当时人民反暴政争民主的呼声。他同南薇还为其他越剧团编导设计了许多戏。1947年十姐妹大联合演出的《山河恋》，就是以他们二人为首集体编导的。这是越剧史上的一次壮举。

南薇、韩义以及与他们同时期的一些编导如于吟、蓝流、吕仲、徐进、钟泯、吴琛等，在20世纪40年代的十年之间为越剧发展做出了重大贡献，提高了越剧的文学水平和舞台艺术品位。南薇、韩义作为投入最早、成就最高、影响最大的代表人物，他们的功勋应该铭记在一代代越剧人的心中。

目　录

一　南薇先生不姓南

(1921—1989)

20 世纪 40 年代的上海，这座被世人称作“冒险家乐园”的城市，折射出光怪陆离的色彩。在摩天大楼的阴影中，倔强地绽放着几朵奇葩级的小花儿，那娇嫩鲜艳的倩影，在上海滩的历史长卷中，成了难以磨灭的时代记忆。

那年月，抗日战争的烽火燃遍华夏大地，山河破碎，哀鸿遍野，苏州河畔四行仓库十九路军浴血奋战的壮烈情景还记忆犹新，令人叹息伤感的是满目疮痍的都市中处处笙歌，颇有一股商女不知亡国恨，隔江犹唱后庭花的异样滋味。

苏州河自西向东横贯上海，虽说谈不上波澜壮阔，确也是上海联系内陆城乡水上交通运输的一条主动脉，称它为上海滩的母亲河也不为过。

来往船只多为破旧木板船。那时上海市民多数还在用行灶木柴烧饭煮菜，将山里砍下的木材，劈成尺把长短木条，上海人俗称其为“柴爿”。这些成捆成堆的柴爿就是通过这些木船运至上海，售于百姓家。这些在苏州河上往返穿梭的舟船，就有了一个“柴爿船”的诨称。

那时交通并不发达。舍不得或买不起火车轮船票的下层百姓，花上几十文铜板，搭坐在柴爿船上，与柴爿一同到上海滩谋生。他们往往还能在亲朋好友面前炫耀一番：“我是乘柴爿船上来的!”

这群乘柴爿来上海的外乡人，有逃荒来的，也有到十里洋场淘金来的，各腔各调的乡音混杂在混浊的空气中，融汇得恰到好处，几乎不显得一丝一毫突兀。

一大群异乡人到上海谋生，顺势也将各地的民间戏曲带至上海。江苏来的有常锡文戏（锡剧）、江淮戏（淮剧、扬剧）、苏滩昆腔（苏昆），浙江来的有绍兴文戏（越剧）、绍兴大班（绍剧）、宁波滩簧（甬剧），北方来的有蹦蹦戏（评剧）和京戏（京剧），它们一个个落地生根，在上海这方乐土生根发芽，抽枝长叶，蓬勃发展。而本土的本地滩簧（俗称本滩）和申曲（沪剧）也不示弱，申曲的西装旗袍戏更是独树一帜，显示了海派艺术的神韵与风采。至于独具特色的方言话剧和滑稽戏，幽默风趣，更是受到一般市民的喜爱。除了三餐一宿，人们的精神生活也只有靠看看家乡戏来充实了。

众多外来剧种和本土剧种争奇斗艳，交相辉映，交织成一幅无比绚丽的海派戏剧的历史画卷。而最抢眼、最受上海市民欢迎，发展变化最大的剧种，毫无疑问当数越剧。那时节，电台里播放的是绍兴戏，街头巷尾传唱的是绍兴戏，逢寿宴婚庆，堂会里唱的又是绍兴戏，如《倪凤煽茶》《借红灯》《马寡妇开店》《盘夫索夫》《书房会》等，反复献唱，乐此不疲。

沿苏州河向东，便是赫赫有名的六岔路口泥城桥。不要看它如今有些落寞，但在当时却是上海滩最繁华的地段之一。泥城桥向东行半里许，便到了贵州路和北京东路的交汇处。这里灯红酒绿，戏院众多。颇为洋派的大加利酒家旁是丽都大戏院，斜对面是金城剧场，北侧有专演绍兴大班的老闸大戏院，南侧有京剧场子中国大戏院，西侧有明星大戏院。沿西藏路向南，剧场星罗棋布，数不胜数：国泰剧场、大上海剧场、宁波同乡会剧场、卡尔登剧场、红宝剧场、大新公司、西施公司演艺游乐场。再往南有大世界、天蟾舞台、共舞台、黄金大戏院、中央大戏院、龙门大戏院，一直延伸至老西门中华大戏院及蓬莱市场小剧场。这便是号称东方百老汇的上海滩的剧场圈。泥城桥恰恰是声势浩大的演艺圈的发端地。

这里还有一个并不十分起眼的小剧场，但对上海越剧而言，却有着十分重要的意义，这个小剧场便是坐落在泥城桥金城大戏院对面的大来剧场。大来剧场并非专门建造起来的剧场，而是由寿圣魔大楼的大厅改建而成，进深五米，宽仅六米多一点，只有三十来平方大小。

别小看这斗室勾栏，在整个越剧史上，它的地位却是无比显赫。大来剧场于 1938 年 4 月 1 日建成开幕，4 月 15 日，名噪一时的越剧小生马樟花与袁雪芬联袂在此登台亮相。袁雪芬就是在这里开始了她的辉煌而多彩的艺术人生，也是从这里开始，发轫了她改革越剧的理想。

终于有一天，美术设计韩义领来一位朋友，因袁雪芬在一出戏（这出戏是《雨夜惊梦》，1943 年 2 月 23 日上演，韩义和蓝明联合执导）里有舞剑场面，他是特地被韩义请来教舞剑身段的，虽说示范动作有点硬邦邦，但他却能将每个招式的来龙去脉说得头头是道。袁雪芬被征服了，末了向这位教舞剑的斯斯文文的“教练”深深地鞠了一躬，叫了声：“南薇先生。”

这便是“南薇先生”名称的由来。这位被称为“先生”者，既非耄耋老人，亦非忠厚长者，恰恰是位仅比袁雪芬虚长一岁的小青年。一个二十岁，风华正茂；一个二十一岁，年方弱冠。他们会擦出怎样的火花来呢？

南薇先生本姓刘，大名“松涛”。

他出生在一个米商家庭。米行铺子开在福州路附近，旧称“四马路”。那可是熙攘繁杂的闹市区，所以生意相当热火。常州人开米行颇多，苏南常锡一带原是富庶的鱼米之乡，粜米售粮行业发达，也在情理之中。刘家家境称得上小康，所以膝下两个儿子读书都读到中专大学。哥哥刘志立，圣约翰大学毕业；弟弟刘松涛，立信会计学校高才生。略为遗憾的是那位大哥性情淡泊，一生几乎没干过正经营生，先靠爹妈，后依兄弟，终老一生，无所事事。最后还留下一个笑话：他早上穿着配有金纽扣的衣衫出门，晚上回家变成一身铜纽扣，钱都输个精光。好在他生性懦弱，胆小怕死，一生没有犯过大错，只是庸庸碌碌地过完了他的一生。

他家后来迁至钜鹿路1弄6号。弄堂以“福润里”命名，典型的石库门房子，一厅两厢房。弄堂对面是颇有名望的“浦东同乡会”大楼，楼底层开设了一家“四姐妹舞厅”。每当华灯初上，这里俊男靓女云集，隐隐约约的舞曲声萦绕其间，显得格外有情调。

“福润里”是条石库门弄堂，弄内有一家出版社，因而文人墨客时有光顾，无形中增添了一些人文气息。

南薇先生就在这条典型的石库门弄堂里长大。在他刚踏进中学大门时，却不幸丧父。母亲是位贤淑的家庭主妇，她强忍着丧偶寡居的困顿，将两个儿子拉扯成人。老人家性格开朗、心地善良，唯一的爱好就是喜欢听书看戏。书，听的是苏州评弹；戏，看的是京班大戏。听书看戏之际，老人家常将垂髫小儿带在身旁。南薇自幼受到剧场书苑的熏陶，为他日后的人生道路打下了坚实的根基。

南薇从立信毕业后，即被邀至“瑞泰羊毛厂”当上了会计。纵观南薇的一生，理财从不是他的强项，他从不刻意追逐钱财，但阴错阳差地竟投在赵公明门下，“有借必有贷，借贷必相等”的条条框框始终不在他的志趣之中。他所酷爱的是戏剧艺术。

南薇学生时代的生活，几乎一片空白，但有段往事，倒值得一提。

南薇与韩义在少年时代即相识，虽说有时吵吵闹闹，却也算得上是莫逆之交，亲如兄弟。韩义家颇为有钱，只是继母肆虐，他常逃避在外，有段时间索性睡在南薇家的客堂里。两人一起谈戏论剧，参加业余演剧活动。20 世纪 50 年代初，南薇为尹桂芳编过一出《英雄与美人》的洋装戏，这是根据法国大作家雨果名剧《欧那尼》改编而来的。1830 年《欧那尼》在法兰西大剧院公演时曾引起轰动，为随后的巴黎“七月革命”唱响了前奏。殊不知十年前在福润里 6 号的西厢房里早已“上演”过该出名剧！南薇将床单披在身上，权当披风，手执木剑与韩义搏斗。一个当然是侠盗欧那尼，另一个是坏蛋公爵大人，两个人你来我往，刀光剑影，从沙发打到床上，从床上打至天井，打得鸡飞狗跳，要不是老母亲喝止，说不定会惹下什么祸事。

《英雄与美人》　尹桂芳主演

至于韩义举荐南薇在大来剧场教袁雪芬舞剑，是不是他在这场戏中发现了南薇习武的天分，已无从考证了。

二　大来剧场初露锋芒

南薇进大来剧场应该在1943年春。这一年的5月3日，南薇编导的《雪地孤鸿》正式上演，共演出两周。

在此之前，姚鲁丁（于吟）、韩义（洪钧）、老大哥吕仲、高个子蓝明（沈默），均早于南薇成了袁雪芬立志越剧改革的先行者。

早期绍兴文戏又称的笃班、小歌班，演的全是"路头戏"。所谓"路头戏"，是指没有剧本的幕表戏。老戏师傅根椐所演戏文剧情分配角色，场次、角色出场先后、演员该做什么，列成幕表，贴在上场门一侧。演员根据老戏师傅——早期原始导演，分配的角色在侧幕边候场，等待把场子的师傅叫唤上场。至于到台上说些什么，唱些什么，都无文字剧本，全凭演员自由发挥。当然有许多幕表戏也有"肉子"唱词，这些"肉子"唱段几乎都从弹词作品摘录而成，这些"肉子"也就成了师傅们不肯轻易传授的压箱底的看家本领。师傅口口相传的还有一种放在任何戏里皆为可用的通用百搭唱段，老艺人称其为"赋子"，如什么"街坊赋子""观灯赋子"之类，这些便是旧越剧戏班的教科书。早期的越剧演员依据这些手段，可以日日为观众唱不同的戏文。

所谓有"肉子"的传统老戏有《何文秀》《梁祝》《碧玉簪》《珍珠塔》《二度梅》《盘夫索夫》《双珠凤》《沉香扇》，几乎都有弹词本子的踪迹可寻。地方戏与这些弹词作品都有千丝万缕的关系。袁雪芬早期的演出剧目一天换一本，都是此类剧目。

越剧唱本小册子

进入大来剧场后，袁雪芬开始了她的改革实验。姚鲁丁是第一批越剧编导，他在 1942 年率先编导了《古庙冤魂》《情天恨》《断肠人》《蛮荒之花》《人海飘航》；韩义编导了《雨夜惊梦》（与蓝明合作）、《乱世佳人》；吕仲编剧的有《侠骨柔肠》（蓝明导）、《家庭怨》（与姚鲁丁合作编导）、《燕归巢》（蓝明导），从此开启了越剧演出有剧本可循的时代。

南薇踏进越剧圈的开卷之作是《雪地孤鸿》，由袁雪芬、张桂莲、陆锦花、徐天红、吴小楼及戚雅仙、赵雅麟、刘雅君等“雅”字辈演员主演。

《雪地孤鸿》是一出悲剧。故事是说明朝末年，黄河泛滥成灾，难民冯国忠携女雪娘南下投亲郑家，缙绅郑逸民之子剑平与雪娘早有婚约。剑平继母闻冯家遭灾，顿起毁约之念，欲将其侄女周姣贞嫁与剑平，剑平拒不应允，弃家出走。等冯雪娘父女到了郑府，剑平却已他去。无奈囊空如洗，又遇贫病煎熬，风雪交加，父女二人困于徐州客店一筹莫展。恰遇剑平也寄寓客舍，两人蓦地重逢，悲喜不已。剑平将雪娘携回家中。谁知有恶少吴文豪，垂涎雪娘美貌，假冒剑平之名，修书诱引雪娘花园密会，岂料信使小童误投书信送与姣贞，两人相会丑态百出，遂联手设计陷害雪娘。剑平中计将雪娘逐出家门。待剑平悔悟追至雪地，雪娘已命赴黄泉。

故事剧情虽然有些俗套，但也算曲折离奇，1943 年 5 月 3 日至 16 日，这出剧尽管演了两个星期，却没有引起很大轰动。

《雪声纪念刊》上是这样介绍该剧的：“雪地孤鸿是南薇先生的早期作品，

但是他在这出戏中却又有了新的尝试，故事是最受人欢迎的悲剧，唱词特别修饰，清雅如诗，但是结果呢？南薇先生说：‘我以后要改变作风了。’原来他写的唱词只能入目，不甚悦耳，观众不易接受。话虽如此，词句到底是美丽的。”

雪地孤鴻

南薇編導

民國三十二年五月三日至十六日

雪地孤鴻是南薇先生的早期作品，但是他在這齣戲中卻又有了新的嘗試，故事是最受人歡迎的悲劇，對於唱詞特別修飾，清雅如詩，但是結果呢，南薇先生他說：「我以後要改變作風了，」原來他寫的唱詞只能入目，不甚悅耳，觀衆不易接受，話雖如此，詞句到底是美麗的，現在摘錄幾段，也算是改革期中的紀念。

第四幕

雪娘（唱）春城無處不飛花，殘花飄落到鄭家，雖然公子待我好，他心似真又是似假。我本是王謝堂前燕，飛入尋常百姓家。爲什麼朝朝暮暮受折磨，鳳飄鸞泊在天涯。行過花街玉欄斜，又只見桃紅柳綠來相映，紅杏枝頭多枝芽，片片李花呈銀霞，我非柳絮隨風狂，終何桃李把東風嫁。

第六幕

雪娘：（唱）一年易過又秋風，處處園林盡落紅。晚來風雨摧殘急，百日芳華一夜空。深閨靜，影憧憧，雲凝露滴浸曉風。薄命佳人馮雪娘，無日不愁眼常紅。遠離關山千里月，孤影蕩漾似飄蓬，日如三秋腸九轉，命比雪地一孤鴻。但見那滿園景色多變幻，觸目淒涼添愁衷。但見那落葉飄零皆摧殘，漫地花絮逐秋風。但見那碎玉堆砌蓬萊島，殘珠抛疊兜率宮。可憐那，惜花人兒添惆悵，翻來翠袖掩玉容。輕將殘花收拾起，三尺青塚葬殘紅。古來薄命惟奴最，花命淺薄與奴同。既然花命難久長，春來何必放艷紅。雨打風摧無數劫，曇花一現泡幻中，花骨難死有儂葬，未知誰來葬阿儂。

演員表

馮錦忠——徐天紅
馮雪娘——劉雅君 袁雪芬
鄭逸民——吳芻樓
鄭　萱——鄒雅瑩
鄭周氏——盧桂芬 陸金花
鄭劍平——張桂蓮
吳文豪——周雅云
店小二——王哈哈
店　主——夏笑笑
周姣貞——葉雅蘭
春　琴——俞雅萍
劉芸芳——戚雅仙
吳文僕——趙雅麟

劇情

明末黃河氾濫，時饑民中有馮爾忠者，與女雪娘南下投親鄭家，雪娘本與鄉紳鄭逸民之子劍平有嚙臂盟，第久疏音信，劍平有後母，悍甚，聞水災事，堅欲劍平娶其姪女周姣貞，劍平尚之，馮爾忠父女既到目的地，詎鄭家竟已他去，卒以囊空如洗，流落徐州，時正大雪紛飛，爾忠貧病交迫，止於客店，會劍平等也避雪店中，巧與雪娘相值，急攜歸，但吳文豪自邂逅雪娘，日惟書空咄咄，神昏顛倒，乃商於僕，決以冒劍名誘雪娘至花園幽會，初不料吳僕誤送於姣貞之手也，至是二人窘態畢露，遂聯合計陷雪娘，劍平誤信爲真，將雪娘逐出，雪娘彷徨雪地，及劍平悔悟而追至，雪娘已翩然作驚鴻逝焉。

《雪声纪念刊》第 31 页

戏曲唱词是要通过演员演唱给观众听的，当时还没有幻灯打字幕的手段，这与案头文学诗词大有区别。它应该能让人一听就明白，要雅俗共赏，切忌佶屈聱牙，艰深难懂。这里有一个适应和磨合的过程。通过这一实践，他逐步对戏曲的某些规律有了较为清醒的认识。

美丽的唱词，是值得记上一笔的。且看：

第四幕中一段唱，押的是家花韵。

雪娘（唱）春城无处不飞花，残花飘落到郑家。
虽然公子待我好，他心似真又似假。
我本是王谢堂前燕，飞入寻常百姓家。
为什么朝朝暮暮受折磨，凤飘鸾泊在天涯。
行过花街玉栏斜，又只见桃红柳绿来相映，
红杏枝头多枝芽，片片梨花呈银霞，
我非柳絮随风狂，缘何桃李把东风嫁。

第六幕中一段唱，押的是中东韵。

雪娘（唱）一年易过又秋风，处处园林尽落红。
晚来风雨摧残急，百日芳华一夜空。
深园静，影憧憧，雪凝露滴浸晓风。
薄命佳人冯雪娘，无日不愁眼常红。
远离关山千里月，孤影荡漾似飘蓬。
日如三秋肠九转，命比雪地一孤鸿。
但见那满园景色多变幻，触目凄凉添愁衷；
但见那落叶飘零皆摧残，漫地花絮逐秋风；
但见那碎玉堆砌蓬莱岛，残珠抛弃兜率宫。
可怜那，惜花人儿添惆怅，翻来翠袖掩玉容。
轻将残花收拾起，三尺青塚葬残红。
古来薄命惟奴最，花命浅薄与奴同。
既然花命难久长，春来何必放艳红？
雨打风摧无数劫，昙花一现泡幻中。
花骨虽死有侬葬，未知谁来葬阿侬？

时隔三月，南薇又推出了他第二部作品《天上人间》。其根据世俗小说《济公传》中李修缘削发为僧的故事改编而成。虽然也演足了两个星期，但结果却不尽如人意。

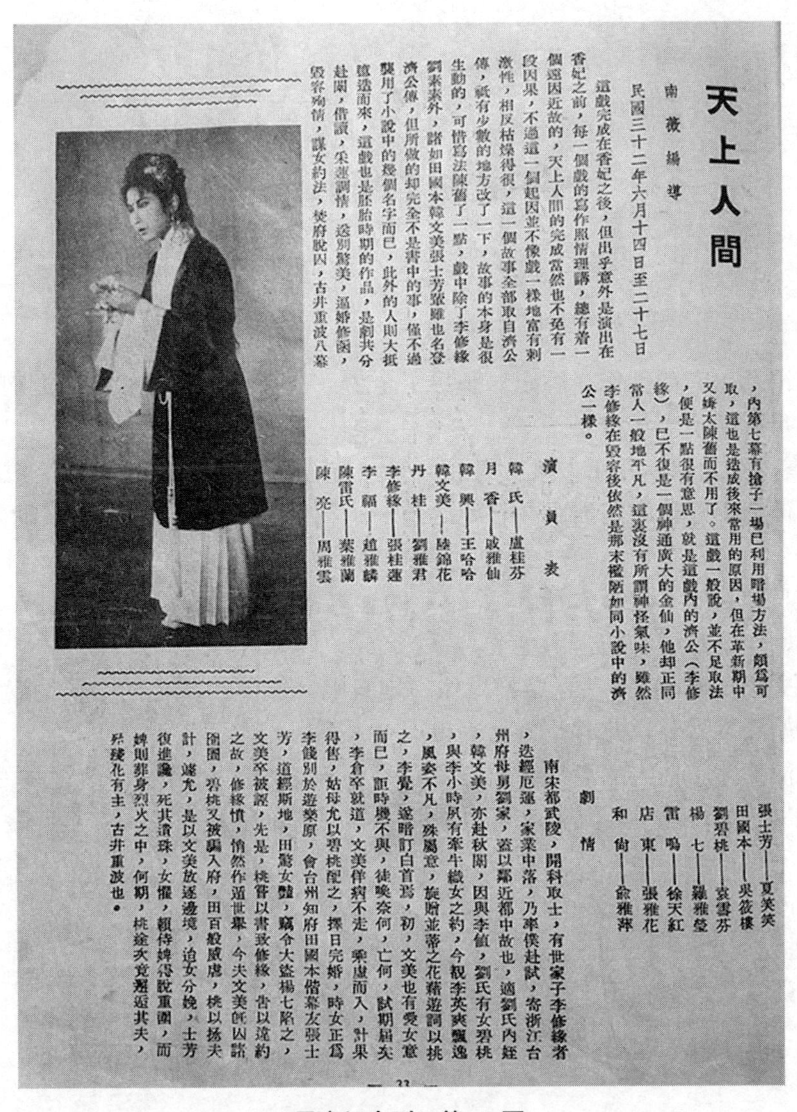

天上人間

南薇編導

民國三十二年六月十四日至二十七日

這戲完成在香妃之後，但出乎意外是演出在香妃之前，每一個戲的寫作照情理講，總有着一個遠因近故的，天上人間的完成當然也不免有一段因果，不過這一個起因並不像戲一樣地富有刺激性，相反枯燥得很，這一個故事全部取自濟公傳，祇有少數的地方改了一下，故事的本身是很生動的，可惜寫法陳舊了一點，戲中除了李修緣劉素素外，諸如田國本韓文美張士芳雖也名登濟公傳，但所做的却完全不是書中的事，僅不過襲用了小說中的幾個名字而已，此外的人則大抵臆造而來，這戲也是胚胎時期的作品，是劇共分赴闈，借讀，采蓮調情，送別驚美，逼婚修函，毀容殉情，謀女約法，樊府脫囚，古井重波八幕，內第七幕有搶子一場已利用暗場方法，頗爲可取，這也是造成後來常用的原因，但在革新期中又嫌太陳舊而不用了。這戲一般說，並不足取法，便是一點很有意思，就是這戲內的濟公（李修緣），已不復是一個神通廣大的金仙，他却正同常人一般地平凡，這裏沒有所謂神怪氣味，雖然李修緣在毀容後依然是那末襤陋如同小說中的濟公一樣。

演員表

韓氏——盧桂芬
月香——戚雅仙
韓興——王哈哈
韓文美——陸錦花
丹桂——劉雅君
李修緣——張桂蓮
李福——趙雅麟
陳雷氏——葉雅蘭
陳亮——周雅雲
張士芳——夏笑笑
田國本——吳筱樓
劉碧桃——袁雪芬
楊七——羅雅瑩
雷鳴——徐天紅
店東——張雅花
和尙——俞雅萍

劇情

南宋都武陵，開科取士，有世家子李修緣者，迭經厄運，家業中落，乃率僕赴試，寄浙江台州府母舅劉家，蓋以鄰近都中故也，適劉氏內姪，韓文美，亦赴秋闈，因與李偕，劉氏有女碧桃，與李小時夙有牽牛織女之約，今覩李英爽飄逸，風姿不凡，殊屬意，旋贈並蒂之花藉遊詞以挑之，李覺，遂暗訂白首焉，初，文美也有愛女意而已，詎時機不與，徒喚奈何，亡何，試期屆矣，李倉卒就道，文美佯病不走，乘虛而入，計果得售，姑母允以碧桃配之，擇日完婚，時女正爲李餞別於遊樂原，會台州知府田國本偕幕友張士芳，道經斯地，田驚女豔，竊令大盜楊七陷之，文美卒被誣，先是，桃嘗以書致修緣，告以違約之故，修緣憤，悄然作遁世舉，今夫文美旣囚諸囹圄，碧桃又被騙入府，田百般威虐，桃以拯夫計，遂允，是以文美放逐邊境，迫女分娩，士芳復進讒，死其遺珠，女懼，賴侍婢得脫重圍，而婢則葬身烈火之中，何期，桃途次竟邂逅其夫，殘花有主，古井重波也。

— 33 —

《雪声纪念刊》第 33 页

为越剧改革拔得头筹，从而真正奠定越剧改革基础的，是南薇为袁雪芬写的新编历史剧《香妃》。

三 《香妃》首演，一炮走红

据记载，南薇创作《香妃》倾尽了全力，找资料、查文献、列提纲、构剧情，足足酝酿了半年有余。

《雪声纪念刊》介绍《天上人间》时，有这样一段描述："这戏完成在香妃之后，但出乎意料的是演出在香妃之前……"《天上人间》的上演日期是 1943 年 6 月 14 日至 27 日，《香妃》的上演日期是 1943 年 11 月 1 日至 28 日，两部戏上演日期相隔了五个多月。《香妃》的迟迟推出，只能说南薇为创作这部史诗般的剧作动足了脑筋，用足了心思。

功夫不负有心人，《香妃》果然一炮打响，连演四个星期，场场爆满。而主演香妃的袁雪芬，此时此刻已不得不令人刮目相看了。

对演惯才子佳人的袁雪芬而言，贸然去演一个完全陌生领域题材的作品，成功与失败的可能性，其概率可以说是参半对等的。写戏的人有点冒险，演戏的何尝不是铤而走险？然而袁雪芬与南薇皆是有志向、有追求的初生牛犊，为了越剧改革，他们甘愿一试。

《香妃》的题材已远远超出家庭伦理剧的范畴，也不是一般的宫闱戏。它将故事的背景放置在历史的浩大场面之中，波澜壮阔，气吞山河。

香妃

南薇編導

民國三十二年十一月一日至二十八日

凡是到過北平，遊覽過故宮的人們，我想總不至於會忘了，在文華殿裏懸掛的那幅意大利畫家郎世甯所繪回部香妃的巨像吧，相同地，那三殿旁邊（浴德堂）香妃浴室的餘香遺澤，新華門前寶月樓頭的回部建築，諸如回子營的陳跡，陶然亭（南下窪）的香塚，種種全都是足以使人追懷起香妃那一生悲壯激昂可歌可泣的一段史實的故事，香妃的所以爲後人稱道，固然是因爲她的體有異香，但她真正的香，卻並不表於此，她以一亡國之女，爲了不忍讓祖國的子民慘受屠城之災而遠戍異域，同時，當日海天山，夜上蔥嶺，瀟輪攝軒，黯然歸道之際，她毅然和平西將軍兆惠，富德，約法三章，誅了叛賊，這更不是鬚眉可以望其項背，嚮沙撲面，亂鴉歸巢，香妃雖報了她夫仇，但她也從此身入了玉門（關名，今之甘肅省敦煌縣）再沒有機緣來見到這夕陽衰草，古塚黃沙的故國山河了，在清庭她遭遇過乾隆帝（清高宗弘歷）的百計威脅，她也嘗到過宮中后妃（太后鈕祜祿氏，帝后富察氏）的嫉妒凌虐，香妃生活在宮禁森嚴，專制淫威之下，竟處患難而自保，臨大節而無虧，苦鬥掙扎，至死不渝，單憑這一點忠貞之氣，也足值得流香萬世而無愧了。

每屆丹桂飄香，金風送爽的時令，一輪皓月喚映着那陶然亭東北隅南下窪的香塚，破井頹垣，一片荒蕪，當然這不過徒然供給一些人們的憑弔而已，碧血香魂，雲銷霧散，香妃有知，想也有所感慨吧，我們試看他那首刻在石碑上墓銘『浩浩愁，茫茫劫，短歌終，明月缺，鬱鬱佳城，中有碧血，碧亦有時盡，血亦有時滅，一縷香魂無斷絕，是耶非耶化爲蝴蝶』纏綿悱惻，令人不忍卒讀。

「雪聲劇團」第一次所排練的香妃，牠將歷史和戲劇（包括平劇，電影，話劇）溶合於一爐，而尤其是袁雪芬小姐她把那香妃，一舉一動扮演得爐火純青，一絲不苟，尤其是在太后前祈求一死之時，那悲憤激烈的陳詞，說得聲淚俱下，張桂蓮的乾隆帝，自始至終簡直無懈可擊，此外像徐天紅那老態中流露着風情的紀昀，吳小樓那氣宇軒昂的回部大和卓木布那敦，陸錦花那英俊威武的小和卓木霍集占，盧桂芬，夏笑笑，那陰險奸詐的回部二酋，都異常稱職，佈景很多，有天山南路的沙漠，回子營，清太和殿，坤寧宮，浴德堂，寶月樓（望家樓），慈寧宮，西苑等，而全部回部及清朝服裝有六十餘襲之多，斥資之鉅，誠爲越劇創舉也。

演員表

大和卓木——吳筱樓
霍克司——盧桂芬
巴達克——夏笑笑
烏什——胡少鵬
清使——王鴻芳
回兵——高雅鵬
回探甲——羅雅瑩
乙——朱雅芳
兆惠——趙雅麟
清兵甲——錢雅明
乙——吳雅奎
清探——余雅青
小和卓木——陸錦花
乾隆——張桂蓮
太后——操秀蓮
郎世寧——吳筱樓
計百歲——張月芳
鸚鵡——戚雅仙

香妃——袁雪芬
紀昀——徐天紅
門子——鄭雅英
大臣甲——俞雅萍
乙——胡少鵬
和坤——張雅花
太監甲——朱雅芳
乙——羅雅瑩
丙——俞雅萍
丁——胡少鵬
正宮——章丹桂
宮女甲——范雅玉
乙——張雅嬋
丙——尤雅芳
回民——盧桂芬
黃門官甲——王鴻芳
乙——夏笑笑

— 39 —

《雪声纪念刊》39 页

凡是到过北平（北京旧称），游览过故宫的人们，我想总不至于会忘了，在文华殿里悬挂的那幅意大利画家郎世宁绘回部香妃的巨像吧？相同地，那三殿旁边（浴德堂）香妃浴室的余香遗泽；新华门前宝月楼头的回部建筑，诸如回子营的陈迹；陶然亭（南下洼）的香塚，种种全都是足以使人追怀起香妃那一生悲壮激昂、可歌可泣的一段史实的故事。香妃之所以为后人称道，固然是因为她的体有异香，但她真正的香，却并不止于此。她一亡国之女，不忍让祖国的子民惨受屠城之灾而远戍异域。同时，当日薄天山，夜上葱岭，蒲轮绣轩，黯然就道之际，她毅然和平西将军兆惠、富德，约法三章，诛了叛贼，这更不是须眉可以望其项背。警沙扑面，乱鸦归巢，香妃虽报了她的夫仇，但她也从此身入了玉门（关名，今之甘肃省敦煌市），再也没有机会见到这夕阳衰草，古堞黄沙的故国山河了。在清廷，她遭遇过乾隆帝（清高宗弘历）的百计威胁，她也尝到过宫中后妃（太后钮祜禄氏、帝后富察氏）的嫉妒凌虐。香妃生活在宫禁森严，专制淫威之下，竟处患难以自保，临大节而无亏，苦斗挣扎，至死不渝。单凭这一点忠贞之气，也足值得流香万世而无愧了。

每届丹桂飘香，金风送爽的时令，一轮皓月辉映着那陶然亭东北隅南下洼的香冢，破井颓垣，一片荒芜。当然这不过陡然供给一些人们的凭吊而已。碧血香魂，云消雾散，香妃有知，想也有所感慨吧！我们试看他那首刻在石碑上墓铭："浩浩愁，茫茫劫，短歌终，明月缺，郁郁佳城，中有碧血，碧亦有时尽，血亦有时灭，一缕香香魂无断絕，是耶非耶化为蝴蝶。"缠绵悱恻，令人不忍卒读。

这篇剧情介绍，文笔流畅，辞藻华美，无疑是南薇手笔，刊于《雪声纪念刊》，尘埋已久，让它重见天日透透气吧。

香妃是否只是个传说，还是历史上确有其人其事，似乎一直笼罩在云雾弥漫之中，识不得真面目。但宝月楼头的回子营，陶然亭东北方向垒起的香塚，仿佛还在默默见证着这位身有异香的妃子确在此地生活过。既然香妃的形象如此凄婉动人，让人们深深地为她叹息缅怀，又何妨让这美丽的倩影定格在舞台中央，延续本该属于她的青春年华。

后人难以想象南薇先生在创作剧本时，在构思一幕幕鲜活场景时，在抒写香妃内心呐喊的唱段时，他在想些什么，半年多全身心的投入，岂是三言两语表达得清的。

这出名剧，编戏是他，导演也是他。他不仅戏编得精彩，戏导得也惊世骇俗，独具一格。

《香妃》的上演不仅巩固了袁雪芬的票房地位，也奠定了南薇越剧界首席导演的基础。而后雪声剧团的重要剧目，无一不是南薇执导，这与《香妃》的成功是有直接关联的。他在导演《香妃》时有许多革命性的突破和创新。

雪声剧团第一次所排练的香妃，他将历史和戏剧（包括评剧、电影、话剧）融合于一炉，而尤其是袁雪芬小姐把那香妃的一举一动扮演得炉火纯青，一丝不苟，尤其是在太后前祈求一死之时，那慷慨激昂的陈词，说得声泪俱下；张桂莲饰的乾隆帝，自始至终简直无懈可击。此外，像徐天红那老态中流露着风情的纪昀，吴小楼那气宇轩昂的回部大和卓木布那敦，陆锦花那英俊威武的小和卓木霍集占，卢桂芬、夏笑笑、那阴险奸诈的回部二酋，都异常称职……（《雪声纪念刊》第 39 页）

这段文字看似在介绍扮演者演得“异常称职”，袁雪芬演的香妃“一举一动扮演得炉火纯青，一丝不苟”，张桂莲演的乾隆帝“简直无懈可击”，徐天红演的纪晓岚“老态中流露着风情”，有点老滑头老江湖的味道了……无意中流露了极明显的讯息：这些活跃在舞台上的角色，已各具性格特征，已经不是只为敷衍剧情而生的木偶般的形象了。南薇先生的导演风格是排戏时面面俱到，连“皂甲”（念“早加”，即龙套）都照顾到，每个角色要排得个性突出，形象鲜明，才能让演员和观众口服心服。《香妃》初试锋芒，已见端倪。直至今日，许多被他排过戏的演员，都为之折服。

此外，南薇先生在舞美、化妆、服饰上均有革新。这与另一位先生的合作密不可分，那便是被人戏称为“袁小姐身旁哼哈二将”的韩义先生。韩义善画，也能编能导，舞美是他的强项。《香妃》的布景设计大气磅礴，令人耳目一新。天山南路的茫茫沙漠，异域风情的回子营，富丽堂皇的太和殿、坤宁宫、浴德堂、宝月楼（望家楼）、慈宁宫、西苑……每翻一堂景，场内便出现一阵惊呼声。这也是前所未有的。这叫为布景喝彩。

《香妃》的服装更是新颖，据称，“回部及清朝服装有六十余袭之多，斥资之巨，诚为越剧创举也”。《香妃》这一“创举”，让看惯老戏一桌两椅摆设、绣袍缎服的观众顿时眼睛一亮。再加上演员化妆用油彩取代了粉彩，这又是一个划时代创举。

戏剧本是个综合性艺术，《香妃》的成功，让越剧有了个华丽的转身，音乐美术各呈风骚，可以算得上艳惊四座了！

四 《西厢》反串，再鸣一炮

《香妃》的成功让南薇久久处于兴奋状态。他感到与袁雪芬的配合相当默契，既符合他的志趣爱好，又是施展才华的一条通衢，值得他为之耕耘终生。

他想，一本戏的轰动效应很快会消失，只有不断推出优秀作品，才能让袁雪芬在越剧界的地位牢固确立。第二炮放什么戏呢？他想到了《西厢记》。

《西厢记》称得上是中国戏剧史上的杰作，词曲清新优美，雅俗共赏，空前绝后，千秋不衰。

《西厢记》虽说是名剧，各剧种都有搬演，但往往以红娘为主线。看西厢就是看红娘，早已成为观剧习惯。而越剧演出往往倚重小生的优劣。当时越剧观众以女性居多，女性所爱的往往是风流倜傥的翩翩美少年。南薇剑走偏锋，让张君瑞来唱第一号主角，让袁雪芬反串，反串通常能博取观众的眼球。南薇试探性地询问袁雪芬，想不到她一口应允，还说她在《十八相送》中演的就是男装祝英台，让人同窗三年不辨雌雄，演来毫无脂粉气。她完全可以胜任张生一角。

南薇为袁雪芬反串而设戏，所以对张生的刻画，无疑是极尽所能，精心改编，尤其是唱词的编写，匠心独具，足以和任何一本《西厢》改编本媲美，有极高的文学价值!

《西厢记》自 1943 年 12 月 27 日至 1944 年 1 月 16 日，一共演了三个星期，与《香妃》仅仅相隔一个月。

《西厢记》演出全部反串，陆锦花饰红娘，张桂莲饰莺莺小姐，吴小楼饰崔母，徐天红饰小和尚法聪，戚雅仙饰琴童。单凭这张演员表，戏是不是非常有看头？

西廂

南薇編導

民國三十二年十二月二十七日
至三十三年一月十六日

『秋風秋雨愁煞人』這是已故紹興鑑湖女俠秋瑾志士的詩句，的確，秋是蕭瑟的。秋是使人愁悶的，時令一交了秋分，人人心裏便會不自覺地縈思着春天。當然，春也不一定給人們帶來喜樂。不信嗎？如果你昨天還在渡着軟玉溫香的旖旎生活。而今日卻踏上了迢迢的征途，那寥寂的客旅呵！孤燈明滅。秋雨迷離，又如何不使你勾起一腔的離愁呢，也許你是並沒有經歷到這些，但，我相信，遭遇過的人，正不知凡幾呢，祇是他們並沒有告訴你，他們是無法告訴你，你也無從知道罷了。

然而，現在我們有機緣知道了。啊！這賜與卻還在唐代，一個天才橫溢的大詞人『元微之』他以一枝綉筆輕描淡寫地竟將我們魂夢所企求的，千古以來的人們所不致說出的，都一一鋪敘了出來，這就是流傳至今的那部至情至聖，感人至深的文學偉構。『西廂』。在這裏，他不但是闡發了一見傾心的戀愛，是寄託在肉體，而不重於精神與靈魂的矛盾，而且還暴露了當時賣買式婚姻的卑鄙，前者我們在書中可以很清晰地看出來。主人公張君瑞，以功名不遂而一領青衫，遨遊於名山大川之間，不用說，他當然是一肚的牢騷，一腔的幽憤，更不用說，他這浪跡四海唯一目標，是找尋一些刺激，聊以安慰他那消極的心靈罷了，於是乎，東蒲寺中遇見了鶯鶯小姐他便一見鍾情，繼之借廂，鬧齋，退賊，踰牆，投簡，直至達到目的的會眞，可是最後如何呢？他以博取功名而被夫人崔鄭氏，活生生逼着與鶯鶯仳離，只落得，長亭道上，哭宴，草橋店中驚夢。想起：『西廂舊紅樹，曾與月徘徊，』之際，無限溫存，無限纏綿，如今，露冷霜寒，風淒葉落，對景懷人，何等唏噓。正是：

『多情自古空餘恨，
好夢由來最易醒。』

這結果不是一個教訓嗎？再說後者。鄭氏以崔家三代不招白衣女婿，而置生女幸……奔京都『月底西廂』化作了『夢裏南柯』那時婚姻制度的不良，也就可想而知了。

演員表

紅娘——陸錦花	施大夫——胡少鵬
張君瑞——袁雪分	邱公公——夏笑笑
琴僮——戚雅仙	邱大娘——袁金仙
法因——王鴻芳	店小二賴皮——范雅玉
法空——張雅花	店主母四兒——葉雅蘭
法明——俞雅萍	鄭恒——馮笑儂
沙彌——張月芳	張世祥——葉鴻亮
沙彌——陶雅紅	旗牌——吳雅奎
崔雙文鶯鶯——張桂蓮	旗牌——錢雅明
法聰——徐天紅	狀元——趙雅麟
法本——操秀蓮	探花——胡少鵬
歡郎——章丹桂	使女——吳雅奎
崔鄭氏——吳筱樓	使女——錢雅明

— 42 —

《雪声纪念刊》第 42 页

南薇改编的《西厢》不分场与幕，而是分五个单元。第一个单元名曰“游殿到借厢”。一开场，用四句旁白式的幕后合唱，渲染了普救寺幽雅沉寂的环境：

雨过天晴又斜阳，流水落花添惆怅。
普救寺，钟无声，鼓不响，几疑人间是天上。

紧接着他就浓墨重彩地介绍张生的出场。这里没有上场引子定场诗，用的却是令人耳目一新的电影中旁白式的幕后合唱：

春去不共人商量，寂寞僧院日月长。万种愁闷无处诉，只能够，遥望博陵旧家乡。梨花院落门双掩……（红娘进入角门）。这时节，西洛来了主仆俩。

张生初见莺莺，一瞥惊鸿，如遇天仙。他的内心活动，南薇都用了画外音式的合唱来描摹，而张生仅用几声惊叹和几个疑惑，便表达了他触电般的心动。神来之笔，不妨摘录一下：

（有顷，似有所闻……

齐唱　猛听得，莺声燕语飞过墙。

红娘：小姐，小姐！这里来啊！

双文：来了。

（他骤闻此声，殊觉惊异。

张珙：小姐？来了？奇啊……

齐唱　他闻得麝兰扑鼻香。

张珙：是哪里吹来的清香？

齐唱　他闻得环珮叮当响！

张珙：是哪里传来的声响？

齐唱　不知人儿在何方？

张珙：这声息，又在哪里啊？

齐唱　她们奉严命，解愁闷，到处游赏！

接着张珙初遇崔莺莺，一见钟情，难以自拔。这段发自肺腑的唱段，实有王实甫用词遣句的神韵。

张珙：唱　五湖四海全走遍，　　谁想这里遇神仙！

见过了，人间美人万万千，似这般，惊才绝艳世少见！

她把鲜花插在乌云边，　　把翠钿贴了芙蓉面，

她是眉儿弯弯指儿尖，　　是樱桃小口无限甜！

她未开言，先含羞……

（齐念）：红娘，我看母亲去！

张珙：唱　行一步，也叫人怜！
　　　　　一个是，月里嫦娥出了殿；一个是，南海观音到凡间！
　　　　　杨柳细腰软如绵，　　　　轻移莲步春风前。
　　　　　见芳草低处脚印浅……

（白）这一步是去的，那一步也是去的，这一步勾将过来，脚尖对着脚尖，便是她向我留情之处了……

（他拾起花枝，展玩再三。）

张珙：怎当她，临去秋波那一转呵！
　　　唱　我便是铁石人儿也情意牵！
　　　　　眼花缭乱口难言，　　　　魂灵儿飞上离恨天。
　　　（白）余香犹在，环佩声远。杨柳依旧，鸟雀高喧……
　　　唱　她游丝惹了我桃花片，　　问东风，可摇了她垂杨线？
　　　　　望眼穿，涎空咽，　　　　难消遣，怎流连？
　　　　　咫尺粉墙天渊隔，　　　　恨天公不与人方便！

当张生自报身世，遭到红娘一阵抢白，他又自怨自艾起来，又是一段华彩唱段：

张珙：这想思，是害煞我也！
　　　唱　既然你，惧怕家法畏高堂，就不该，临去秋波向我望。
　　　　　你那里，国色天香多端庄，我却是，一表人才也温良。
　　　　　我与你，郎才女貌年相仿，为何么，有情装作无情样？
　　　　　你何苦眉儿淡淡再思张敞？定要到春色飘零才想阮郎？
　　　　　若是你，心中有我张君瑞，就合该，一无拘束不怕娘！
　　　　　而今是，巫山远隔天一方，空叫人，牵肠挂肚难安放！
　　　　　你掉下，一天风韵，　　　我害起，万种思量！
　　　　　你忒虑过，你空算长，　　怎不见黄莺儿作对蝶成双？
　　　　　红娘又年纪小，性气刚，　怎解得，小姐心中风流况？
　　　　　今生难成并蒂莲，　　　　前世烧下断头香！
　　　　　待思量……唉！　　　　　乍相逢，记不真，娇模样……

改编任何一部古典或传统名剧，南薇先生在唱词上一贯会很贴近原著。毫无疑问南薇改编的《西厢》词曲念白风格完全与王实甫元曲的风格一致。无论是改编传统戏《梁祝》，还是改编古乐府抒事诗《孔雀东南飞》，他都能尊重先贤的创作成果，尽可能保持原作的韵味风格，让其跨越世纪再现风采。改编目的非常明确，就是为袁雪芬反串小生量身定制张君瑞这个风流角色。因此在写张生唱段时，妙句迭出，情真意切，非常传神。

"'秋风秋雨愁煞人'，这是已故绍兴鉴湖女侠秋瑾志士的诗句……"《雪声纪念刊》上的剧情介绍写得非常有趣。从该文文风分析，无疑又是南薇手笔："……的确，秋是萧瑟的，秋是使人愁闷的，时令一交了秋分，人人心里便会不自觉地萦思着春天。当然，春也不一定给人们带来喜乐。不信吗？如果你昨天还在度着软肉温备的旖旎生活，而今日却踏上了迢迢的征途，那寂寥的客旅呵！孤灯明灭，秋雨迷离，又如何不使你勾起一腔的离愁呢，也许你是并没有经历到这些，但，我相信，遭遇过的人，正不知凡几呢，只是他们并没有告诉你，他们是无法告诉你，你也无从知道罢了。"一番感慨之后，是用这样的笔触来描绘故事梗概的："然而，现在我们有机缘知道了。啊！这赐予却远在唐代，一个天才横溢的大词人'元微之'他以一枝绣笔轻描淡写地竟将我们魂梦所企求的，千古以来的人们所不敢说出的，都一一铺叙了出来，这就是流传至今的那部至情至圣、感人至深的文学伟构。在这里，他不但阐发了一见倾心的恋爱，是寄托在肉体，而不重于精神与灵魂的矛盾，而且还暴露了当时买卖式婚姻的卑鄙，前者我们在书中可以很清晰地看出来。主人公张君瑞，以功名不遂而一领青衫，遨游于名山大川之间，不用说，他当然是一肚子的牢骚，一腔的幽愤。更不用说，他这浪迹四海唯一目标，是找寻一些刺激，聊以安慰他那消极的心灵罢了。于是乎，东蒲寺中遇见了莺莺小姐他便一见钟情，继之借厢、闹斋、退贼、踰墙、授简，直至达到目的的会真，可是最后如何呢？他以博取功名而被夫人崔郑氏，活生生逼着与莺莺分离，只落得，长亭道上，哭宴，草桥店中，惊梦。想起：'西厢旧红树，曾与月徘徊'之际，无限温存，无限缠绵，如今，露冷霜寒，风凄叶落，对景怀人，何等唏嘘。正是：'多情自古空余恨，好梦由来最易醒。'"

南薇改编的《西厢》的结尾标题是"哭宴到惊梦"。长亭惜别的唱句流畅传神，非常雅致华美：

张生：唱　我和你，连理枝断分比翼，　未卜何年是归期。
　　　　　此去金榜名不题，　更无颜面再会你。
　　　　　从此后，你去嫁个官家子，　朝欢暮乐也相宜。
莺莺：唱　你休意气，莫猜疑，　我双文终老不相弃。

秋风厉，雁南飞，　　　　　你多珍重，少悲啼！
且休管，功名成就不成就，　总该早回蒲东地！
张生：唱　你与我，一月夫妻有情义，　一朝分手如梦里。
顷刻间，我去京师你回乡，　车儿向东马向西！
中与不中当回来……　　　　马儿催我将你离。
莺莺：唱　你轻远别，重名利，　女儿家重的是真情义！
终然考场落了第，　你仍是，妻荣夫贵的相国婿！
争什么，一跃龙门登青云？　道不得，催你赴考也是计！
状元及第谈何易？　无非是，拆散鸳鸯两处飞！
你中与不中当回来，　我俟郎君重相聚！

长亭别离后，张生携琴童来至荒郊野店。孤眠独宿，难以安睡。南薇在这里安排了“梦会”一节戏：

张生：唱　心灰意懒两眼昏，　孤灯一盏听雨声。
昨宵西厢暖如春，　今夕草桥独销魂。
窗外风雨吹不停，　墙脚秋虫犹哀鸣。
烛火摇摇黑沉沉，　衾被薄薄冷清清。
早知别恨离愁苦，　懊悔来至蒲东郡！

张生在睡意蒙眬之中，听到隐约约传来的呼唤之声，梦境真变成现实。舞台上出现一缕轻烟，冉冉升起。清霜、碧波、白露、黄叶……夜雨、寒蛩、晓风、残月……

南薇是第一位将《西厢》搬上越剧舞台的编导。这为袁雪芬华丽转身起到了至关重要的作用。

大来剧场时期，南薇为袁雪芬编导了四部戏。尤其是《香妃》和《西厢》，让袁雪芬的演艺生涯得到了一次升华，也让她能够底气十足地打出“新越剧”的旗帜。

当时演出每天日夜两场，每场演出三四个小时。自从设立编导制，还额外增加排戏、背台词、练唱段的时间，日复一日，从不休息，袁雪芬终于累病了。1944 年 3 月底，袁雪芬演完《王昭君》后再度吐血，无奈只得卖掉行头，回嵊县乡下养病。临行前，“四季春班”的小姐妹们为她送行，惜别依依，合照留影。

大来剧场经历了风光的四年后，从此掩门歇业。

五　九星闪烁，再度逢春

袁雪芬在“大来”的票房业绩，以及她的表演才华，早已引起一个人的注意。那人便是刘香贤，圈内人称他“香贤班长”，他是“九星”前台经理。得知袁雪芬解约“大来”，回嵊县老家养病，他便立即邀其加盟“九星”。几番诚意邀请，袁雪芬终于答应重返舞台回上海。

此时，早先与袁雪芬合作的马樟花，拆档与“闪电红星”支兰芳组成的“天星剧团”亮相“九星”，谁知“大来”老板陆根棣买通一个叫王铭心的记者，在小报《越剧世界》上发表连载报道《“补丸小生”的浪漫史》，无中生有，极尽诬陷，影射马樟花。“九星”仅演了一个月，马樟花便一病不起，英年早逝。此番袁雪芬出山由谁来搭配，让刘香贤着实有点为难。

这时有两位当红小生可供选择：一个是颇有阳刚之气的范瑞娟，一个是以风流飘逸见长的徐玉兰。于是刘香贤约上南薇和韩义赴浙江杭州看这二人的戏。回沪商议，南薇力荐范瑞娟，认为范瑞娟男儿味实足，唱腔激越高亢，虽不及徐玉兰风雅，但肯定戏路宽，适合塑造各类角色。最后他的意见得到袁雪芬认可，一致同意选范瑞娟来与袁雪芬搭档。

“大来”旧部徐天红、陆锦花、应菊芬、魏小云、戚雅仙等，又在“九星”重聚。此外，通过吕仲介绍，又来了位新编剧，他便是新言情小说家冯玉奇。

提起这位言情小说家冯玉奇，倒也是个传奇人物。他比南薇长三岁，宁波慈溪人。他个头不高，右眼失明，自称“左明生”，平时一副墨镜总架在鼻梁上，倒不是为了赶时髦，仅是为了遮遮眼疾。冯玉奇浙江大学中文系毕业，创作了近两百部言情小说。在言情小说领域，他可谓是前辈。

写小说毕竟与写戏是两码事。在所有文学作品里，只有诗词和戏剧是要受技巧上的束缚的。写诗词要讲究声韵、格律、平仄、调式的限制，而写戏更要受到时间、地点、舞台、环境和规定情景的制约。

冯玉奇为“雪声”写过五部戏：《雁南归》《红粉金戈》《太平天国》《有情人》《孝女复仇》。五部戏均是南薇导演。袁雪芬在她的《袁雪芬自述》中这样写道："……专写言情小说的编剧新手冯玉奇，既不虚心讨教，又无传统文化知识，常常把言情小说哥哥妹妹的那一套拿来充数，害得导演南薇忙于为这位编剧的作品作伤筋动骨、改头换面的重新修改，否则就无法演出。"（《袁雪芬自述》第23页）

冯玉奇在"雪声"仅八个月就被解雇，于是心怀不满，写了本以越剧名伶生活为题材的小说《艺海双珠》，1946年1月由上海华英书局出版。他倒也不怕惹上麻烦，小说中的人物名字明显都有影射，捏造诬构，以泄私愤。将袁雪芬化名为"袁瑟芬"，傅全香化名为"傅园香"，马樟花化名为"马章华"，范瑞娟化名为"范蕊鹃"，南薇化名为"内肥"……越剧界姐妹对此非常愤慨，以"越剧业同人联谊会"的名义，将他告至警察局。他在警察局答辩时说："我和袁小姐并无仇恨，这本书的确是向壁虚构，但是我写作的动机，一方面消消辞退之气，同时也想借此赚点钱吧……"经过调解："禁绝该书，不准偷售，如有发现即行查办，且不准有类似性质书籍出版。"这场官司以原告的胜诉而告结。

《雁南归》是南薇与冯玉奇合作的第一本戏。具有纪念意义的是，它也是正式用"雪声剧团"名义上演的第一本戏。该故事剧情曲折离奇，也有些俗套，但"上座的成绩却非常好"，很大原因要归功于导演新意的手法，在一幕戏结束时，卖个关子，留个悬念，用当时的话讲："闭幕时尽量抓住高潮。"可见南薇在处理戏的节奏上已有所进步，有所突破。但南薇付出心血最多的应是《红粉金戈》。

南薇非常喜欢《红粉金戈》这部戏，直至几十年后，还为几个剧团复排过这部戏。当然这部戏的剧本已重新写过，早已面目全非。

该剧的演出有极强的现实意义。该剧公演于1944年11月27日，正值抗日战争胜利前夜，前方战事激烈，上海日伪势力垂死挣扎，百姓爱国热情日趋高涨。该剧就是在这样的历史背景下推出的。它用借古讽今的故事，歌颂了抗击异族侵略的英雄，鞭笞了胆怯投敌的败类，弘扬正气，斥责邪恶，主题异常显明。

雁南歸

馮玉奇編·南薇導

民國三十三年九月二十八日至十月十五日

這是正式用「雪聲劇團」名義演出在九星的第一砲，不過這個戲的成績並不好，一方面劇本的本身不好，另一方面演員都是初次合作，但是上座的成績却非常好，這當然是因爲袁雪芬小姐久別重逢的關係，一般觀衆那一個不想早覩爲快呢。

不過雁南歸終究是創造期中的產物，我們在這裏第一次配用琴樂，燈光的利用也比較進步，同時應當提起的，就是我們從本劇開始，分幕都減少了，不像在胚胎時期那樣九幕十幕的，而且閉幕時盡量抓住高潮。

演員表

方鐵城——筱芳臣　朱氏——葉雅蘭

方宏德…徐天紅　福興…夏笑笑

胡大虎…何福奎　強盜…何福奎

姚飛…相雅卿　李秀珍…惠菊芬

錢氏…操秀蓮　金氏…魏筱雲

方秋雁…袁雪芬　胡南湘…范瑞娟

桂子…葉雅蘭　張小峯…陸錦花

李婢…孫慧玲

劇情

第一幕

有方鐵城者，生子宏德，娶媳朱氏，產一女秋雁，尚在哺乳，一夜，宏德收賬歸，被無賴子胡大虎知悉，強借銀子不遂，怒燒其家，並將宏德打傷，鐵城葬身火窟，大虎又刼朱氏至家，欲行非禮，被大虎母怒責，幸免侮辱，然一急之下，產下一兒，竟不幸身亡，終是嬰孩南湘，大虎留作己子矣！

第二幕

秋雁被鄰人姚飛所救，改名夏霞，十六年後，秋雁婷婷玉立，已長成一絕色佳人，然家貧如洗，而老父病篤，幸有胡南湘者，時相接濟，一日，姚飛病終，以秋雁終身託南湘，與世長逝，終是南湘攜秋雁歸家。

第三幕

秋雁至胡家祖母錢氏喜甚，而大虎見色情動，是夜，強入秋雁臥房，欲行非禮，秋雁勸告不聽，大呼救命

《雪声纪念刊》第 46 页

《红粉金戈》的主角是金陵名妓柳如是。明朝末年，时局动荡，秦淮河畔，依然弦歌不绝，夜夜春宵。青楼中出现了几位杰出女子，人称“秦淮八艳”，李香君、董小宛都是，最有才华的当数柳如是。国学大师陈寅恪著有《柳如是别传》，对她赞扬有加。她色艺双绝，文才出众。曾与抗清名士诗人陈子龙有过一段刻骨铭心的恋情。她仰慕陈子龙爱国保国的一片志诚，便协助陈子龙编纂了《皇明经世文编》。她自知与她所爱的人门庭悬殊，恐婆母不容，待通情达理的陈子龙母亲准备接纳这位特殊的媳妇时，她却断然做了个决定：她将专为心上人精心誊录的《皇明经世文编》手稿和一首肝胆别具的《别赋》留于案头，竟悄然离去。她在《别赋》中写道：“……事有参商，势有难易。虽知己而必别，纵暂别其必深；冀白首而同归，愿心愿之坚贞……祝君匡扶社稷，挽狂澜于既倒；施展宏图，博美名于千秋！远与君别，天各一方，望君珍重，莫以妾身为念。妾萍梗飘零，永记知音。”她还留给陈子龙小诗一首：“自惭蒲柳愧高门，湖海飘零等此身。此去烟波千万里，哪堪长夜伴孤灯。君有宏才堪济世，鹏程十万待扶摇，元元只待春雨时，泽被苍生我也豪。”诗末小跋附言：

“妾身遽不辞而别，实为解君之难，鸳鸯楼中岁月，将永铭心坎，居此半载之中，拙之诗词，均留案上，以寄情思。祝君为国珍重!”

这段肝肠九迴的情史，《红粉金戈》却另有一说。金陵名妓柳如是，钟情于复社名士陈子龙。陈子龙胸怀大志，只“因国势日危，不愿以儿女之私，作春蚕自缚”。柳如是为了试探陈子龙对自己态度，让其“真情有无说缘由”。她听从妹妹柳绛子出的点子，易钗为弁，夜访子龙。

紅粉金戈

馮玉奇編・南薇導

民國三十三年十一月廿七日至十二月十日

在黑暗時期，劇壇眞是沉悶，劇本要檢查，通過，好幾次磨折之後，紅粉金戈總算順利的上演了。

紅粉金戈是明末亡國痛史的一頁，就是名妓柳如是和錢牧齋，陳臥子的故事，亡國之痛，志士之勇，都活現在舞台上，沉痛纏綿，慷慨激昂，當在黑暗籠罩時期，我們能上演這樣的劇本，不能不算是值得回憶的。

本劇第一幕，袁雪芬小姐還唱了一段崑曲，崑腔插進越劇，確是第一次嘗試。

演員表

柳如是——袁雪芬　陳臥子——范瑞娟
柳絳子——應菊芬　錢牧齋——徐天紅
徐大娘——陸秋雲　石　達——陸錦花
陳　母——孫秀蓮　芳　英——羅佩琴
小　紅——裘雅蘭　副將甲——湘華卿
聰　兒——支月亭　副將乙——小芳臣
奶　娘——孫慧玲　清　使——胡娟娟
錢　忠——夏笑笑　強　人——何麗奎

劇情

第一幕

明末有名妓柳如是，工詩能文，艷聲四播，慧眼識人，獨鍾情于復社名士陳臥子，臥子固一抱負偉大之英雄也，因國勢日危，不願以兒女之私，作春蠶自縛，故介紹錢牧齋倘書與彼相識，意在割愛相讓，然如是未知。

第二幕

倘書爲江南第一名士，雖白髮蒼蒼，猶健如壯年，見如是，驚爲天人，時相過從，追求甚烈。如是因臥子故，不爲所動，其妹絳子，勸姊喬裝少年，入陳宅試探臥子，有無愛己之意？如是癡心，遂前往。

第三幕

如是既抵陳宅，臥子已識破喬裝，因一心爲國，仍不明言[illegible]乃毅然[illegible]婚姻，意在成就如是倘書，並使如是鼓勵倘書，作一國家棟樑。如是中計，廢然而歸。

第四幕

如是歸，告妹臥子負心事，絳子慰之。其母大娘慫恿嫁倘書。於是紅顏白髮竟成佳偶。

第五幕

闖賊反，京城陷，明帝殉國於煤山，三桂借清兵入關，倘書偷逃歸家，如是逼之殉國，倘書終不忍捨此榮華富貴，如是失望竟成終身遺恨。

第六幕

臥子死守舟山，差石達求救，石達路過倘書府，入內探如是，始告以臥子割愛苦心，如是悲痛不已，決心前往犒師，舊時情侶相逢，悲喜交集，各敘衷腸，時城外攻急，臥子囑如是速歸。

第七幕

臥子因轉敗爲勝，喘息略蘇回家探母，便道往訪牧齋如是，時如是已憂憤成疾，及聞臥子凱奏歸來，大喜，甫扶病出見，而石達以清兵復來攻打事告急，臥子聞警，惟有黯然分襟，如是猶含淚以壯語勉之，生離死別，相對淒然，女媧鍊石，難補情天，傷哉。

遙望着一江風浪拍天高。殺賊兵番寇該稱英豪。又祇見軍中鼓角喧號。鯨鯢動開巨浪掀奔濤。祇聽得馬嘶旗飄。祇得馬嘶旗飄。騰空殺氣入雲霄。眼看這賊寇奔逃。恨不盡掃。挽繡甲跨馬提刀。挽繡甲跨馬提刀。女天魔下九霄。祇看俺威風殺氣戰這遭。

— 49 —

《雪声纪念刊》第 49 页

柳如是乔装易服私访陈子龙，是该剧重头戏之一。柳如是与陈子龙有共同的政治理念，反清护明，保家卫国，而且意志坚定。虽说她委身于青楼，但莲出淤泥而不染，她所追求的爱情与她的政治理念完全吻合，这也是柳如是令人敬佩之处。而陈子龙对柳如是来访早就了然于胸，只是国难当头，作为一名诗人，他已决定投笔从戎，奔赴抗清前线，不愿沉醉于秦淮河畔醉生梦死的生活。戏的矛盾就是在“我知你不知”的冲突中展开。但戏中的陈子龙“故介绍钱牧斋尚书与彼相识，意在割爱相让……”这一段情节处理，似乎太过牵强。所以20世纪60年代南薇为丹阳越剧团等团体重排该剧时，则改成其妹柳绛子劝姐姐直接对陈子龙表明爱慕之心。柳如是担心遭陈子龙拒绝而面临尴尬，正犹豫不决，性格爽朗的绛子自告奋勇女扮男装私访陈子龙，这样处理既保留了一场好戏，又显得比较符合情理。

其实柳绛子完全是个虚构人物，历史上并无此人。但柳如是嫁给钱牧斋钱谦益却是事实。钱谦益是上了《贰臣传》的角色，他屈膝称臣，出任过大清首任礼部侍郎，为制订大清礼仪出过力，是个没骨气的文人。他本是明末爱国社团“复社”的核心人物，除了搞搞政治，少不了在画舫酒肆风流一番。他与柳如是忘年配。他们的好友杨龙友，也就是为李香君在血溅桃花扇上题诗的那位，对他俩的婚姻作诗为戏：“风前柳欲窥青眼，雪里山中笑白头。”他们相遇之时，身为“江南第一名士”的钱谦益，已是双鬓如斑，但为了博取美人青睐，说了不少豪言壮语，以示爱国情怀，甚至双双发下宏誓，什么“为国捐躯，不愿同生愿同死”之类。未了，城破国亡之际，柳如是拖钱牧斋一同投湖殉国，为国纾难，钱牧斋退缩了。这位江左名流，文坛班头，却是“池水春寒死也懦”，顾不上信誓旦旦有言在先，不守名节，做了投降派。柳如是最终郁郁寡欢，上吊自尽，死前留有遗言，要求悬棺墓穴，不履清朝国土，以此明志。

《红粉金戈》的上演日期是1944年11月27日至12月10日，正值抗日战争胜利前夕，日伪“七十六号”特务横行霸道逞凶上海滩，上演倾向性如此明显的剧目，是要有点胆识的。编剧冯玉奇，不能因为他写过言情小说而否定他的一切。南薇和袁雪芬等越剧姐妹的爱国情怀，更是不容置疑，应该在越剧史上留下耀眼的一页。

南薇在“九星”执导的冯玉奇第三部戏也是一本“奇葩”——《太平天国》。这是一出农民起义军造反戏，又非越剧专长。太平天国起义军，历来被诬为贼寇，而《太平天国》却对其歌颂备至。

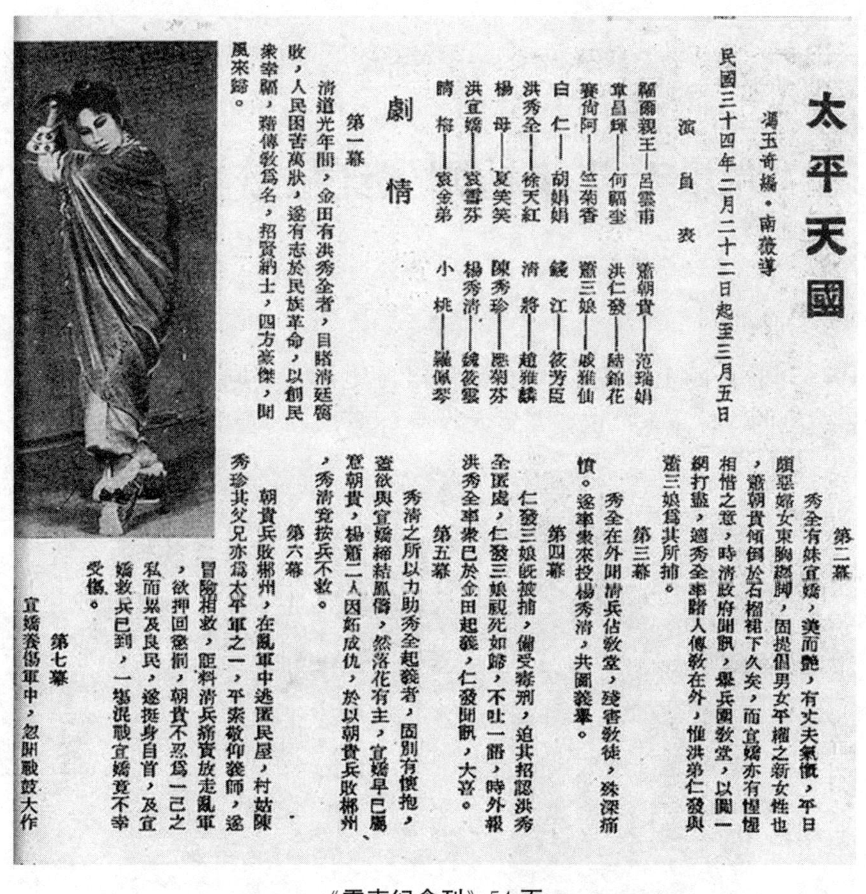

太平天國

潟玉奇編・南薇導

民國三十四年二月二十二日起至三月五日

演員表

福爾親王——呂雲甫　蕭朝貴——范瑞娟
韋昌輝——何賜奎　洪仁發——陸錦花
賽尚阿——竺菊香　蕭三娘——戚雅仙
白　仁——胡娟娟　錢　江——筱芳臣
洪秀全——徐天紅　清　將——趙雅麟
楊　母——夏笑笑　陳秀珍——應菊芬
洪宣嬌——袁雪芬　楊秀清——魏筱雲
晴　梅——袁金弟　小　桃——羅佩琴

劇情

第一幕

清道光年間，金田有洪秀全者，目睹清廷腐敗，人民困苦萬狀，遂有志於民族革命，以創民衆幸福，藉傳教爲名，招賢納士，四方豪傑，聞風來歸。

第二幕

秀全有妹宣嬌，美而艷，有丈夫氣慨，平日頗惡婦女束胸纏脚，固提倡男女平權之新女性也，蕭朝貴傾倒於石榴裙下久矣，而宣嬌亦有惺惺相惜之意，時清政府聞訊，舉兵圍教堂，以圖一網打盡，適秀全率踏人傳教在外，惟洪弟仁發與蕭三娘爲其所捕。

第三幕

秀全在外聞清兵佔教堂，殘害教徒，殊深痛憤。遂率衆來投楊秀清，共圖義舉。

第四幕

仁發三娘既被捕，備受毒刑，迫其招認洪秀全匿處，仁發三娘視死如歸，不吐一語，時外報洪秀全率衆已於金田起義，仁發聞訊，大喜。

第五幕

秀清之所以力助秀全起義者，固別有懷抱，蓋欲與宣嬌締結鳳儔，然落花有主，宣嬌早已屬意朝貴，楊蕭二人因妬成仇，於以朝貴兵敗郴州，秀清竟按兵不救。

第六幕

朝貴兵敗郴州，在亂軍中逃匿民屋，村姑陳秀珍其父兄亦爲太平軍之一，平素敬仰義師，遂冒險相救，詎料清兵嚴責放走亂軍，欲押回懲儆，朝貴不忍爲一己之私而累及良民，遂挺身自首，及宣嬌救兵已到，一場混戰宣嬌竟不幸受傷。

第七幕

宣嬌養傷軍中，忽聞戰鼓大作

《雪声纪念刊》54 页

女主角洪宣娇是太平天国一位富于传奇色彩的女将。她是洪秀全义妹，与西王萧朝贵相爱，是一对有着共同理想的革命伉俪。他们在金田起义之前就并肩战斗，共同抗击来围剿的清兵。《雪声纪念刊》的剧情介绍里，有下面一段文字：

清道光年间，金田有洪秀全者，目睹清廷腐败，人民困苦万状，遂有志于民族革命，以创民众幸福，藉传教为名，招贤纳士，四方豪杰，闻风来归……

可见编导者对太平天国运动所抱态度是歌颂的、赞美的、积极的。须知当时国统区的报刊上，“剿匪”消息满天飞，国民党敌视人民革命，污名革命武装，误导舆论，是司空见惯的伎俩。戏剧描绘的虽是历史，但观众看后，难免与现实相联系。编导者的进步倾向，从中可见一斑。

六 “九星”首演越剧《红楼梦》，南薇执导

1944年整个的上海成了“林黛玉年”，电影、评剧都排演着“林黛玉”，终于，越剧的《林黛玉》也在九星大戏院上演了。

林黛玉

呂仲編・南薇導

民國三十三年十二月十一日至二十四日

一九四四年整個的上海成了「林黛玉年」，電影、平劇，都排演着「林黛玉」，終於越劇的「林黛玉」也在九星大戲院演出了，照既往的事蹟而論，將成名文藝鉅著，無論改編爲電影和舞台劇，其成就從來沒有超出原著以上的，「林黛玉」當然也未能例外，不過我們感覺到，如果要編成越劇的話，則當今越壇裏「林黛玉」一角大概非袁雪芬小姐莫屬，於是毅然上演了。

「林黛玉」區分成七幕如下（一）榮府投親——包含了識通靈，認金鎖（二）瀟湘館——包含了意綿綿靜日玉生香（三）怡紅院外——包含了釵黛交融，黛玉孤立（四）大觀園——包含了，泣殘紅，黛艷曲（五）（六）怡紅院內——包含了受杖責，失通靈，（七）瀟湘館——包括了出閨成大禮，焚稿斷痴情。第一幕介紹人物第三幕是最迴腸蕩氣的一幕耶。第四幕葬花有大段唱詞。第七幕的焚稿是最賺人眼淚的一幕。

演員方面袁雪芬的林黛玉，范瑞娟的寶玉公認最好。魏小雲的王熙鳳，應菊芬的襲人，陸佩琴的紫鵑也均不差，徐天紅的賈政陸錦花的賈環，英雄無用武之地，其餘各演員就差得太遠了。葬花和焚稿的兩段唱詞，最受歡迎，據說「雪聲」劇團每逢播音節目，聽衆還不斷地點唱。

演員表

焦　大——何麗奎
賴　大——湘雅卿
茗　烟——小芳臣
賈　政——徐天紅
賈寶玉——范瑞娟
賈　母——孫秀蓮
紫　鵑——陸佩琴
林黛玉——袁雪芬
雪　雁——袁金弟
王熙鳳——魏筱雲
王夫人——葉雅蘭
賈　環——陸錦花
薛寶釵——孫懸玲
薛姨媽——夏笑笑
鴛　鴦——蔣玲菊
襲　人——應菊芬
李媽媽——何麗奎
金　釧——胡娟娟
傻大姐——支月亭

劇情

第一幕：世家女林黛玉，因母死無倚，寄居外祖母家，外家榮國賈府，爲世巨宦，豪華冠當時。表兄寶玉，一見傾心，互矢愛好，惟林黛玉孤高自賞，不得衆歡，適寶玉姨表姊薛寶釵亦來居賈府，釵貌不讓黛玉而溫煦可親，頗得衆譽，然玉與黛二人情感，固未嘗因是而稍減也。

第二幕：黛居大觀園之瀟湘館，景物清麗、靜雅宜人，黛體素弱多感，香閨寂寂，不無思親之感，幸婢女紫鵑，善伺人意，而寶玉獨心甚切，頻來存問，得此稍遣愁懷。

第三幕：寶玉居怡紅院，衆姊妹亦時來過從，一夕寶釵來笑談，院門既闔，黛玉踵至，寶玉婢女以夜深拒不納，然未知爲黛玉也，黛既被拒，正自傷嗟，院門復啓，而寶玉送釵出矣，黛誤以爲有意不納，廢然歸去，終夜未眠。

第四幕：春光老去，落花滿地，黛玉惜花傷春，獨攜花鋤，掃花貯囊，埋以香塚，倚樹誦葬花詩，不禁悲從中來，忽聞山後有人飲泣，視之寶玉也，念前宵閉門不納之恨，不假辭色，寶玉獨茫然不知究竟，婉轉陳辭，誤會冰釋，又復愛好如初。

第五幕：寶玉異母弟賈環，性情頑劣，不得人心，尤妒寶玉，乃進讒於父賈政之前，政怒杖責寶玉，遍體鱗傷，幸祖母呵護得免，養痾怡紅院，黛釵時來慰問，釵則極力與襲人交歡，於是黛益形孤立矣。

第六幕：寶玉年漸長，親長擬爲之議婚，祖母欲以黛玉爲配，而母與嫂則心許寶釵，磋商結果，愈以黛玉體弱終非福壽之徵，而寶釵雍容嫻順，克勝中饋任，祖母雖違衆意，議遂決，密不使寶黛聞之，恐變生不測也。旋爲小婢泄其事於黛玉，聞耗驚絕，柔腸百折，蓋已心碎矣。

第七幕：疏遭刺激，病轉劇，自知不起，且怨寶玉之負心也，索平日詩稿，悉投諸火而焚之，賈府中人以忙於寶玉婚事，竟無問訊者，庭院寂寂，舉目淒涼，榻畔侍疾者，亦惟紫鵑一人而已，及彌留喘息微弱，猶連呼寶玉不置，移時一縷芳魂，飄然長逝矣。

— 50 —

《雪声纪念刊》第50页

越剧《红楼梦》被一致公认是徐进代表作。殊不知在徐进曾经工作过的“雪声剧团”，早已有人将它搬上越剧舞台，不过剧名不叫《红楼梦》，而称《林黛玉》。改编者为人称“老大哥”的吕仲，导演南薇，演出时间为1944年12月11日至24日。

吕仲吕大哥改编的《林黛玉》分成七幕：“（一）荣府投亲——包含了识通灵、认金锁。（二）潇湘馆——包含了意绵绵静日玉生香。（三）怡红院外——包含了钗袭交融，黛玉孤立。（四）大观园——包含了泣残红，惊艳曲。（五）（六）怡红院内——包含了受杖责，失通灵。（七）潇湘馆——包含了出闺成大礼，焚稿断痴情。”

演员方面，袁雪芬饰演的林黛玉、范瑞娟饰演的宝玉“公认最好”，魏小云饰演的王熙凤、应菊芬饰演的袭人、罗佩琴饰演的紫鹃也“均不差”。

《林黛玉》中葬花和焚稿的两段唱词最受欢迎。据说《雪声剧团》每逢播音节目，听众不断点唱。

葬花（第四幕）：

黛玉：（白）吓！我刚才看见这里，无数落花，怎么去了片刻，回来都不见了，难道这园中还有和我一样的痴人吗！也许是园丁扫去的吧？那边还有些花瓣没有扫清，待我将她扫完送去葬好，省得任人践踏，落花呀！落花！

唱　花谢花飞飞满天，红消香断有谁怜……一朝春尽红颜老，花落人亡两不知。（葬花词，略）

（白）落花呀！

黛玉：（白）人人笑我有痴病，难道真的还有一个痴子么，咄，我道是谁，是你这个狠心……

宝玉：（白）林妹妹，你且立定，我晓得你这几天不爱理我，我只说一句话，从今以后，各不相关。

黛玉：（白）你请说。

宝玉：（白）说两句，你听不听？

宝玉：（白）唉！既有今日，何必当初！

黛玉：（白）当初怎么样，今日又怎么样？

宝玉：（白）唉！姑娘吓！

唱　当初姑娘到京城，　　我高兴非凡喜十分，
多蒙姑娘不见弃，　　和睦如同骨肉亲，
你有病痛我先急，　　你有忧愁我不安心，

饮食寒暖总照顾，　　衣裳被服也操心，
丫头们一时想不到，　　宝玉早替你留神，
有时也曾同翻脸，　　我又苦口来求情，
你一笑开颜百事了，　　片刻云散天又青，
实指望和和气气在一处，　　太太平平过一生，
又谁知姑娘人大心也大，　　忽然间，将我比做眼中钉，
居然不理又不睬，　　相对无言冷如冰，
今日相逢如此样，　　叫我如何不灰心。

（白）姑娘吓！

我千不好来万不好，　　你不理不睬总不该应，
我有何处得罪你，　　连我自己弄不清，
总望你来说明白，　　骂我打我不出声，
何必将我全不理，　　害我三魂少二魂，
死了也成糊涂鬼，　　高僧高道难超生。

黛玉：唱　听罢宝玉一番言，　　不由想起旧时情，
怪我一时太心急，　　不曾原因问得清，
立时不将他理睬，　　算来有些不该应，
无奈是天性如此难改变，　　一受气恼怒冲心，
既然是他苦苦向我来相求，岂能永远来当真，
回身便将哥哥唤，　　宝哥哥，如今对你说分明，
那夜来到怡红院，　　丫头言语不中听，
明明知道就是我，　　口口声声不开门，
是你安睡还罢了，　　偏偏是宝钗姊姊在谈心，
眼看你送她出门去，　　袭人相伴掌红灯，
我一气回转潇湘馆，　　终夜未睡到天明
如今已经对你说，　　请你替我忖一忖，
袭人主意这样大，　　到底为了何事情。

这是吕仲“吕大哥”改编的《林黛玉》的残留片段。至于20世纪50年代，女作家苏青（冯允庄）为芳华越剧团写的《宝玉与黛玉》，也早于徐进《红楼梦》。听说尹桂芳大姐那句勾魂摄魄的“妹妹呀……”的叫头，的确是在唱《宝玉与黛玉》时叫红的，那是不会错的。

吕仲大哥后来转入京剧界，他淡泊名利，豁达大度，与南薇数度合作，彼

此惺惺相惜，交情颇好。

南薇对红楼题材兴趣盎然，他一直酝酿写一本《红楼四春》，以大观园四位贵族小姐——元春、迎春、探春、惜春的命运遭遇为线索，以揭示这个大家族衰败的必然规律。他计划由四幕戏构成：元春省亲，迎春误嫁中山狼，探春远嫁，惜春青灯黄卷了残生，自盛至衰，脉络清晰，主题鲜明。他设想过一个序幕：焦大骂府。现在看来真是画龙点睛之笔，妙到绝处。可惜世事多怪，愿望仅仅定格在一纸提纲之中，当初他如何精心架构，细节中包含多少奥秘，已无从知晓了。

七　雪声黄金时段，一览明星大戏院盛况

大来剧场在越剧历史上的地位虽然显赫，但毕竟小得寒酸，客满顶多只有三四百个座席。到了九星大戏院，看戏座位就翻了一倍，大约有八百来个。而搬到明星大戏院，已是一千两百座的大剧场了。鸟枪换炮，场面阔绰，编、导、演尽可一展雄才！

南薇、袁雪芬没有辜负观众期望，交出的答卷令人惊叹。

雪声在明星大戏院的演出，自 1945 年 3 月 31 日始，终于 1946 年 12 月底。这一年零九个月，明星大戏院共演出了二十五本新戏。其中南薇自编自导，或执导他人编剧的就有二十一部，占所有新戏的 80%。

南薇自编自导的剧目有七部：《绝代艳后》、《天明》（与成容合作）、《月光曲》、《忠魂鹃曲》（与苏垣合作）、《祥林嫂》、《凄凉辽宫月》（参与编写的有韩义、吕仲、成容）、《女贼》。

他导演的他人剧目有十四部：《有情人》（冯玉奇编）、《孝女复仇》（冯玉奇编）、《新梁祝哀史》（袁雪芬重编）、《婆媳之间》（成容编）、《生离死别》（吕仲编）、《梅花魂》（袁雪芬重编）、《天作之合》（钱裕编）、《琵琶记》（吕仲编）、《梁红玉》（韩义编）、《一缕麻》（包天笑原作，成容改编）、《嫦娥奔月》（箫章编）、《江流僧》（成容重编）、《洛神》（吕仲编）、《婚变》（吕仲编，与陈鹏合作导演）。

其他人编导的有四部：《卖花女》（成容编）、《乐园思凡》（韩义编导）、《凤箫相思》（吕仲编，陈鹏导）、《女儿国》（吕仲编，合作导）。

袁雪芬越剧改革的成名作便是这些家底，再加上“大来”的《香妃》《西厢》，“九星”的《梁祝哀史》，而后越剧十姐妹义演的《山河恋》也都是南薇的作品。在所有相关论述或记载历史的“越剧志”之类的著作中，南薇先生的功绩都被有意无意、轻描淡写地忽略了。

梅花魂

袁雪芬重編・南薇導

民國三十四年十一月五日至廿五日

記得在一個大雨淋漓的夜晚，約模近十一點鐘的光景，這時戲院都已散了戲，我在袁小姐寓所裏討論着一個新戲，這戲本來早就孕育在袁小姐腦中，兩天前她向我提出這個戲，陳杏元和番，（二度梅，）如果改名爲梅花魂不知可有價值上得嗎，梅花魂這題名不壞，陳杏元和番也是我幼年所愛看的一個戲，改進越劇根本不是叫你單靠創造就算了事的，其次還須將固有的老戲加以删改，使這些深入民間的舊劇，蒙上一層新的意識，變成合理的而又標準的戲曲，這些我在新越劇梗概中早已提及到這些，於是在這戒嚴前的短短的一個鐘點內我們很迅速討論着各項問題，同時也很迅速地完成了這戲的分幕。梅花魂演出期是爲三十四年的十一月五日到同年的十一月廿五日舉凡廿一天，整個戲的台詞差不多全是袁雪芬小姐所作，這是她繼黑暗家庭後的第二個作品了，少數的詞是我後來排演時臨時加上去的，全劇共分五幕除了中間的祭梅聯姻，杏元和番，及重台抉別的三幕外，尚有一個序幕和一個尾聲，序幕我是常愛用的但尾聲倒還是第一次應用在這裏，我第一次開始廢除了幕外戲，因着有很多的故事都借重了序幕和尾聲，當然在改去幕外劇以前是免不了被很多人非難的（也許現在尚有人不以爲然，）但祇少在我，在改進越劇的立場上這是成功的，這戲幾乎完全改了老戲二度梅的舊觀，但是老戲中精華之處及原有越曲本質上的優點，我們仍舊予以保留，故而這也是「雪聲劇團」的劃時代作品之一。（南薇）

「梅花魂」是由於二度梅改編的，最初的動機是在今年歇夏期間，閒坐無事，偶然談及了從前演過的老戲，有種地方也有其特點，講到了「二度梅」，他們認爲是個好戲，值得重演，要我將故事改編一下。

秋季開鑼了，我一直沒空，直到今日總算將「梅花魂」搬上舞台，我整整的幾夜沒有好睡，同時導演們也幫了很多的忙，每一部新戲都像是一枝小花，將我們的心血去灌溉它，尤其是這次的「梅花魂」一次二次的修改，攷慮，叫我那裏會安心。我們這次又有了新的改變，整個的戲只有三幕，序幕與尾聲特別加長，而且廢止幕外戲，我們的廢止幕外，是要使劇情的發……觀衆的指教。

梅花是我國的國花，梅開二度，正是重見光明的徵象，梅花的精神是不死的，我國的民族是永生的。（袁雪芬）

演員表

黃嵩——魏荻雲
盧杞——何福奎
梅伯高——胡少鶴
陳東初——張桂鳳
梅良玉——范瑞娟
陳夫人——項彩蓮
陳春生——陸錦花
陳杏元——袁雪芬
翠環——花月珍
小環——支月亭
黨進——吳筱樓
讚禮——章飛飛
宮女甲乙
丙丁——團員
番奴——團員

— 68 —

《雪声纪念刊》第68页

值得提上一笔的是《雪声纪念刊》在袁雪芬重编《梅花魂》一剧的介绍中，有一篇短文是导演南薇所写：

记得在一个大雨淋漓的夜晚，约莫近十一点钟的光景，这时戏院都已散了戏。我在袁小姐寓所里讨论着一个新戏，这戏本来早就孕育在袁小姐脑中，两天前她向我提出这个戏，"陈杏元和番"（二度梅），如果改名为梅花魂不知可有价值上演吗？"梅花魂"这题名不坏，"陈杏元和番"也是我幼年所爱看的一个戏。改进越剧根本不是叫你单靠创造就算了事的，其次还须将固有的老戏加以删改，使这些深入民间的旧剧，蒙上一层新的意识，变成合理的而又标准的戏曲，这些我在新越剧梗概中早已提及这些。于是在这戒严前的短短的一个钟点内我们很迅速讨论着各项问题，同时也很迅速地完成了这戏的分幕。梅花魂演出期是为三十四年的十一月五日到同年的十一月廿五日举凡廿一天，整个戏的台词差不多全是袁雪芬小姐所作，这是她继《黑暗家庭》后的第二个作品了，少数的词是我后来排演时临时加上去的。全剧共分五幕，除了中间的祭梅联姻，杏元和番，以及重台诀别的三幕外，尚有一个序幕和一个尾声。序幕我是常爱用的，但是尾声还是第一次应用在这里。我第一次开始废除了幕外戏，因为有很多的故事都借重了序幕和尾声，当然在改去幕外剧以前是免不了被很多人非难的（也许现在尚有人不以为然），但至少在我，在改进越剧的立场上这是成功的。这戏几乎完全改了老戏二度梅的旧观，但是老戏中精华之处及原有越曲本质上的优点，我们仍旧予以保留，故而这也是雪声剧团的划时代作品之一。

袁雪芬也有一篇短文附后：

《梅花魂》是由"二度梅"改编的，最初的动机是在今年歇夏期间，闲坐无事，偶然谈及了从前演过的老戏，有种地方也有其特点，讲到了《二度梅》，他们认为是个好戏，值得重演，要我将故事改编一下。

秋季开锣了，我一直没空，直到今日总算将《梅花魂》搬上舞台，我整整的几夜没有好睡，同时导演们也帮了很多的忙，每一部新戏都像是一枝小花，将我们的心血去灌溉它，尤其是这次的《梅花魂》一次二次的修改，考虑，叫我哪里会安心？我们这次又有新的改编，整个的戏只有三幕，序幕和尾声特别加长，而且废止幕外戏，我们废止幕外戏是要使戏情的发展紧凑一点，但是效果如何，尚待观众的指教。

梅花是我国的国花，梅开二度，正是重见光明的征象，梅花的精神是不死的，我国的民族是永生的。

袁雪芬还是爱国的，梅花当时确被誉为国花，但"和番"和抗战毕竟形同水火。年轻的演员、青年导演都没有意识到其中分量，彼时彼地演这段《梅花魂》，不一定“值得重演”。之后该剧没想象中的大红大紫，也在情理之中。

这两篇短文，将《梅花魂》创作的过程和细节介绍得甚为详尽。《梅花魂》自《二度梅》改编而成，而《二度梅》恰恰是流传广泛的弹词作品演化而来。弹词是说唱艺术，在明清两代均有佳作问世，最具代表性的作品有《再生缘》（孟丽君）、《天雨花》（左维明巧断无头案）、《二度梅》《珍珠塔》等，所保留的“祭梅联姻”“杏元和番”，以及“重台诀别”的三幕肉子戏均是唱有所本，而且都是华彩片段，唱词台词都能在母本中找到依据。而“特别加长”的序幕和尾声倒是创新之举，所以在《雪声纪念刊》中标明由“袁雪芬重编”，只能说明这本戏袁雪芬曾经演过唱过，这次仅是口述，跟重编并不完全相符。

《雪声纪念刊》中标明“袁雪芬重编”的有三部戏：《梅花魂》《梁祝哀史》《碧玉簪》。另有一本《黑暗家庭》，则标明“袁雪芬编导”。

《黑暗家庭》是部现实意义很强的作品，它揭示了吸食鸦片的危害，也是对当时社会鸦片泛滥现象的劝诫，具有积极的现实意义。袁雪芬在她的自述中写道：“……后来孙文毅、南薇把我挂上自编、自导、自演的名义，我得知后不同意这种做法。尽管是根据我提供的故事与剧务部共同讨论剧本结构和人物设置的，尽管是我写了女主人公的唱段，也不该挂上我这个名不副实的编、导的名，这分明是孙文毅的主张、南薇等人同意的。大家认为，我从提供故事到人物结构都是参与的，写上自编、自导、自演也不为过，再说可以吸引观众的兴趣等等，眼看着已刊登的宣传广告，我若否认，会失信于观众，只好默认了。今天回顾这一历史时，必须予以纠正。”（《袁雪芬自述》第 24 页）

《黑暗家庭》是“予以纠正”了，《梅花魂》似乎也点出了缘由。只有《梁祝哀史》，直到越剧百年之时，她还确认“只有一篇祭文是南薇写的，其余都是我们的！”

由章力挥、高义龙编著的《袁雪芬的艺术道路》（第 90 页）一书中，是这样介绍的：“在原来与马樟花合作时的演出本的基础上，袁雪芬、范瑞娟跟吕仲、南薇等编导一起，又作了一次整理……”

范瑞娟在《越剧改革的功臣》一文中提及“南薇在探索越剧艺术改革上，既有不少杰出的新的创作，在整理旧的传统剧目方面也是不遗余力地创新的。其中最富有成果的，当推《梁山伯与祝英台》了。1944 年他从我和袁雪芬口述的本子开始整理出《梁祝哀史》，后来数度增删重整，一次比一次修改得令人耳目一新”。

在《袁雪芬自述》（第 29 页）中写道：“……要真正成为看家戏，首先不能唱‘路头’……除编导南薇对剧目提出增减设想外，由成容根据范瑞娟与我台上演出的记录进行整理，并保留了我们在剧中说白很少一韵到底的特色，即‘来采韵’的特点。全剧由成容作文字修饰，南薇执笔写了‘英台吊孝’中的祭文，英台哭坟后的‘幻觉’和描写梁山伯与祝英台双双在天上人间的场次。”

《袁雪芬的艺术道路》和《袁雪芬自述》这两本书的成书出版时间分别为1984年和2002年，距1945年首次改编《梁祝》已有四十余年时间差。权宜当这些叙述都是真的，也不难答出如下结论。

《袁雪芬自述》中附有十分详细的“演出剧目表”，列表中记述了袁雪芬逐日演出的剧目和搭档演员阵营，也注明编导是谁。《袁雪芬自述》中提及与马樟花合作演《梁祝哀史》时的感慨，显得非常动情，甚至演出时猛然想起马樟花，身不由己脱口创作了“久别重逢梁山伯”四句唱。查了一下剧目表，袁雪芬与马樟花合作自1938年8月1日至1941年7月16日，演过120余个剧目，其中不少是连台本戏，竟然没有一本是《梁祝哀史》。而在1938年6月19日，早于与马樟花合作搭档之前，她倒是与竺素娥、王杏花及钱妙花、黄笑笑等演过一天全本《梁祝惨史》。再说“久别重逢梁山伯”四句唱，祝英台从来没有在台上唱过。

《梁祝哀史》故事同样早就存在于宝卷弹词之中，故事情节异常丰富，什么金童玉女、三世姻缘，颇有浪漫主义色彩。南薇先生将梁祝去繁存精，曾有“八易其稿”之说。第一稿当在“雪声”。袁雪芬说“成容根据范瑞娟与我台上演出的记录进行整理”，稍后又说是她“口述”，都与事实有些出入。《梁祝哀史》中袁、范搭档首演日期是1945年1月29日至2月12日，之前并无演出记录。成容观剧记录又在何时？何场？至于《梁祝哀史》“绍兴文戏唱本”，民间早有流传，并不需要逐字逐句现场速记。“南薇执笔写了‘英台吊孝’中的祭文，英台哭坟后的‘幻觉’和描写梁山伯与祝英台双双在天上人间的场次。”实际存在的情况不是“全剧由成容作文字修饰”，应该是“全剧由南薇作文字修饰”才对。南薇从一开始就是改编者，他既“执笔写了‘英台吊孝’中的祭文”，又兼任导演，怎么可能不顾及整出戏的舞台调度、人物角色、对白唱句？岂非有悖常理？而且公然在以“编剧南薇”名义出版了由“新戏剧出版社”出版的单行本，或在之后的演出中，包括抗美援朝捐飞机义演，以及首赴北京向中央首长演出的说明书上，都写明编剧南薇这四个大字。南薇是不是太胆大妄为了？如不是，当时为什么没有一个人提出责疑和批评呢？话说回来，这篇刊在《雪声纪念刊》的祭文确是声情并茂，文采斐然：

维，大明辛亥之岁，七月既望，小妹祝氏英台，谨以清酌蔗馐，致祭于山伯砚兄之灵前，曰忆昔，鸡窗灯火，共相切磋，情如兄妹，谊同生死。耳鬓厮磨，竟未辨雌雄，夫人非木石，孰能无情，屡以谜语相告，期结丝萝永好，嗣以阳关三叠，河满一声，杜宇催人，劳燕分飞，长亭十里，难舍难分，呜呼，一七二八，三六四九，望穿秋水，君终不至，妾意虽坚，严命难违，伤心哉，既与兄琴瑟难谐，更令妹琵琶别抱，是谓未卜三生之愿，频添一段忧愁，妹不能嫁兄于生前，是妹薄命，兄不能娶妹于归后，是兄寡缘，设兄长英魂有知，或魂归于白昼，或显灵于灯前，以畅谈生前未了之余情，不亦善乎，魂兮归来，魂兮归来，尚飨！

明星大戏院二演《梁祝哀史》，改称《新梁祝哀史》，这应该是南薇改编二稿。内容大为扩展，分上、下两集。按当时演出习惯，每场演出不得少于三小时，否则观众不会买账。上、下两集，演出长度超过六个小时以上。《雪声纪念刊》刊登了两份人物表，上集有“祝公远、祝英台、银心、胡氏、梁百万、梁安人、梁山伯、四九、孔老师、孔师母、小六、四官、马母、马太守、马文才、马僮”，下集有“祝公远、胡氏、祝英台、银心、马文才、阿狗、小尼姑、师母、梁山伯、四九、祝仆、马太守、马安人、媒人、梁百万、梁安人”。这林林总总的人物，你方走罢他登场，场面何等闹猛！

《新梁祝哀史》演出日期为1945年5月14日至27日，上下两集各演了一星期，效果只能说是平平，没有突破三星期、四星期业绩。这与嗣后东山越艺社再演《梁祝哀史》的盛况不可同日而语。

《梁祝哀史》经历的种种意想不到的遭遇，还有许多不为人知的故事，留待以后详述。这里暂时搁笔了。

八　探索导演新格局

南薇在明星大戏院一口气导演了二十一部戏，而且票房业绩非凡，这需要何等旺盛的精力和才智！这一点，与他在雪声剧团和东山越艺社两度从头至尾合作的越剧著名小生演员范瑞娟应该最有发言权！在南薇先生逝世十周年时，她在《上海戏剧》杂志上发表了题为“越剧改革的功臣——纪念南薇逝世十周年”缅怀南薇的文章。范瑞娟这篇文章并不长，但提供的信息却是海量的。

文章开头她就开宗明义写道：

年复一年忆故人，抚今追昔念功臣。越剧老艺术家南薇先生离开我们，转眼已有十年。他为越剧事业的发展、探索和革新，贡献了大半辈子青春。50年前，越剧在上海还是一个年轻的剧种，后来能登上我国地方戏曲大剧种，并作出辉煌的业绩，南薇先生是立下汗马功劳的！

她对南薇排戏状态是这样描绘的：

当时南薇在每次演出前工作量之大，劳动力之繁重和生活节奏之紧张，可以说是今天的越剧从业者难以想象得到的。那时一没奖金，二没加班费或什么补贴，每天日夜两场演出，排戏只能在上午或者演出之后加班，他从未计较过任何个人功利，这完全是他对艺术竭尽职责的崇高表现！排戏甚至排到天亮，就买些大饼油条当早点。南薇先生肩负导演重任，如此奋力工作，但从未计较过任何个人功利，这完全是他对艺术竭尽职任的崇高表现。

天道酬勤，可见南薇的成功，或者说袁雪芬的成功，并非全是天赋所致，而在于他们各自的努力，在艺术道路上辛勤探索，不断创新。尤其是南薇先生，他在艺术实践中逐步掌握了戏曲舞台的规律，因此在日后的编导生涯中，常有佳作问世，而且显得得心应手，游刃有余。

范瑞娟在文中还写道：

从 1944 年 9 月至 1946 年 6 月，《雪声》共演了 30 余个剧目，大都由他任导演，其中有七八个剧目他兼任编剧，为达到演出的艺术质量要求，他一边导演，一边还得修改他人编写的剧本。例如《雪声》早期聘请一位号称“言情小说家”的当专职编剧，可是编的剧本难如人意，南薇在排演前每次都不得不花大力气通宵修改剧本以供如期上演。另外南薇还十分注意培养新生编剧力量，后来成为越剧界一名女编剧家的成容同志说过：“当初如果没有南薇先生那样手把手地教我，那我是不可能成为编剧的。”还有吕仲先生是越剧圈内众所周知的老编剧家。南薇对他十分尊敬，不过在导演他编写的戏时，摒弃私念，一切从戏出发，追求艺术作品的完善性，进行加工。有一次在导演吕仲编的《琵琶记》时，将其全剧七幕的戏，改成五幕十六景二十一场。当时编剧对导演作如此大的改动颇有异议，但等到搬上舞台演出后，观众看了感到满意，吕仲先生也认为很有新意而点头笑了。

琵琶記

呂仲重編・南薇導

民國三十五年一月七日至二十七日

由於碧玉簪，梁祝哀史，梅花魂等老戲的革新，而獲得成功後，更格外地加強了我們把那些有價值的老戲完全革新的雄心，我始終抱定一種觀念，尤其是平平淡淡地搬上一個老戲去，還不如不去動牠，乾脆讓他杜撰幾個新戲上去有意思得多，在偶一的機遇下我看到琵琶記的曲本，同時我又請詢了一些關於越劇琵琶記中的情形，於是便這樣地產生了呂仲的大作，在此我不得不向呂大哥道歉，雖然在當時我已向他道歉過了，但不可否認為這事我們都有過很強烈地爭執的，原因很簡單，也可以說是我這觀念在作祟，我把呂大哥大作由七幕而刪成了五幕十六景念一場，變成了全部夾敘的局面，佈景方面也臨時從寫實主義改了幻想派，然而可憐得很，那時替代天幕的三原色點子拓成的大琵琶，因為臨時趕做起來的原故，竟沒有預備紅色與藍色，無法想祇惟拿紫醬代表紅，綠，代表藍，這樣光了過去，總算還好，在舞台燈光之下效果尚佳，這一次的改革，苦頭吃得很大，在彩排時我曾恨恨地說過以後寧可編製新戲再不將舊劇去改良了，現在琵琶記已經演過了，將近幾個月了我的胸中卻又有了一個想頭，這個想頭，喏，說出來也罷罷得極，我又在想搬演一個老戲了。

演員表

鄉人甲	團員	牛小姐	應菊芬
乙	團員	惜春	楊蘭芳
蔡從簡	項彩蓮	蘇官	章飛飛
蔡秦氏	魏菱雲	地保	姜素英
蔡伯喈	范瑞娟	李旺	胡少鵬
趙五娘	袁雪芬	蔡僕	團員
張廣才	張桂鳳	大和尚	章飛飛
牛卓	何鳳奎	小和尚	支月亭
門官	姜素英	眾飢民	團員

劇情

陳留士人蔡伯喈，家寒，與妻趙氏五娘婚甫兩月，迫於父命，入京赴試，果及第，宰相牛卓，慕蔡才，强以女妻之，蔡脅於權勢，遂入贅。五娘在家，敬事翁姑，克盡孝道，時值荒歉，度日艱難，蔡老夫婦困於飢寒，相繼歿，五娘剪髮營葬，隻身赴京尋夫。同里張廣才者，二老生前故交也，嘗屢周蔡氏之急，二老歿，且時往墓前巡掃。五娘歷盡風霜，賴琵琶一曲，探途無阻，及抵京，輾轉得蔡蹤跡，設法重逢，牛女亦賢淑，雙雙同歸，廬墓三載，盡孝思焉。

明星三十四年度上演新劇的小統計

有情人	十四天
孝女復仇	十四天
斷腸人	十四天
梁祝哀史上集	七天
梁祝哀史下集	七天
絕代艷后	廿八天
賣花女	十四天
[illegible]之間	十四天
天明	十四天
生離死別	廿一天
月光曲	廿一天
梅花魂	廿一天
天作之合	廿一天
忠魂鵑血	廿一天
琵琶記	十六天

— 71 —

《雪声纪念刊》第 71 页

吕仲先生是雪声剧务部最年长的一位，得到众人的尊敬和信赖。他编写的《琵琶记》，确实文采出众，别出心裁，但叙事的格局太传统，难免呆滞。于是南薇在执导过程中，将剧本小节戏重新作了编排，他采用了夹叙的方式，随着剧情的展开，将戏的小段落拆散了再进行组合，原来七幕戏的架构，被拆删成五幕十六景二十一场。原先规定情景写实的布景场面，被天幕上一面颇具象征意义的大琵琶所取代，据称这是“幻想派”手法，然而可怜得很，那时替代天幕的三原色点子拓成的大琵琶，因为临时赶做起来的缘故，竟没有预备红色与蓝色，只有拿紫酱代表红，绿代表蓝，这样充了过去，总算还好，在舞台灯光下效果尚佳。掏糨糊的布景装置居然掏得个“效果尚佳”。据传演出时，坐在观众席上的大编吕仲老大哥，一脸严肃地看着戏，看着看着脸上深锁的眉宇徐徐舒展，最终显露了一丝丝笑意。事后，南薇几度向吕大哥道歉，吕大哥终于释怀。这段伤筋动骨的大改《琵琶记》，一个甲子以后，还被人津津乐道。

至于由“他推荐由成容执笔编剧”的《一缕麻》，直至今日还在舞台上盛演不衰。

一縷麻

南薇導演

民國卅五年二月二十三日至三月二十二日

如果觀衆們並不健忘的話，你們一定還可以追想得出十幾年前阮玲玉黃君甫合演拍過的電影叫做掛名的夫妻吧，後來梅蘭芳博士也搬演過這個戲，不過梅博士却襲用了原名一縷麻，這本是包天笑先生的小說，起初這篇作品是載在小說月報第一卷第一期的創刊號中的，後來包先生把它重新寫爲語文體分登在大衆的十月十一月兩期中。

這個戲想不到隔了十數年後的今日，又因「雪聲劇團」的演出而與觀衆相見了。

一縷麻的介紹很聰明，一開場是一本書「一縷麻」翻開書來就是劇中人，尤其可愛的是幼年慧芬的嬌態，和那小呆子，一會兒又從跳領的孩子變成亭亭玉立的姑娘，袁雪芬拾着書包回頭微笑的向母告別，眞是甜極，美極，誰知這樣一位好姑娘竟會去嫁呆子，造成這樣悲劇，怎不叫人不落同情之淚呢。

還有一件無關緊要的提到，本劇上演四星期，天天客滿，天天下雨，記得演「絕代艷后」也是四星期，也是常下雨眞是巧事。

陳太守——張桂鳳
陳夫人——項彩蓮
陳慧芬（幼年）嚴珠（客串）
沈君玉——陸錦花
沈母——楊蘭芳

《雪声纪念刊》第73页

阮玲玉、黄君甫合演拍过由《一缕麻》改编的电影，叫作《挂名的夫妻》；后来梅兰芳也搬演过这个戏，不过梅博士却袭用了原名《一缕麻》。这本是包天笑先生的小说，起初这篇作品是载在《小说月报》第一卷第一期的创刊号中的，后来包先生把它重新写为语文体分登在《大众》的十月十一月两期中。该戏来头果然不小。

越剧《一缕麻》的成功，不得不提及南薇先生的一个决策，他打破了越剧界行当严格的规定，将一副憨态的呆大少爷，本该由小花脸应工饰演的角色，让一个头牌小生范瑞娟来演，而且居然演活了！尤其那段经导演修饰后的著名唱段："新娘子，真漂亮，比我妈妈还漂亮……"观众格外爱看和爱听，因为它很接地气，很贴近生活，后来在电台广播中"呆大少爷"的唱段变为听众点播的最热门节目，也成范派唱腔脍炙人口的特色精品唱段之一。《一缕麻》之所以能成为经典流传至今，在舞台上仍具有很强的感染力，有赖于充满人情味的这段生动唱词的成功。袁雪芬也说："导演南薇也为呆大设计了不少可笑可悲的语言和动作。"（《袁雪芬自述》第41页）南薇不仅能熟练驾驭可博取观众眼泪的悲剧题材作品，对于喜剧，更有惊人的天赋，《一缕麻》中让人含着眼泪笑出声来的唱句台词，只是锋芒初露，而后在滑稽戏舞台上驰骋自如的发挥，那更是越发精彩。

《一缕麻》最突出的成就是让一位演惯旧戏的戏曲演员，突破了旧程式的束缚，改变了角色塑造的思维模式，从塑造个性这一关键节点上先行突破，戏曲演员不凭扮相颜值取胜，同样可以成为性格演员。南薇启发演员挖掘角色内心世界的活动，刻意设计符合人物性格的特定动作和特定形象，呆大少爷就是个成功的例子。作为戏曲导演，那时没有多媒体光怪陆离的舞台装置可供应用，也没有一大帮子群众舞蹈演员可供驱使，私人戏班不可能单凭导演的海阔天空想象而一掷千金，导演只有老老实实挖掘戏的内涵，从戏剧矛盾和演员角色塑造去寻求成功。南薇先生日复一日接连不断地排戏，连休息的时间都在思考，下一个戏用什么方法确保票房的不衰。

南薇没有进过戏剧学府，唯一可以学习的场所仅在电影院，看的多数是好莱坞电影，好在他悟性极高。那时电影说明书只有薄薄一张纸，"文化大革命"期间为避免抄家惹祸，他的子女在天井里自行烧毁"封资修"罪证，外国电影说明书足足烧了一尺多厚的一大沓！这都是日积月累起来的"教科书"啊！烧得太可惜，好莱坞大片大概能看的他都看过，少有遗漏。稍后才有郑君理翻译斯坦尼斯拉夫斯基的《演员自我修养》出版物问世，他也精心研读。再加上从小耳濡目染的弹词唱段和评弹演员脱口秀似的层出不穷的"噱头"、古典小说和古诗词的熏陶，这些都是他成为戏剧编导的基础。

他学习好莱坞电影手法最早留有痕迹的作品当数《绝代艳后》。

絕代艷后

南薇 編導

民國三四年五月二十八日至六月二十四日

「絕代艷后」也是「雪聲劇團」含有歷史價值的一劇，不僅是裝置，佈景，服裝偉大而已。

「千呼萬喚始出來」的「絕代艷后」的確轟動，最有趣的，在歇夏期內，杭州一時轟傳袁雪芬小姐將赴杭再演「絕代皇后」（諒必沒有弄清楚）其實袁小姐在暑期裏天天去上訓練班，根本沒有出過門。）

「絕代艷后」的裝置服裝，均屬上乘，富麗堂皇，的確要刮目相看，在本劇裏第一次用序幕介紹劇中人物，這也可以說是導演手法之一。

演員表

呂　后——[illegible]菊芬
李　恭——趙[illegible]麟
審食其——夏笑笑
呂澤之（建成侯）呂雲甫
周昌（御史大夫）魏[illegible]雲
叔孫通（上大夫）宣月琴
張辟彊（留侯）團員
紀　通——竺[illegible]香
項　東——胡娟娟
劉　盈（惠帝）范瑞娟
劉　邦（高祖）徐天紅
蔡宮人——戚雅仙
趙宮人——羅佩琴
如　意（趙王）陸錦花
戚　姬——袁雪芬
商山四皓甲
（東園公）——支月亭
綺里季——團員
角里先生——團員
夏黃么——團員
御林軍——團員

劇情

「這是西漢季節中的一段史實，故事的發生，恰當漢高帝的晚年，高帝自提三尺劍，斬蛇起義以還，滅嬴秦，誅項籍，五載而成王業，帝善猜好妒，以是叛者頗衆，張敖（趙王）陳豨（陽夏侯），都先後為謀反被殺，韓信（淮陰侯）彭越（梁王）亦因反高而受禍最烈，於是淮南王英布（曾坐法黥，亦稱黥布）也因着，狡兔死，走狗烹，飛鳥盡，良弓藏的教訓，由恐懼而在鄱鄡造反了。」

戲的開始，便是這樣：

高帝平黥布之亂，出師邯鄲去了，正宮呂后（呂后名雉字娥）統代掌國政，當時這位呂后也已是美人遲暮之年了，她的次子劉盈（魯元公主之弟，字滿）也已立了皇儲，所遺憾的祇是高帝暮年，縱情聲色，尤其是寵幸戚姬，姬善綢人意，長翹袖折腰之舞，帝於大軍頻繁之際，還賜了她一座魚藻宮改名的養德宮，宮中一切服用，與正宮呂后不相上下，而高帝也很有廢去劉盈，另行將戚氏愛子如意，冊立東宮的意思，故而這是呂后非常引以為憂的事。

從序幕告訴我們：

高帝已是戰定了「邯鄲」班師回朝了，這消息傳遍了禁宮，滿朝的文武大臣，在上早朝之際，都異口同聲，稱頌着聖德，歡騰不已，這歡騰到了另一天地中，這是——和正宮不相上下的「養德宮」

第一幕　養德宮外殿

高帝凱的回朝了，建成侯呂澤之，首先啟奏了他的胞妹呂后「萬歲回朝了！」可是出於意外的，是呂后等了良久，還不見萬歲到來，探詢之下，原來高帝駕轉魚藻宮（即養德宮）去了，因此呂后也祇得憤憤地往魚藻宮接駕而去，一度醋海風波之後，呂后竟被戚姬，羞辱了一番，從此她便時刻計劃着要報這個仇——她曾和劉盈商議過，她更和審食其商議過，但都沒有得到結果，最後，還是呂澤之想出走了留侯張辟彊那條路，

《雪声纪念刊》第 61 页

《绝代艳后》引起的轰动可以说是空前的。当时一个新戏不管客满与否，两个星期便要撤换。而《绝代艳后》在明星大戏院连续爆满四星期仍持续上演。明星大戏院座位有 1200 个之多，28 天 56 场满座，观众达六七万人！这在“绍兴文戏”历史上，可说是破天荒的奇迹。

《绝代艳后》取材于西汉演义。它讲的是西汉初年，汉高祖驾崩，吕雉专权，诛杀戚姬（即戚夫人）母子这段惨绝人寰的史实。这是一出大型宫闱戏。戚姬被吕后斩断手脚，挖去双眼，割去舌头，变成惨不忍睹的“人彘”。戚夫人的悲惨遭遇，赚足了观众眼泪，丝毫不比古希腊悲剧逊色。戏一开头便安排了一个序幕，高祖平定英布叛乱，胜利归来，满朝文武官员在宫门外迎候。南

薇导演处理完全借鉴电影蒙太奇手法，用追光介绍人物，犹如电影特写；用幕后合唱介绍角色，犹如电影画外音。袁雪芬称“以序幕合唱来介绍人物还是第一次”（《袁雪芬自述》第33页）。如此新颖别致的演出，大大超出当时看惯出将入相表演模式的观众的想象，吸引大批观众前往观看。

说明书

全剧的矛盾冲突，一开始便揭开了。高祖凯旋回朝，没有去吕后的昭阳宫，而径直去了戚姬的鱼藻宫，这就气炸了在昭阳宫苦苦候驾的吕后。紧接着高祖意欲废去生性懦弱的太子刘盈，废长立幼，将戚姬所生之子如意立为太子，遭到辅佐太子的商山四皓（东园公、绮里季、角里先生、夏黄么）的竭力反对，只得改封如意为赵王，令其远赴赵都邯郸。高祖驾崩之后，吕后便将戚姬打入永巷冷宫，以戚姬为饵，引诱赵王如意前来探母，意欲将其一网打尽，以息心头嫉恨。

永巷冷宫之中，戚姬贬作囚犯日夜不歇舂米。“子为王，母为虏，终日舂薄暮，常与死为伍，相离三千里，当谁使告汝。”这首短短的《舂歌》，便是戚夫人留于后世的一首绝唱。

永巷冷宫中的看守官便是帮吕雉母子留得太子位的商山四皓中仅存的一位绮里季，其余三人都被鸟尽弓藏了。戚夫人与绮里季一问一答，有段十字调的唱段，不妨摘录一下：

奴本是，定陶县，名门巨姓，奴姓戚，幼年间，丧了双亲。
你若问，别家事，奴不详尽，你若问，那戚姬，完全知情。
奴不是，寻常的，庸俗脂粉，奴便是，承王宠的戚氏夫人！
为只为，立储君，远封赵地，儿为王，娘受苦，好不伤心。
我的儿，才到了，邯郸京城，高皇帝，受风寒，一病归阴。
那刘盈，他对我，犹如亲生，怎奈他，明孝道，难违母命。
吕太后，她与我，深仇积恨，可怜我，无过犯，问成罪名，
披罪衣，戴锒铛，永巷囚禁，看起来，我性命，旦夕难存。
我如今，千般苦，耐心受等，把性命，比鸿毛，不足重轻。
我的儿，在赵国，未知音信，母子们，见一面，死也甘心！

戚姬身陷永巷冷宫，当然思儿心切。但一见如意被诓骗回宫，她才真正绝望了："如意，我把你这畜生，你不到来，为娘尚有活命，现在你一进宫来，你我母子，定然难逃一死，谁要你来送死，那个叫你来送死！如意……"心肠歹毒的吕后当然不会心慈手软，她不仅将戚姬残害成"人彘"，为了达到斩草除根目的，还当即斩杀了如意。

戚夫人彻底绝望了："听说如意已身亡，如意，我顾不得迷迷、糊糊、恍恍、惚惚、飘飘、荡荡、昏昏、沉沉……摸不到我儿如意在何方！黄梅未落青梅落，娘不遭殃儿遭殃！自古道，黑发人送白发娘，那知晓，薄命娘反送苦儿郎！谁叫你，离了赵地回宫墙，到如今，不恨天来不恨地，只恨吕……我只恨自己无主张！"

戚夫人的遭遇之惨烈，旷古少闻。《绝代艳后》演出之轰动，不说绝后，也是空前。其服饰之新奇，装置之华美，至今传为美谈。且看《雪声纪念刊》上对它评价："《绝代艳后》也是雪声剧团含有历史价值的一剧，不仅是装置、布景、服装伟大而已。"剧本的文学性，导演的前瞻性，也是不可忽视的因素。

九　一出被泯没的好戏《天明》

1945 年 9 月 10 日，已是抗日战争胜利后的日子。雪声剧团不失时宜地推出一出时代新戏《天明》。这出戏为南薇、成容合编导，明显是为抗战胜利而作。

戏是好戏，“雪声剧务部提起了《天明》立刻会兴奋起来，《天明》是值得纪念的天明，《天明》的上演正是庆祝我们天明的时候”。《雪声纪念刊》直言不讳道出了推出该剧的意图。

戏的创作过程也颇为传奇：“提起《天明》剧本的创造经过，倒是一段奋斗史，经过几度折磨，困难争执，方始赶排，其中为了改用样式化装置，不知费了多少口舌，生出多少是非，真的；每一次新的试验，多少带些冒险性，结果我们是以簇新姿态上演的，总算去我们的理想不远。写《天明》的动机，最初是因为慰问仁济医院逃难同胞而起，本要为仁济义演捐助的，恰巧胜利消息传来，我们越加兴奋了，当然要庆祝胜利，于是一晚上把《天明》全剧分幕，第二天就赶排，许多唱词都是一面排一面写的。”创作者的心态表述得淋漓尽致，非常明确。

“《天明》的剧情完全是现实的，也可以说是社会阴暗面的反映，故事相当风趣，但含意也深，对当时生活、社会现状，极尽讽刺，最后苦尽甘来，大放光明，留给观众的更是无限兴奋。”似乎从风格上讲，还是一出轻喜剧。

看来无论是编导者的主观意图，或是演出后的客观效果，都是积极向上的。但他们自视甚高：

“天明的时期应当有新的气象，《天明》的上演，也就是更新的表演，也可以说是‘雪声’改革越剧革新时期的分野线。”

“越剧革新时期的分野线”的提法，事后并没有得到越剧史家们的认可。

天明

南薇·成容聯合編導

民國三十四年九月十日至二十三日

「雪聲」劇務部提起了「天明」立刻會興奮起來，「天明」值得紀念的天明，「天明」的上演正是慶祝我們天明的時候。

提起「天明」劇本的創造經過，倒是一段奮鬥史，經過幾度折磨，困難爭執，方始趕排，其中爲了改用樣式化裝置，不知費了多少口舌，生出多少是非，眞的；每一次新的試驗，多少帶些冒險性，結果我們是以嶄新姿態上演的，總算去我們的理想不遠。寫「天明」的動機，最初是因爲參觀仁濟醫院被難同胞而起，本要爲仁濟義演捐助的，恰巧勝利消息傳來，我們越加興奮了，當然要慶祝勝利，於是一晚上把「天明」全劇分幕，第二天就趕排許多唱詞都是一面排一面寫的。

「天明」的劇情完全是現實的，也可以說是社會明暗面的反映，故事相當風趣，但含意也深，對當時生活，社會現狀，極盡諷刺，最後苦盡甘來，大放光明，留給觀衆的更是無限興奮。

天明的時期應當有新的氣象，「天明」的上演，也就是更新的表現也可以說是「雪聲」改革越劇革新時期的分野線。

義演一天，悉數充作國軍慰勞金，這時戲院裏並不禁止排坐，可是我們義演兩場，一律對號，不准排位，全場肅靜，秩序大佳，盼望已久的理想，現在眼前眞使每個團員分外高興。

演員表

范天村——范瑞娟
路　人——團　員
看門人——胡少鵬
袁明蕚——袁雪芬
張院長——張桂鳳
小護士——團　員
花玉雯——花月珍
陸警長——陸錦花
車　夫——何鳳奎
黑帽子——何鳳奎
應蓮芬——應菊芬
房東太太—魏蕓雲
小　珠——支月亭
吳三爺——吳筱樓
吳　母——項彩蓮
吳寶寶——胡少鵬
何　麟——團　員
洪看護——小小紅
護士甲——團　員
乙——團　員
丙——團　員
章院長——章飛飛

劇情

青年志士范天村，流落上海，賣文爲生，因空襲受傷，得遇看護小姐袁明蕚，袁本孤女，服務於某醫院多年，頗得老院長之器重，後因其異姓妹花玉雯，玩忽職務，誤傷病兒性命，明蕚爲顧全花之前途，毅然冒認過失，就被開除，袁徬徨窮途，忽憶范天村留地址，乃往訪天村，天村與其友陸警長同居擱樓上，生活拮据，自女來後，更形窘急，三人共居一室，惟有坐等天明而已，幸陸警長神通廣大，多方設法，終能度過難關。

袁投考公益醫院，得薪助范赴內地，范特向伊道別，適見富翁與袁調情，范誤會，一怒而走，袁也暗自嗟傷而已。

公襲頻繁，受傷無數，所有藥品皆爲闊戶所據，院中情形，慘不忍睹，袁因醫貧病之苦，懇吳捐助，但吳卑鄙不堪，反向伊求婚，袁忍無可忍，決絕而走。

吳子突染腦膜炎，無奈送院，婉請袁看護之，醫生診察後，命袁留神看護，吳子得愈，欣慰之下，乃慷慨解囊，惠助醫院，而袁因辛勞過度，昏迷不支，時范天村得釋誤會，借陸回來訪袁，別後重逢，別具滋味，袁見范御軍裝，氣概昂軒，喜不自勝，窗外紅日漸升，爆竹四起，凱歌高唱，正慶勝利也。

— 65 —

《雪声纪念刊》第 65 页

虽然该剧编导的情商还是挺高的，但故事的编排受好莱坞爱情片叙事风格影响的痕迹随处可见。故事情节还是相当迷人的：

范瑞娟扮演的范天村，是个有理想的青年志士，流落上海靠卖文为生。在日寇空袭中受伤住院，遇到看护小姐袁明萼。护士小姐袁明萼则由袁雪芬扮演。她工作勤奋，深得医院院长器重。有一次她的异姓妹妹花玉雯玩忽职守，导致病婴夭折，袁明萼为顾全花玉雯前途，冒认过失，遂被医院开除。

袁明葶本是孤女，流浪街头，无处投靠，忽想起范天村出院时留有地址，便往访投靠天村。

天村生活也十分拮据，他与一位陆警长同住在一个小阁楼上。这位陆警长由陆锦花饰演。两男一女，同住一处，这场面，这情调，是否有点像电影《马路天使》场景？不过这位陆锦花本家警长比吹号手赵丹有噱头，有路道得多多，居然将三个人生活安排得衣食无忧。

袁明葶考取了公益医院，有了较固定收入，于是用薪水帮助范天村赴内地。但在依依惜别之时，偶遇富翁吴三爷（吴小楼饰）调戏袁明葶，引起范天村误会，范天村怒而离去。

空袭不断，受伤者络绎不绝送至医院，但所有药品皆被奸商囤积居奇，医院药品奇缺，病人无药可医，惨不忍睹。袁明葶不忍医院面临的困境，恳请吴三爷捐助，而吴三爷卑鄙不堪，趁机向袁明葶求婚，明葶忍无可忍，决绝而去。

吴三爷的孙子突染脑膜炎，无奈送医，婉请袁明葶悉心照料，吴子病愈，吴三爷欣慰之下慷慨解囊，惠助医院。但袁明葶为此操劳过度，昏迷不支。此时范天村戎装一身，器宇轩昂地同陆警长前来探望，前嫌尽释，爱意重萌，窗外红日渐升，爆竹四起，凯歌高唱，正庆胜利呢！

剧中角色的姓氏，均与演员相同。可见这出戏的创作何其仓促，连个角色名字都来不及仔细推敲。

十 《月光曲》中的新探索

从纯戏剧角度看，《月光曲》是一出极具探索意义的剧目。尤其在越剧舞台美术和伴奏音乐两个戏剧重要组成元素的创新方面，作了异乎寻常的大胆探索，这在越剧改革历史上，也该记上浓墨重彩的一笔。

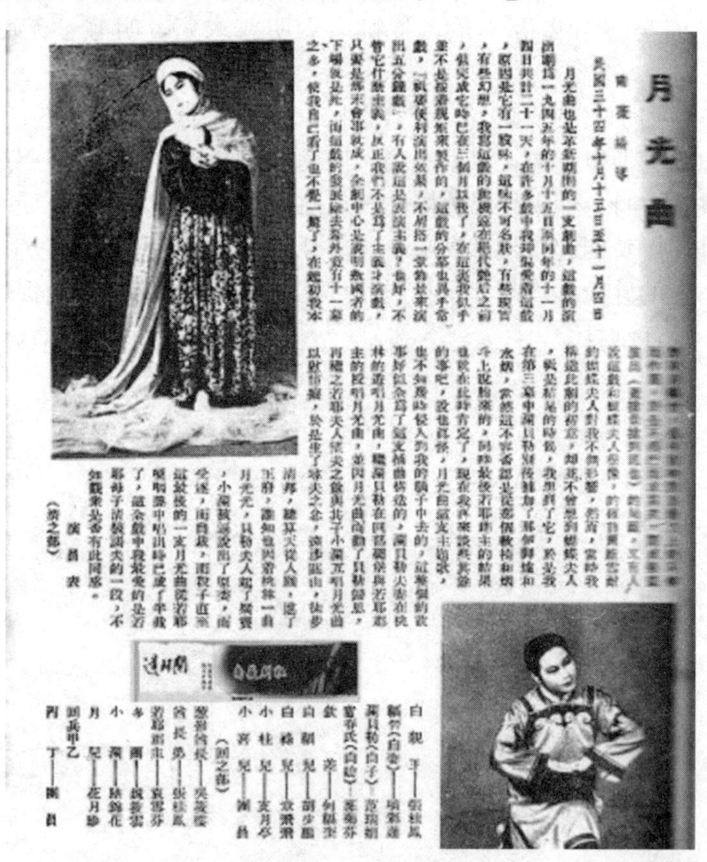

月光曲

《雪声纪念刊》第 67 页

写这处戏的初衷，南薇主要想鞭挞汉奸叛国贼，在当时也极具积极的现实意义。

南薇创作《月光曲》确实花了大量的心血，剧情跌宕起伏，高潮迭起，亦非泛泛之作。

"月光曲也是革新期间的一支剧曲，这戏的演出期为一九四五年的十月十五日至同年的十一月四日共计二十一天，在许多戏中我却偏爱着这戏，原因是它有一股味，这味不可名状，有些现实，有些幻想，我写这戏的动机远在《绝代艳后》之前，但完成它时已在三个月以后了，在这里我似乎并不是按着规矩来制作的，这戏的分幕也异乎常戏，'只要便利演出效果，不屑搭一堂布景来演五分钟戏'，有人说这是表演主义？也好，不管它什么主义，反正我们不是为了主义才演戏，只要是那么回事就成，全剧中心是说明叛国者的下场就是死，而这戏的发展除去幕外竟有十一幕之多，使我自己看了也不觉一惊了，在起初我本想利用转台，但卒因时间及资力的不够而作罢，于是不得已而求其次，闹成强盗演出（盖抢景抢到底也）的局面……"

南薇在导演该剧时，用了全写实的布景装置。要求换景的时间一定要在最短时间完成，以免影响观众赏剧的连续性而破坏了业已入戏的情绪。这就难为了技置组舞台工作人员，十一幕戏布景十一堂，堂堂布景都要抢景，日夜两场，每天要抢二十二堂景，总共演了二十一天，当时的布景片子又笨又重，每场戏演下来，个个筋疲力尽，这二十一天，不知是如何撑下来的。好在大家心往一处想，劲往一处使，倒也没有叫苦连天。

"……又有人说这戏和《蝴蝶夫人》很像，的确薛尔维雪耐的蝴蝶夫人对我不无影响，然而，当时我构造此剧的初意，却并不曾想到蝴蝶夫人，只是结尾的时候，我想到了它，于是我在第三幕中……采用了脚炉和水烟具有象征意义的道具，当然这不容否认是从那个软椅和烟斗上脱胎来的……"

南薇借鉴好莱坞电影细节处理，根据国人习俗，运用得恰到好处。

从上述内容，不难看出，这出戏的舞台设计偏重于写实主义风格。草原篷帐，宫帏楼台，看来都是真价实料的装置。与以往虚实相衬的小装置有很大的区别。戏曲本来是程式化的艺术，表演往往以虚拟动作为主，与之相适应的舞台美术，纯然以虚拟象征手法为宜。如此大兴土木的布景，是否适合戏曲舞台，《月光曲》只能说是一次有益的尝试和探索。但在当时历史条件下，如此大胆的导演处理，正反映了越剧改革者们披荆斩棘、敢于拓荒的精神状态。每一次前无古人的尝试，可以说都为后人树起一座可容借鉴的丰碑。

《月光曲》的艺术另一个成就便是戏曲音乐的一次突破。

《月光曲》有一首优美的主题乐曲：

月光光，照四方，照见情人泪满眶，
情人情人天天想，何年可以回故乡？
几时回去望爹娘？情人情人你莫盼望，
情人情人你莫思量，但等明月上了窗，
送情郎，回故乡！

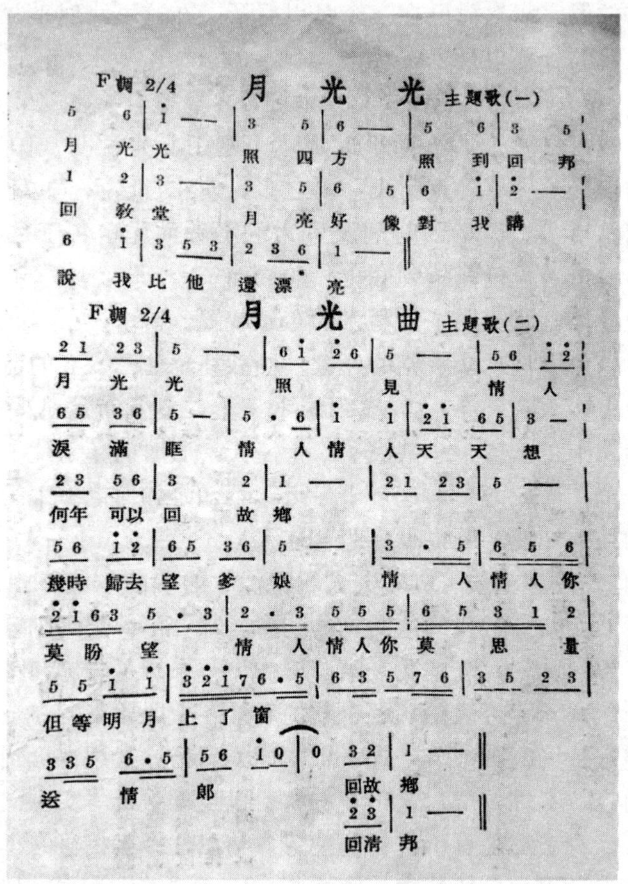

《雪声纪念刊》第 116 页

这首凄美的乐曲完全是一首田野牧歌式的歌曲，与越剧固有的曲调风格迥然不同。每当剧情关键转折时刻，就会回响起这颇为抒情的旋律，把角色此时彼刻的心情烘托得丝丝入扣，激情四射。起到了戏剧进程中推波助澜的作用。

“……现在我再谈些其余的事吧，说也奇怪，月光曲这支主题歌，也不知几时侵入到我的脑子中去的，这整个的故事好似全为了这支插曲构造的……”

“月光光……”的主题曲，绕梁三匝，不绝于耳。《月光曲》反复出现，剧情随之也一步步自然而然转换，架起了无痕的完整戏剧结构：定情、归思、念夫、惹祸、死难……剧情的骤变，全赖这支抒情主题曲来衔接，处理得既熨帖又自然。

在音乐处理上，月光曲有了全新的突破。这是南薇和作曲家刘如曾第一次合作。刘如曾比南薇年长几岁，毕业于国立艺专音乐系。他的作曲理念正好与南薇的创新思维不谋而合。他们大胆改革了初创时期沿用至今的乐队组成模式。将原来仅靠越胡、三弦、鼓板单调的伴奏，添加了许多增强音乐厚重感和层次感的乐器。高音部增添了板胡、琵琶，低音部增添了中胡、大提琴，还加上笙、箫、笛等吹奏乐器，一个有立体声部的乐队划时代地呈现在观众面前。设想一下，这会引起怎样的震撼！

这次实验还有一个重要创举，在伴唱主题曲时，还用上了钢琴、大提琴和吉他，当然这不能说他们是异想天开，改革嘛，允许尝试，也允许失败。更何况色彩性乐器，根据剧情需要，尽可挪作已用。这也算不得失败。这三种不同音色的外国乐器组合应用，那蓝天白云、芳草无边的异族风情，那缠绵悱恻、如诉如歌的几番吟唱，是不是更显得空旷深远，动人心弦？

《月光曲》成功演出，南薇的导演水平也日趋成熟。

十一　催生《祥林嫂》的幕后人物

越剧《祥林嫂》被誉为越剧改革的里程碑，创作越剧《祥林嫂》的编剧和导演便是南薇先生。

祥林嫂

魯迅原著・南薇改編導演

民國三十五年五月六日至二十六日

演員表

魯鎮

魯四老爺——周月英
太　　太——項彩蓮
少爺阿牛——范瑞娟
少 奶 奶——應菊芬
柳 媽 媽——楊蘭芳
三 嬸 嬸——姜素雲
僕 人 甲——支月亭
　　　乙——王鴻芳

衛家山

衛老癩子——張桂鳳
祥 林 媽——周韻香
祥 林 嫂——袁雪芬
祥　　林——章飛飛

祥 林 弟——魏蓉雲
長 工 妻——魏蓉雲
　　　女——馮文錦

賀家墺

賀 老 六——陸錦花
阿毛（客串）章鳳珠

其他

祥林嫂母——何韻奎
客 店 主——何韻奎
更　　夫——金彩鳳
路 人 甲——程鳳仙
　　　乙——金彩鳳

無疑的祥林嫂不論在意識上文學上藝術上的評價都是超乎一切的，「雪聲」自成立起到目前，雖短短地沒有多少時日，可是也演出了好些題材現實的劇目，如同早期的「黑暗家庭」，及近時的「天明」，「一樣麻」等，全都有着一股濃厚的人情味，而「祥林嫂」呢更可以充分使你感到，在丁英所著「婦女與文學」一書裏說得好：

「祥林嫂」，是魯迅先生的作品「祝福」中的女主角，一個鄉村女傭的典型，她具有一切勞動者的美德，整天不惜力氣地苦做，比勤快的男人還勤快，她享有勞動的愉樂，對空閒感受難忍的無聊，然而祥林嫂也跟一切轉輾在封建制度輪輾下所有被壓迫的女性一樣遭遇着苛酷的「命運」。

祥林嫂是三十年前的女子，在三十年後的今天還有這種人物沒有呢？「我真傻，真的，我單知道下雪的時候野獸在山野里沒有食吃，會到村里來，我不知道春天也會有，」祥林嫂直着眼睛逢人便告訴她愛子遭狼的故事，和我們的時代已經有了很大歷史的距離，今天的婦女不能再有祥林嫂的命運了，在進步的巨浪狂濤中，像祥林嫂一類型的鄉村質樸的勤勞婦女已經變得堅强了，她們是祥林嫂的後一代，她們繼承了祥林嫂的優點，她們是在社會改造中，同時也改造了自己的新女性底典型一。

— 77 —

《雪声纪念刊》第 77 页

南薇出生于1921年12月，《祥林嫂》上演于1946年5月6日，他创作《祥林嫂》之时，只不过是一个二十四五岁的小青年，但当时也已结婚两年。

他的妻子范淑华比他小五岁。他俩在大三元饭店邂逅，一见钟情，便成眷属。范淑华出生在一个普通职员家庭，她父母生下一男二女，她最小。她哥哥范树康，为适应地下党活动的需要，随母姓改名吴康。吴康于1938年，即18岁时就加入中国共产党。她家住在白克路（今凤阳路），紧邻西藏路，有时地下党在她家里开会，她便拿一条小板凳坐在家门口，一有动静，便通知哥哥立即隐蔽或撤离。中华人民共和国成立后，吴康首任上海四川北路区（虹口区）第一任区委书记，后任市委统战部副部长、仪表局党委书记、政协常务委员等职。

吴康

这里必须提到另一位与《祥林嫂》诞生有关联的同志——丁景唐。他是吴康的中学同学，也是吴康的入党介绍人。中华人民共和国成立后，历任中共上海市委宣传部文艺处、宣传处、新闻出版处处长，上海新闻出版局副局长，上海文艺出版社社长兼总编辑等职。中学毕业后，丁景唐考入上海东吴大学，吴康考入之江大学。尽管这两个大学都在南京路上的大陆商场（今东海大楼）内上课，但根据共产党地下工作的组织规定，两个朋友从不互相串门互访。碰巧的是，1946年的一天，丁景唐在街上偶然遇到吴康，当他知道吴康的妹夫南薇在著名越剧名伶袁雪芬领衔的雪声剧团做编导时，就送了他一本他编著的《妇女与文学》，要吴康把此书转给南薇。吴康很关心自己妹夫的进步，便请老同学介绍些文艺界的朋友与南薇认识。

丁景唐

《妇女与文学》中有一篇文章的题目是《祥林嫂——鲁迅作品之女性研究之一》，丁景唐在这篇文章中叙述了祥林嫂的悲惨遭遇，分析其社会原因，文章的最后一段写道：“祥林嫂是三十年前的女子，在三十年后的今天还有这种人物没有呢？……今天的妇女不能再有祥林嫂的命运了。在进步的巨浪狂涛中，像祥林嫂一类型的乡村质朴的勤劳妇女已经变得坚强，知道为人类和自己的幸福奋斗。”他认为祥林嫂的遭遇完全可以编成戏。这样可以让更多人知道，中国妇女不能再像祥林嫂一样逆来顺受，被人欺侮，必须要奋起斗争，寻找自己的前途。

由于受吴康的嘱托，丁景唐就让从事业余戏剧活动多年，担任《时事新报》的影剧特约记者廖临（笔名罗林、叶平），以“阿康哥（指吴康）介绍我来认识你”的名义去同南薇交朋友。所以《祥林嫂》一开始酝酿创作，就是在地下党的帮助下进行的。

南薇有个朋友，在宋庆龄先生那儿工作，听说南薇改编《祝福》，便对他说：“改编鲁迅先生的作品，最好事先征得许广平先生同意。”经这位朋友斡旋，南薇和袁雪芬一起登门拜访了鲁迅夫人许广平。通过拜会，许广平同意雪声剧团改编上演鲁迅的小说《祝福》，更名为《祥林嫂》。最后许广平提出彩排时须给她一些戏票，她要招待文艺界朋友观剧。

果然，明星大戏院彩排那天，剧场里高朋满座。这让南薇和袁雪芬都异常兴奋，他们拉开大幕一角，从幕缝中“偷窥”这些沪上的文化界名人，这些上海滩的达人，都是久闻其名而难得一见的，这次悉数光临，自然让他们备感荣幸。

当时《新民报》是这样报道前往看戏的田汉："田大哥于昨晚（六日）来沪后首次观光'滴笃戏'，他是单枪匹马在启幕前五分钟到了明星大戏院，依旧戴着他的深度近视眼镜和穿着那套深色西装，坐在楼座的正中座位，旁座的白杨、张骏祥、小丁都忙着与他握手问好。"雪声"预演鲁迅原著、南薇编导的《祥林嫂》悲剧，特约戏剧家参观，楼座几乎全为剧界所占。吴祖光，刚自京来沪之张光宇兄弟，史东山，欧阳山尊，等等，群英大会。……田氏正襟危坐，认真观赏，虽他不很熟悉绍兴话，但于每幕幕落时连呼'这是生活的，人情的，不错的，有道理的'，衷心好感。演员全由女扮，田氏若有所得：'中国的女人都可以演戏，只要稍加训练。'戏演到动情处，白杨小姐眼眶子湿了。它确太感人了。"（1946 年 5 月 7 日《新民报》）

演出结束后，许广平到后台向演员们表示祝贺，她对鲁迅作品第一次搬上戏曲舞台感到兴奋，说这是对进步力量的一种支持。

《祥林嫂》的整个创作过程，都是在地下党直接的支持下进行的。在《祥林嫂》彩排之后，田汉就与袁雪芬见了面。缪临回忆说："……约定了田汉要见袁。我先去石门路（原同孚路）大中里于伶家联系了。田汉当时刚从重庆回上海，是田要见袁，会见时，于伶和柏李同志都很忙，招呼一下就离开了。就是袁和我三个人。田很健谈，讲了我国各色各样剧种的特点……"会见时，田汉侃侃而谈，对《祥林嫂》提了诸多意见。南薇事后也由衷地说："这些正是我们所忽略，或者我们已经注意而无从着手解决的困难。"通过这次会见，南薇和田汉从此结下深厚的友谊。

所以《祥林嫂》的诞生，是在地下党直接指引下结出的硕果。许广平在会见南薇一行人时曾说过："你们要演这个戏，不容易啊。现在我们这个地方谈鲁迅就要受威胁，看鲁迅作品好像都被赤化了，连找个工作都困难。在这种情况下改戏，真是难为你们了。"所以南薇在上海这个国统区敢于编导左翼作家旗手鲁迅先生的作品，是要有一点勇气和觉悟的，那个年代"飞行堡垒"捕人抓人的大红警车，不时横冲直撞在大街小巷呼啸而过，谁也不敢担保哪个时辰会厄运陡降，落入魔掌。所以《祥林嫂》在 1946 年的诞生，是阴云密布中的一股闪电，不是风和日丽年代万里晴空中的一抹阳光。

《祥林嫂》的彩排惊动了上海文化界，沪上各大报纸纷纷予以报道和赞赏，细数报道文章的作者们都是左翼文化阵营的进步人士，如笔名罗林、叶平的撰稿人，本来就是地下党委派去剧团开展工作的廖临；另一名撰稿人袁鹰（田钟洛），也是地下党员；而梅朵则是《文汇报》大名鼎鼎的第一号笔杆子。这场媒体宣传攻势，如果不是地下党帮助，岂能有如此轰动？这些赞文在《袁雪芬自述》中有大量摘录，这里就不赘述了。

剧场更是场场满座，而且还多了三成加座票，真可谓是一票难求。甚至在电影《太太万岁》的演员对白里，也有赞扬《祥林嫂》的台词出现。可见当时《祥林嫂》已成为街坊邻里闲谈的话题，影响之广由此可见。

《祥林嫂》被称为越剧改革"里程碑"，并非浪得虚名。首先题材上完全打破了越剧往常缠绵悱恻爱情戏的局限。祥林嫂的悲惨境遇具有极强的现实性，这是被侮辱被蹂躏的农村中最底层的劳动妇女的形象，她的命运遭遇具有典型意义和代表性。《祥林嫂》的舞台触角，已经触到了社会最阴暗的地方，充分体现了鲁迅先生的文章，如投枪、如匕首的犀利风格。其次舞台上也是一派现实主义写实画卷。布景和服饰都是写实的，演员表演也不见水袖摔摔、兰花指翘翘，而是地地道道生活化了。整个演出，仿佛脱了胎，换了骨，彻底颠覆了越剧在观众心目中的形象。原来越剧不一定在古人圈子里打转，也可以说说人们自己生活中的故事，一下子让人开了窍，让人看到了越剧演出辽阔的前景。这便是《祥林嫂》的"里程碑"的意义所在。

南薇是幸运的，幸运的是他获得了创作上的一次难得的机缘，幸运的是他有吴康这么一位身份特殊的妻舅，幸运的是这出戏的成功让他登上了艺术殿堂的巅峰，

十二 《祥林嫂》中牛少爷的争议

“我们是在保证剧场和剧团老板有利可图的情况下改革的，还要考虑到越剧观众的欣赏习惯，要有小生、小旦的戏，在改编《祥林嫂》时，可能要加进一些爱情情节呢，设想牛少爷与长工的女儿祥林嫂有段青梅竹马的关系，后少爷变成鲁老爷，赶走祥林嫂，增加了悲剧性。许先生似乎非常理解我们的处理，说：‘只要不损害原著的精神，就按你们自己的想法增减吧。’”（《袁雪芬自述》第43页）

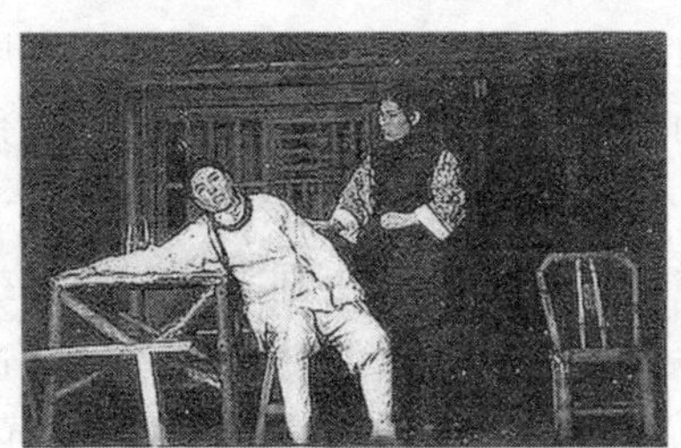

《祥林嫂》首演仅存剧照

所以《祥林嫂》的改编事先是征得版权持有人同意的。虽说只比原著小说多出了个牛少爷，但演出后还是有人提出这有损原著精神的意见，不过持这种观点的毕竟是个别的，如鲁迅先生好友胡风就曾向许广平提出过此类意见。但大多数评论还是褒奖的多："……它的改编没有背弃鲁迅先生原作精神，虽然它稍强调了男女之间的情爱，但它并没有忘记从这里面烘托出、显示出封建社会的农村里一般妇女所背负的苦难与她们悲惨的命运。"（《祥林嫂》，俞苹文，1946年5月8日《世界晨报》）

话虽如此，1950年东山越艺社再度赴北京演出该剧时，南薇主动删除了所有牛少爷的戏。

但过了六年，即1956年，在1955年南薇遭受被中国作家协会开除处理的次年，吴琛还是以多了个牛少爷为理由，联同袁雪芬、张桂凤、庄志，理直气壮地用十天时间对《祥林嫂》进行"再改编"，从此以后，《祥林嫂》的演出与南薇再无瓜葛，海报说明书上都确切无误地标明"根据鲁迅原著改编，改编作者：吴琛、庄志、袁雪芬、张桂凤"。

由于雪声剧团首演的《祥林嫂》剧本重新浮出水面，我们完全可以将南薇先生的原创本和"四大名编"的"杰作"进行实质性的比较，孰优孰劣，孰真孰伪，真相便一目了然。

祥林嫂与牛少爷在剧中究竟有多少纠缠，祥林嫂童年时到过鲁四老爷家的这一假设，有没有可能性和合理性，这一增添的剧情是否符合绍兴地区民间生活的真实性和现实性，在此作进一步的探讨，应该有利于澄清某些被刻意掩盖的历史事实。

鲁迅先生当年是国统区左翼作家群体中的一面大旗。他之所受到国民党统治者的忌惮，并非是他的小说，而是切中时弊的杂文，似匕首，似投枪，篇篇檄文均击中当政者的要害。南薇改编《祥林嫂》之时，鲁迅先生已逝世十载，但影响尚存，足以令当政者闻名丧胆，心有余悸。因而，即便在当时，改编《祥林嫂》也还是有一定政治风险的。

鲁迅先生还有一篇小说《故乡》，也是大家耳熟能详的名篇。同样用第一人称的叙事方式，其中主角是闰土，幼年时也到过"我"的家，与"我"交往甚密，对"我"留下难以磨灭的童年记忆。"这时候，我的脑里忽然闪出一幅神异的图画来：深蓝的天空中挂着一轮金黄的圆月，下面是海边的沙地，都种着一望无际的碧绿的西瓜，其间有一个十一二岁的少年，项带银圈，手捏一柄钢叉，向一匹猹尽力的刺去，那猹却将身一扭，反从他的胯下逃走了。""有一日，母亲告诉我，闰土来了，我便飞跑的去看。他正在厨房里，紫色的圆脸，头戴一顶小毡帽，颈上套一个明晃晃的银项圈，这可见他的父亲十分爱他，怕他死去，所以在神佛面前许下心愿，用圈子将他套住了。他见人很怕羞，只是不怕我，没有旁人的时候，便和我说话，于是不到半日，我们便熟识了。”闰土教“我”在大雪天如何捕鸟，夏天在海边如何拾海贝“鬼见怕”“观音手”，在西瓜田里如何“一手捏一柄钢叉，向一匹猹尽力的刺去”。等闰土离开时，“我急得大哭”。三十年后我重返故乡，再见闰土，在生活的重压下，幼年的旧伴，一个生龙活虎的少年，已变成木讷迟钝、愁苦万状的老农了：“他头上是一顶破毡帽，身上只一件极薄的棉衣，浑身瑟缩着，手里提着一个纸包和一支长烟管，那手也不是我所记得的红活圆实的手，却又粗又笨而且开裂，像是松树皮了。”“他站住了，脸上现出欢喜和凄凉的神情，动着嘴唇，却没有作声。他的态度终于恭敬起来了，分明的叫道：‘老爷……’”

如果将闰土换作祥林嫂，儿时的记忆不是捕小鸟、拾贝壳、叉野猹，而是办家家、做儿戏、假拜堂……是不是也合乎情理呢？依我看，这段增添的剧情与鲁镇上的风土人情，恰有着似曾相识的吻合，并不显得突兀与陌生，是完全有可能发生的故事。

祥林嫂与牛少爷的戏，主要是第一幕，之后还有两小节戏。

戏一开场，南薇仅用两句合唱，便点明了祥林嫂的来历：

卫家姑娘许祥林，
我们应该叫她祥林嫂。

幼年祥林嫂

接着，通过鲁四老爷家的一些佣仆如柳妈、三婶等人七嘴八舌的闲聊，介绍了卫姑娘幼年之时，也曾到过鲁家，与鲁家牛少爷青梅竹马，有过总角之交。只是多年未来，昔日的小妮子，已出落成了青春焕发的大姑娘，而且已许配了祥林，是个未过门的媳妇。多年未见，少不了旧事重提，将孩提时候的儿戏，拿来趣笑逗乐一下，也是情理之中的常事。等牛少爷出现，与幼时旧伴重聚，就有大段追忆往事，略带挑逗的小生唱段，这也是戏曲团体里“因人设戏”的寻常之举。当时当家的小生范瑞娟，粉丝成群，许多观众是冲着她才来看戏的。如果她的戏份少了，作为衣食父母的观众不买账，影响票房，对于任何一个“自负盈亏”的私人剧团而言，都是了不得的大事。当然这个理由，并不能说明牛少爷这个人物就站得住脚的依据。更不能证明是否有损原作者创作的意图和主题。尤其是对祥林嫂的形象，是否造成扭曲和伤害，或者是画蛇添足，多此一赘笔，不妨引用几段原词看看：

范瑞娟饰牛少爷

牛少爷：卫姑娘！（拉了她的手，她怕，想推开他）你怎么到今天才来呀！

唱　　　我与你青梅竹马常来往，
　　　　耳鬓厮磨兄妹样。
　　　　从小大家来约定，
　　　　日后长处在一堂。
　　　　可记得盟山海誓亭子边，
　　　　夫唱妇随木栏旁。

（他拉她双手走到窗边，向亭子望。

（他好像怨恨的，她有感羞娇的。

　　　　谁想你，一别就是四五年，
　　　　害得我，日夜相思苦难当。
　　　　几番想来探望你，
　　　　几番全都变梦想。
　　　　都是你的良心变，
　　　　害得我，朝朝暮暮两泪汪！

卫姑娘：（安慰他）少爷！

唱　　　妈妈说，你我贫富不相仿，
　　　　与你游玩够不上。

妈妈说，你我已非小孩子，
旁人议论要提防。
况且我，终身已经许祥林……

牛少爷：啊？你攀……攀亲了？（他失望了）

卫姑娘：唱　　　　　妈妈做主理应当。

牛少爷：什么应当不应当，我问你祥林是谁？

卫姑娘：一个长工。

牛少爷：唱　　　　　他是长工不要紧，
一切有我去调停。
只要祥林肯退婚，
种种疑难我担承。

卫姑娘：唱　　　　　母亲之命订好婚，
旁人不好来变更。

牛少爷：我不管！
唱　　　　　我要祥林来退婚，
不管旁人有议论。
他要田地就田地，
他要金银就金银。
倘然祥林再不肯，
另外替他姑娘寻。

卫姑娘：（她迟疑了）你想……

牛少爷：（热情的，稚气的）
唱　　　　　我想告诉爹娘听，
要你留在我家门。
白天窗下共读书，
晚来灯前看拈针。
清早亭中诉衷曲，
黄昏栏边眺月明
记得么？（强迫她做当初情景）
当初你我曾游戏，
两小无猜假成亲。
亭子上面天地拜，
栏干边头结同心。（他逼过来了）

卫姑娘：唱　　　　　现在二人都长大，
　　　　　　　　　　想不到游戏之事当了真。
牛少爷：唱　　　　　更是夜深人静后，
　　　　　　　　　　我还要偷偷来接吻。

牛少爷是个纨绔子弟，嘴上说得天花乱坠，那只是调调情而已，这正好说明祥林嫂在暗无天日的时代里，始终难逃被侮辱和被践踏的命运。祥林嫂的悲剧，有人说与英国作家托马斯·哈代笔下的“苔丝”命运相仿，也是不无道理。

当鲁四老爷为牛少爷择得张翰林家的千金这门高亲时，门户相当，牛少爷马上欣然答应，对祥林嫂那番信誓旦旦的表白，早已抛至九霄云外。新婚之日，当女佣阿香向他提及祥林嫂时，他马上口吐真言：

这是年轻开玩笑，
那个和她很要好，
老爷说，她的身份也不配，
只好去配祥林这种穷赤佬。

牛少爷遇见祥林嫂，他俩又一次对话：

牛少爷：嗯。
　　　　唱　　　　祥林嫂，听我道，
　　　　　　　　　过去我们很要好，
　　　　　　　　　现在虽然都成婚，
　　　　　　　　　交情仍旧忘不掉。
祥林嫂：唱　　　　少爷休要胡言道，
　　　　　　　　　什么交情忘不掉。
　　　　　　　　　我是穷人你少爷，
　　　　　　　　　我只好配庄稼佬。
牛少爷：唱　　　　什么穷富不相配，
　　　　　　　　　私下相好无所谓。
　　　　　　　　　你我本来在一道，
　　　　　　　　　以后请你常常来。

（牛少爷动手动脚，祥林嫂避开……

祥林嫂与牛少爷的所谓“感情纠葛”对手戏，就是以上这些内容，可以说无伤大雅，极为寻常。

此后还有两小节过场戏。戏虽不多，但戏味实足。

第三幕第一场，就有下面一场戏。牛少爷对在他家帮佣的祥林嫂又不规矩起来，被应菊芬饰演的牛少奶奶撞见，下面一段对话写得非常传神，耐人寻味：

…………

牛少爷：烧饭慢一点去。

唱　　你到我家过了冬，
　　现在已到八月中。
　　这些日子见了我你总是，
　　祥林嫂啊，避到西来躲到东，
　　今夫好得有机会，
　　我和你，要说的话是满心胸。

祥林嫂：唱　　现在比前更不同，
　　你是少爷我女佣。
　　你若同我多说话，
　　别人又要是非弄。

牛少爷：唱　　既然你在我家做女佣，
　　有吃有穿不愁穷。
　　你拿什么来报答？

祥林嫂：什么？

牛少爷：唱　　报答我少爷恩义重？

祥林嫂：唱　　什么恩义我不懂，
　　我只晓勤俭去劳动。
　　少爷啊，请你不要这样讲，
　　还请少爷放尊重。

牛少爷：祥林嫂，难道你……

唱　　你何必如此装懵懂，
　　过去情义付东风！

倘若你肯答应我，
自然另眼来看重。

（牛少爷用手拉祥林嫂，祥林嫂急避，正夺门出，少奶奶立门外。

少奶奶：喔，我不晓得你们在谈心！

祥林嫂：少……少爷刚才叫我寻你。

少奶奶：原来你们在寻我……你在哪里寻我？

祥林嫂：刚想去寻……少奶奶就来了。

少奶奶：（向牛）你寻我吗？

牛少爷：唔，没有什么事。

少奶奶：我知道了！

祥林嫂：现在我要到厨房里去了！现在……就要去了……去烧饭去……

少奶奶：（向牛）你为什么不回答她？……怎么连我也不回答？……生了气吗？告诉我你生了谁的气？……谁气了你？

牛少爷：（回头）你气气我，我在生你的气！

少奶奶：生我的气？生我什么气？

牛少爷：唱　　我有事情差她做，
你吃干醋为哪桩？
鬼鬼祟祟来偷听，
问你应当不应当？

（把茶几上烟灰缸掷向门外。

少奶奶：唱　　我是并非来偷听，
一切请你要原谅。
你们两人在一淘，
我倒不会来管账。
不过是你是主来她是仆……

祥林嫂：唱　　奶奶宽宏又大量。

少奶奶：唱　　万一被人来看见，
传扬开去不像样。
做人应该守本分，
主仆应该分清爽。

另一段戏，卫癞子上门诱逼敲诈祥林嫂，祥林嫂欲向牛少爷商借些钱来应付卫癞子的纠缠，结果连启齿的机会都没有，就被卫癞子带来的人抢上了船。

“江水滚滚浪滔滔，轻舟已到贺家坳。”

这就是祥林嫂与牛少爷所谓的“恋爱全过程”。中华人民共和国成立后，东山越艺社由傅全香主演的《祥林嫂》，所有与牛少爷有关的戏南薇先生已将其全部切除。这次“东山”演出的说明书重现江湖，一字不漏地全文刊载剧本内容，有关《祥林嫂》改编作者的真相终于有了新的事实说明。

十三　南薇造了个卫癞子

南薇先生对鲁迅先生是十分敬仰的。在鲁迅先生逝世十周年之时，南薇将《祝福》改编成越剧《祥林嫂》。

南薇在改编《祝福》之时，除了牛少爷，还造了个头顶生脓、脚底生疮的卫癞子这么个人物。

张桂凤饰卫癞子

卫癞子是个典型的地痞流氓的形象，南薇在塑造这个形象时，就让他充当“戏骨子”的重任，他似乎成了旧社会封建邪恶势力的“总代理”，祥林嫂每向地狱之门迈近一步，他都是能发出致命一击的推手。祥林嫂两个丈夫的死，都有卫癞子在作祟。戏剧赋予人物形象的涵义，不是论文的逻辑推理，而是一系列人物心理和行为的活生生的细节体现。卫癞子在农村底层赖以生存的手段，即坑蒙拐骗，放放印子钱（高利贷），做做卖田卖屋甚至卖妻卖儿的中保人，从中敲诈勒索，收取渔利。尤其在语言方面，包括唱词白口，都写得恰如其分，十分传神。卫癞子是南薇先生塑造的最为成功的人物之一。

张桂凤饰卫癞子

范瑞娟在电影中一饰两角，祥林扮相

祥林嫂第一个丈夫病入膏肓之际，卫癞子便首次现身祥林家。他来干什么？就是动即将成为寡妇的祥林嫂的脑筋，做起贩卖妇女的勾当。但他口头上说得道貌岸然，仿佛专为他人着想似的。这就叫“骗煞人，勿偿命”。卫癞子是为祥林弟来保媒拉纤的，他明知道祥林家贫如洗，只有卖掉祥林嫂，他才能两头获利。且看他如何调唆祥林嫂婆婆的：

卫癞子：唱　　你认为传宗接代最为先，
　　　　　　　我倒有个好主见。
祥林弟：你有什么法子？
祥林妈：快，说出来听听。
卫癞子：祥林嫂呢？
祥林弟：在屋里煎药。

卫癞子：唱　　　　贺家坳，山中有个贺老六，
　　　　　　　　打猎为生已有年。
　　　　　　　　家中老婆尚未讨，
　　　　　　　　愿出财礼八十千。
祥林妈：八十千？
祥林弟：八十千！
卫癞子：八十千
　　　　唱　　　　村里姑娘多多少，
　　　　　　　　全不肯出嫁到山间。
　　　　　　　　祥林妈啊，你说祥林很危险，
　　　　　　　　你把那祥林嫂，重新去婚事连。
　　　　　　　　八十千，除了财礼五十千，
　　　　　　　　还好多下不少钱。
祥林妈：唱　　　　寡妇再醮家家有，
　　　　　　　　不是寡妇不方便。
卫癞子：唱　　　　这种小事你多挂念，
　　　　　　　　最要紧，先同老六见见面。
　　　　　　　　倘使对方还中意，
　　　　　　　　就叫他派人埋伏在四边。
　　　　　　　　只等祥林断了气，
　　　　　　　　立刻抢她到山间。
　　　　　　　　今夜死，今夜抢，
　　　　　　　　今夜不死等明天。（又是个骤雷）
（他们个个离座，面面相觑
祥林弟：唱　　　　这样究竟不可以，
　　　　　　　　逼嫁嫂嫂没脸面。
　　　　　　　　心里总觉对不起，
　　　　　　　　我的婚事莫再谈。
卫癞子：唱　　　　你家之后两兄弟，
　　　　　　　　传宗接代最为先。
　　　　　　　　祥林病重无希望，
　　　　　　　　将来要你来传烟。
　　　　　　　　倘若依我这样做，

娶了老婆还有钱。

为何此事不应该？

祥林弟：唱　　　　我看还是等明年。

卫癞子：明年？哈哈，人家肯等吗？（一个骤雷）今晚是三十，月底，过了明天这个春天就完了……赶在立夏以前，还可以拜堂。（祥林嫂煎好药出来）哦，祥林嫂！……

祥林还没有死，卫癞子的魔爪已伸到他的床边。这些话，气息奄奄的祥林都听到了。他不愿意自己的妻子在他死后落入他人设下的罗网，临死前，他挣扎而起，让祥林嫂趁早逃离。祥林临终一场戏写得催人泪下：

（她呆呆地看着她小叔出去。回头，赫然祥林站在房门口了。

祥林嫂：祥林，你怎么走出来了？怎么能走出来？

祥林：我有话要告诉你。

祥林嫂：有话里面也好讲，吃药吧！

祥林：唱　　　　弟弟他要把亲讨，

妈妈想嫁你到山坳。

你年轻不知山中苦，

祥林嫂：不，没有的事！祥林，

唱　　　　你好好吃药勿胡闹。

祥林：谁胡闹？我都听到了，都听到了！

祥林嫂：祥林……（她伏在他膝上）

祥林：唱　　　　我的毛病已难好，

看来勿会到明朝。

你不要顾我不要哭，

趁早离家快快跑。

祥林：（放下药碗，竟去开门）

祥林嫂：（一把拉住）

唱　　　　你的病是这样重，

我要服侍你在一淘。

（祥林摔开了她，却跌在一边。

祥林嫂：唱　　　　你叫我孤单独人无处去，

还不如求求婆婆来打消。

祥林：（跺足）唱　　　　你不用再去寻烦恼！
祥林嫂：（带哭）唱　　　我那里忍心将你抛！
祥林：唱　　　　　　　　你要为我不肯逃……
　　　　　　　　　　　　我、我……也不想再活了！

（他一头撞向墙去，祥林嫂急拉，反被拖倒在地。

祥林嫂：祥林，祥林你不能！祥林……

（祥林挥手示去。

祥林嫂：叫我那里去好呢……

祥林：随便那里去……我不成了，我不会好了……（哭了）

祥林嫂：（也哭）祥林……

祥林：回到娘家去吧！卫家山去吧！你一个人做做吃吃，总活得过去的。

祥林嫂：祥林！

祥林：唱　　　　　　　　逃在外边虽然苦，
　　　　　　　　　　　　总比嫁到山里好。
祥林嫂：唱　　　　　　　山里苦楚我知晓，

祥林：你知道就快点走！

祥林嫂：我走，你呢？

祥林：你就不要顾我了！

祥林嫂：祥林！

祥林：去吧，去吧！我要看你出去！你让我看你出去！

…………

三言两语，将祥林善良的性格刻画得入木三分！特别是他声嘶力竭地呐喊出："去吧！我要看你出去！你让我看你出去！"观众的心怎么能不为之震撼！这就是南薇作品的魅力所在！

纸包不住火。祥林嫂逃至鲁家帮佣，终究让卫癞子得知。碍于鲁四老爷也是当地士绅，轻易也不可莽撞得罪。且看他如何挟同祥林妈去鲁府行骗的：

卫癞子：祥林妈！（示意说话）

祥林妈：嘻！
　　　　唱　　　　　　说出来真是对不起，
　　　　　　　　　　　其实也不是大事体。
　　　　　　　　　　　因为开春事务忙，

人手一时凑勿齐。
故所以，想同媳妇回转去，
不知可以不可以？

鲁四太太：喔。
唱　祥林嫂为人还和气，
做个生活也相宜。
假使能够不喊伊，
我看还是留此地。
（弟重一句。

祥林妈：唱　承蒙太太看得起，
屋里厢生活实在来勿及。
难得伊，讨欢喜，
就让伊暂时此地离一离。
等过春天到夏季，
重新再回到鲁府里。
说出来真是对不起，
勿晓得，老爷太太依勿依。

鲁四太太：哦。

鲁四老爷：唱　不是我们不愿意，
这里的生活无人抵。
祥林嫂做事还中意，
事情多做少花费。
只要你，另外寻个来代替，
无论她到东或到西。
（弟重一句。

祥林妈：唱　替工要问中保去。

鲁四太太：唱　停工也要中保来提。

卫癞子：嗯，太太，我说句话，我说句话，
唱　说得不对请勿记，
就算我癞子在放屁！
勿是今朝来恭维，
老爷太太真福气。
有田地，有根基，

有名望，有道理，
就是用人也方便，
要一批来又一批。
祥林妈就不能比，
人手勿够就断生计。
断生计就是断柴米，
断了柴米只好死。

鲁家支付了祥林嫂所有工钱，但还没有做满整月，祥林嫂趁机拖延时日。于是卫癞子设计河埠头趁祥林嫂淘米之时抢人。祥林嫂就这样被卫癞子以八十千铜钿代价卖给深山老岭贺老六。当然相当一部分的“中介费”，又落入卫癞子囊中。

贺老六与祥林嫂夫妻生活好景不长，不久老六得了伤寒症。为了替老六医病，祥林嫂只得去借印子钱，又是卫癞子做的中保。卫癞子中间没有皮剥，是断然不干的。可不？贺老六旧病复发之危难之时，卫癞子又逼债来了。

贺老六：老癞，我生病的时候，阿毛娘问你借的钱，现在……
卫癞子：现在我就是为了这事才来！
　　唱　　上次借的那笔款，
　　　　　现在日脚已经满。
　　　　　近来时世交关乱，
　　　　　勿是水灾就天旱。
　　　　　免得利息天天盘，
　　　　　故所以想同六嫂子算一算！
贺老六：唱　　其实不必再隐瞒，
　　　　　屋里老早过勿转！
　　　　　加上一次重伤寒，
　　　　　差一点点气来断。
　　　　　勿能出去生活干。
　　　　　坐吃终究山要完。
　　　　　还是请你去劝劝，
　　　　　能不能限期放放宽。
卫癞子：唱　　勿是癞子不肯管，

对方面孔真难看！
好处根本不相干，
闲话要听一大串。
借格辰光大家愿
讨债辰光大家怨。
自己没有便宜沾，
我中保做得冤不冤？
既然你一时无法还，
今朝暂时还一半！

贺老六：唱　　一半还是差得远！

卫癞子：唱　　做人勿好心太贪。

贺老六：家里没有钱，怎么谈得上贪心不贪心？

卫癞子：没有钱家里还吃饭？

贺老六：吃……

卫癞子：再说，你哥哥卖房子的定钱也好拿出来还债！

贺老六：放屁！

卫癞子：贺老六，我同你客来客气，要钱的不是我，还也在你，不还也在你，不过，你脑子清一清，人家也不是好弄的。大家弄僵了，我是帮不了忙的。

贺老六：你帮不了，就让他自己来讨好了。

卫癞子：你这是和我过不去！

贺老六：谁同你过不去？

卫癞子：你叫我作难人，不是和我过不去？

贺老六：你怕作难人，就不要做中保。

卫癞子：我倒是做中保做错了？六嫂子！六嫂子！

祥林嫂：（出）卫大叔。

卫癞子：那笔钱要是你不还，哼，卫家山三岁小孩子，都晓得我卫癞子，是个光棍。钱是你借的，我就同你算账！

祥林嫂：阿毛爹！

贺老六：没有，告诉他没有，没有！

祥林嫂：怎么你又在发冷了？

卫癞子：没有，我看你吃药吃得蒙了心窍，你也想吃起我卫老癞夹来了？

祥林嫂：卫大叔。

卫癞子：这笔钱少了半个边，祥林嫂就不要想在你家里过安稳日子。

贺老六：你敢？你敢？

祥林嫂：阿毛爹，卫大叔！

卫癞子：你要不还钱，你自己同人家去说，去，去！

祥林嫂：卫大叔，卫大叔，（癞子拉了她开门欲去，老六取过猎枪，癞子大恐）

卫癞子：哎……老六，老六，有话可说，有话可说。（突然抢枪在手，当头一下，老六跌在地上。）

祥林嫂：阿毛爹，你要逼死他……（孩子哭了）

卫癞子：六嫂子，六嫂子，你平平气，平平气，孩子哭了！（逸去）

祥林嫂：阿毛爹！

阿毛：爸爸！

祥林嫂：阿毛爹，你怎么了？

贺老六：我觉得冷，冷得很……

之后，儿子阿毛给狼叼走，贺老六贫病交加，在悲痛中死去。贺老大卖掉祖屋，祥林嫂被赶出门。

十四　看南薇的深山坳“婚礼”的生花妙笔

祥林嫂被鲁四老爷认定为“不祥之物”，是因为她有克夫之命，嫁了两个男人，做了两番寡妇。聊以欣慰的是她的两任丈夫（祥林与贺老六），都是实实在在的厚道人，只是被天灾人祸压垮了的不幸者，与祥林嫂同命运、共患难的人世间短暂的侣伴，虽未白首偕老，却也情深意切。

祥林在病痨入骨，灯枯蜡尽之际，听见自己母亲与卫癞子已在暗中谋划，要在他死后将自己的妻子嫁往山里，来换取弟弟婚事的聘礼。他不忍心自己的妻子在醮里山受苦，要妻子逃走，而且要亲眼看着妻子逃离火坑……短短一段戏，寥寥几句话，便将一个善良、忠诚，极具人格魅力的艺术形象展现在观众面前。南薇先生用如此洗练的手法，处理祥林嫂首任丈夫祥林临终的戏，而且处理得如此震撼，确实是神来之笔。这比让祥林嫂寻死觅活，捶胸顿足，唱上大段漫无边际的唱词，着实要高明百倍！

吴小楼饰贺老六

南薇先生浓墨重彩地描写了祥林嫂与第二任丈夫贺老六的戏，用了足够的心思来塑造这对患难与共的短命鸳鸯。两场重头戏，展现了当时下层民众所处的人间炼狱，这就容易激起观众的共鸣和同情。两场戏中的每一小段，一环扣一环，就像无形的绞索，将两个凄苦无援、与世无争的山民，步步勒紧，逼至绝境。

贺老六花了所有积蓄——八十千铜钱，托卫癞子找了个寡妇成家。谁知这位寡妇媳妇倔强无比，宁可撞死也不愿拜堂成亲。洞房之夜，面对头扎绑带、血痕斑斑的新娘子，他该说些什么呢？难不成哑口相对，坐等天明？他鼓足勇气，还是开口了：

贺老六：唱　　新娘子，不要死，
我明白你肚里有心事！
人人全说山里穷，
其实是，山坳里日脚也宽舒！
村里靠的种田地，
山里打猎过日子
种田地，要完粮，要缴租，
打野兽，天灾人祸无牵制。
种田三春靠一秋，
打猎一年靠四时。
打多打少无人管，
不比他们，辛辛苦苦、勤勤俭俭、
秋收以后要归地主！

祥林嫂：让我回去！让我回去！让我……让我回去！

(祥林嫂情绪渐渐稳定，但仍热泪难止……

贺老六：唱　　新娘子，多哭无意思，
住在我家无坏处！
上无婆婆来指使，
下无姑娘多口嘴。
虽然是，有个哥哥不学好，
他是老早就不住在此
新娘子呀，我老六，一定决不亏待你，
你看我，有力气，有房子……
房子破旧我能修，
只要你愿意同我过一世！

白天你看我把枪试，
晚来我看你做针凿。
清早你为我烧茶水，
黄昏我为你说故事。

（白）你看，这都是他们送给你的银洋钿，还有衣料。

祥林嫂：我不要，不要，我要回去！我要回去！（她将东西丢于地上）

贺老六：唱　就是回去留不住，
过了明天也不迟！
你何苦，回去再把佣人做，
为财主店王去服侍！
屋檐底下做人难，
倒不如，在这里，自由自在过日子！
新娘子呀，我老六乱话说到此，
你仔细想想是不是？

祥林嫂：唱　且听他，絮絮叨叨一番话，
细思忖，道理也不差。
我定定神，看看他，
山里人，倒也干净不邋遢！
浓眉大眼透忠厚，
细声细语，句句说的是真心话！
一时上，我实在无法主意拿
难道说，我命中注定要改嫁？
猛然想起祥林夫，
我怎忍心撇得下！
待等熬过这一夜，
我再仔细想办法！

（穿好鞋子的祥林嫂，真的迟疑了。

（那件衣料竟被未熄的火盆燃着了。老六急上前扑灭了，送还她身边。

贺老六：你还要回去吗？

祥林嫂：（摇头，哭了。）

贺老六：那你不要哭。

祥林嫂：（哭得更厉害。）

贺老六：做什么还哭呢？

祥林嫂：（她开始听话地急擦去眼泪不哭了。）

贺老六：你的额角好一点了没有？

祥林嫂：（让他看）喔。

贺老六：啊？

祥林嫂：（微嗔）你碰痛我了。

婚礼上大吵大闹，略含微嗔一句“你碰痛我了”，矛盾就轻而易举化解了。

这段唱是《祥林嫂》一剧的华彩唱段，词真意切，毫无矫饰，把一个忠厚老实的深山猎户的内心世界刻画得有血有肉，恰如其分。而且在处理祥林嫂的心理演变过程时，也合情合理。她没有破口大骂“强盗胚”，实际上此时此刻，她撞昏苏醒，软瘫在床，早已没力气骂人了。而贺老六也没有必要为“强盗胚”的误解而辩解了，否则就太无趣了。再仔细品味品味贺老六的唱词，声情并茂，雅俗共赏，还用得着一而再，再而三地去“改进”吗？尤其是当祥林嫂念叨着“我要回去”时，贺老六竟然没有强性阻拦，也没有怨声怨气唠叨着“八十千”彩礼来之不易，岂可竹篮打水一场空，而是说出“就是回去留不住，过了明天也不迟！……”祥林嫂就是听了这番话，才缓过气来打量起这个山里的陌生男人，然后唱出了：“且听他，絮絮叨叨一番话，细思忖，道理也不差。我定定神，看看他，山里人，倒也干净不邋遢！……”这就显得合情合理。

之后，这对硬凑起来的夫妻总算过了几年安稳日子：

白天山里把枪试，
晚来灯前做针黹。
清早厨下烧茶水，
黄昏门边说故事。
光阴似箭岁月逝……

但好景不长，不久，贺老六得了伤寒症，祥林嫂在一筹莫展的情况下，让卫癞子作保，借了高利贷。而贺老六的大哥是个混混，他想将祖屋抵押，托人借钱，被贺老六怒斥一顿。这也为祥林嫂失子丧夫之后，被大哥赶出门，埋下了伏笔。接下来卫癞子前来逼债，并将贺老六打晕在地。贺老六伤寒复发，祸不单行，儿子阿毛被狼叼走……灾难接连而至。临终前他深情地向祥林嫂倾吐出肺腑之言：

贺老六：阿毛娘！
　　　　唱　　　阿毛娘，你真苦，嫁了我！
　　　　　　　　好日子从来没有过，
　　　　　　　　坏日子早夜伴你我！
　　　　　　　　愁这个，愁那个，
　　　　　　　　临到头，一场无结果！
　　　　　　　　牛一样的操劳，马一样的做，
　　　　　　　　受尽了冻受尽饿。
　　　　　　　　烧火挑水领孩子，
　　　　　　　　抽空还要服侍我。
　　　　　　　　别的人，说你的命生得硬，
　　　　　　　　我偏说，你一生一世受尽人欺侮。
　　　　　　　　从前我是还糊涂，
　　　　　　　　现在想想都清楚。
　　　　　　　　祥林死，不是你的错，
　　　　　　　　卖你到山坳是你婆！
　　　　　　　　别人硬说你姓了贺，
　　　　　　　　还说你命硬要克丈夫！

祥林嫂：老六……（大哭）

贺老六：唱　　　可怜你，别人欺你你难对付，
　　　　　　　　你一肚的冤枉无法诉。

贺老六在临死之前，说出了他心灵深处对自己妻子的看法。祥林嫂一切悲惨的遭遇，并不是她的错。贺老六唯一放心不下的是“可怜你，别人欺你你难对付，你一肚的冤枉无法诉”。南薇先生将一个忠厚老实的山民形象刻画得栩栩如生，让人难忘。

尽管贺老六与大哥为典卖祖屋之事吵过嘴，但为了让祥林嫂在他死后不受欺侮，这条硬汉子只能低声下气地恳求大哥：

贺老六：看在亲生弟兄面上，看在爹妈面上，哥哥你要答应我，答应我！
　　　　唱　　　　　　　　放他们母子一条路！

而这位亲哥哥在贺老六死后，一边假仁假义地劝慰弟媳妇，一边撕下了他

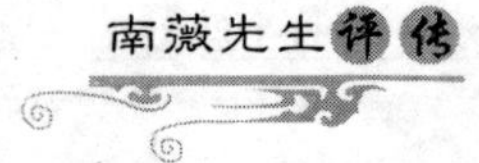

脸上的一副假面具：

大哥：弟媳妇，不要哭了，总有办法的，哭也没有用，办后事要紧！明天我带人来看房子！

“明天我带人来看房子!”一句话点题，毫无赘笔。舞台处理干净利索，南薇先生对编剧技巧的娴熟和舞台上节奏的把握，显示了他力透纸背的功力。这也正是傅全香前辈称他为“编剧奇才”的缘由。

十五　原版《祥林嫂》并未忽略“阶级斗争”

祥林嫂悲剧产生的最根本原因，是濒临灭亡的半封建半殖民地社会，以及封建主义没落的伦理观念。而这种杀人不用刀的封建伦理观的代表人物，即是鲁家的鲁四老爷和鲁四太太，这才是“祥林嫂们”真正无力抗衡的对立面。

徐天红饰鲁四老爷

项彩莲饰鲁四太太

对于鲁四老爷的政治立场，以及他对现实的态度，南薇用寥寥数语便交代得一清二楚。

南薇在鲁四老爷一上场的几句牢骚之中，便将人物的处世观勾勒得异常清晰了：

鲁四老爷：这个年岁，越来越不像话了！过得好好的，又来什么维新、革命，照这样的维来维去，革来革去，把有钱人革成了穷人，把穷人革成了有钱人，还成什么世界……革了再革，维了再维，这个世界，还成什么体统！这，这，真是！

鲁四太太：唱　　　　国家事体少过问，
　　　　　　　　　　好好保养你身体！

鲁四老爷：革命党岂有此理，革得富人变穷人
　　　　　唱　　　　这样还成什么话？

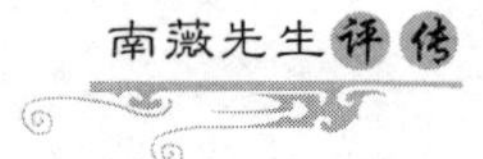

简直来东放狗屁！

鲁四老爷做的第一件大事，便是为儿子阿牛攀了门高亲——张翰林家的千金小姐。他认为“婚姻大事，父母之命，媒妁之言，这是常礼”。他按此封建伦理的正统办了这件大事，当然自鸣得意，沾沾自喜。看他飘飘然的神气模样：

鲁四老爷：唱　　我做事情不会错，
况且是，婚姻大事要我担当。
女家官宦书香后，
小姐品貌亦端庄。
陪嫁多，人品好，
可称户对又门当。

鲁四太太：唱　　阿牛自己可知道？

鲁四老爷：什么话，婚姻大事，父母之命，媒妁之言，这是常礼！太太，你也学起维新派，革命党来了！这……真是……放屁！（一个喷嚏）

唱　　一家之事由我主张！
这门婚姻我定了，
新春三月就拜堂。

鲁四老爷与鲁四太太在雇用祥林嫂这件事上虽然起了一点争执，但实质上，对祥林嫂欺侮、凌辱、盘剥的态度，两人完全站在同一个立足点上。当得知祥林嫂是从家中逃跑前来帮佣时，两老夫妻的看法就有了差异。鲁四太太是个妇道人家，看法挺实际：“……她这样的有力气，不贪馋，不偷懒，薪工什么的全不计较，一空就做，停了她，年底，祝福，或者过时过节，杀鸡宰鹅，扫地擦窗，通夜的烧火淘米煮福礼，都是她一个人担当了，短工不添，忙月也不添，我们省了多少钱？人家都说鲁四老爷家里的长工用着了，比勤俭的男人还勤俭！”而鲁四老爷考虑到声誉问题，不能让一个小小女佣败坏了家风清白。他埋怨道：

这都是维新害我老百姓，
连累租米收不成。
你既然底细都问清，

为什么，逃走竟会不知情？
…………
别人说的全是真，
亲眼看见有凭证。
没有原因的话我不会听，
就是听了也不会信。
半月前，她到河边去淘米，
遇到他们的婆家人。
说是她的堂叔叔，
他居然，寻上我家来问讯。
两人争执了一黄昏，
难道你不问也不闻？

接下来的一小段戏非常精彩，南薇先生将这个土财主贪婪、刻薄、吝啬、势利的本质刻画得入骨三分：

(这时鲁四老爷正在查账看。

鲁四老爷：怎么这两笔钱也不回收？

账房：去收过几次了，说是要求缓过三四天。

(太太念起佛来。

鲁四老爷：然而……不管她是怎么样，真的还不出，假的还不出，你派人去县里，就说再去收一次，告诉他们过期不还，是要押人的……

账房：（应之）是（欲下）

鲁四老爷：然而押东西也可以。

账房：（应之）是（欲下）

鲁四老爷：然而……东西要值钱的。

账房：（应之）是（欲下）

这不是信手拈来的闲笔，而是对道貌岸然的鲁四老爷作了一个绝妙的注脚。

等祥林嫂受尽祸灾，重回鲁府帮佣时，南薇先生将鲁四老爷封建伦理卫道士的本性暴露无遗。他一贯主张女子要从一而终，寡妇再嫁就是败坏纲常，尤其是年岁尽时祝福大礼，寡妇被认为是不干不净之人，是绝对不允许触摸礼器祭品的，这是对天地的不恭，对祖宗的亵辱。鲁迅先生的小说以《祝福》为题，借助这民间习俗，描述祥林嫂恭献祭礼先后两重天的遭遇，揭露封建礼教坑人害人的残酷性。南薇先生出人意料的构思和布局，用非常独特的戏剧结构方式，揭示出鲁迅先生作品的深刻主题。

祝福的习俗，在浙东地区是非常隆重的家庭祭祀大典。通常在年三十夜，祝福时有专用的腊器，也称锡器，实际上是锡与铅的合金。蜡器有玻璃罩的灯台、烛台，以蟠龙为饰，非常漂亮，还有高高的香炉，香炉纹饰有几层。酒盅碗盏花样繁多，各有专用，不可混淆，平时放置在专用木箱内。鲁四老爷家应属四房，木箱上用广漆黑字写上“鲁伦四房”四个字。平时不用就搁置一边，岁末祭祀之前，取出擦洗一番。通常祭品有三牲：公鸡宰杀洗净后口噙香葱一枚，大鲤鱼一条用红纸将眼蒙住，方肉一条上插小刀一柄。锡碗盛的都是素菜五谷。酒以黄酒为主。而上供时必须恭恭敬敬，中规中矩，稍有疏忽，即被视作不吉利，会影响祖宗保佑，来年将会诸事不顺。

南薇在处理这场戏时，先用仆人的七嘴八舌做了大量渲染和铺垫：

仆乙：消带（晓得——绍兴方音）哉！消带哉！早早消带哉！

仆甲：太太决定的。

阿香：老爷吩咐的。

三婶：等一会……就知道了。

柳妈：摆供的时候就知道了……

祥林嫂：哦，哦……（她欣喜地笑，兴奋了）我长远不摆供了，冬至节祭祖的时候，就没有让我去摆，那天我就是烧烧火，他们都说我不干不净的，他们都晓得，我做的都是祖宗不欢喜的。

三婶：现在你捐过门槛了。

祥林嫂：捐过了，捐过了。

柳妈：祥林嫂，你做得动吗？

祥林嫂：做得动，杀鸡宰鹅，淘米扫地都做得动。

阿香：我们都弄好了。

祥林嫂：那我……我扫地去。

仆甲：地短工扫过了。

祥林嫂：挂灯……

仆乙：灯，啊，老早挂好东哉。

祥林嫂：……擦锡器，擦锡器……

三婶：锡器，忙月在擦。

祥林嫂：……哦，那我……

柳妈：你还是等摆供吧。

仆甲：摆供罢，摆供罢。

仆乙：实格（绍兴方音：是的）……

摆供品职司，其实“太太决定的”“老爷吩咐的”，不能让祥林嫂沾手。这个悬念，所有人都知道，只有祥林嫂一人还蒙在鼓里。突然出来一个名叫阿招的忙月（临时工）：

我的名字叫阿招，
因为此地忙月叫。
老爷说，摆供辰光人手少，
太太说，迎接福神顶紧要。
现在天色已勿早，
福礼是不是已烧好？
众人：（一致同声）哦，摆供了！

（于是，搬的、拎的忙着。祥林嫂夺了阿招手里的福礼，紧跟着两个仆人抢先去了。阿招于是另外抬了盘福礼出去。

（锣鼓又响了，突然，小丫头子奔上。

小丫头子：啊呀，你们谁叫祥林嫂去摆供的？

三婶：怎么？

小丫头子：她闯了祸了。

众人：啊？闯祸？

阿香：我们没有叫过她。

柳妈：是她自己去的。

三婶：她闯了什么祸了？

祥林嫂自以为捐了土地庙门槛，就为自己嫁过两个男人的罪孽赎了身，身子干净了，便可像从前一样参与摆供大礼，却不知犯了大忌！鲁四老爷怒气冲天来至厨房：

祥林嫂：哦，柳妈，三婶，我打碎了，盛米的饭碗打碎了，阿香，打碎了！

鲁四老爷：不早不迟，偏偏要在这时候，偏偏要在这个时候。

鲁四太太：早知道她会变成这个样子，倒不如那个时候不用了她！

鲁四老爷：我是怎么告诉你们的，这种人虽然可怜，然而败坏风俗……过时过节千万不好叫她动手，否则不干不净，祖宗也不要吃的。

鲁四太太：你动手也罢了，叫你放着，你偏不听，我米一拿，你倒往地上打碎了。

众人：啊呀，千碎万碎……

祥林嫂：我，我捐过门槛了！

鲁四老爷：（掴了她一掌）

唱　　捐了门槛又怎样？
难道你，不祥之物就变吉祥？
你的命是比山硬，
真是时辰八字完全忘。
你同两个男人拜过堂，
你为两个男人做孤孀。
一个儿子遭了狼！

祥林嫂：我真笨，我真笨！

鲁四太太：是呀，你不知道春天里也会有狼……

鲁四老爷：唱　　这都是，你命里注定无法抗。
自作自受自身当，
你冲犯我家，福神菩萨太莽撞！

鲁四太太：唱　　我们为你来设想，
你还是，趁早别处去帮忙。

祥林嫂听到要辞退她时，她急得手足无措，只能苦苦哀求：

祥林嫂：不，不，太太，太太，你是说不要我了，你是说不要我了，你不要我登在这里，你叫我到哪里去啊？

唱　　我是家破人又亡，
那里去寻人家帮？
老爷太太不收养，
我一定饿死在路旁。

鲁四老爷：我真有点不懂，她还有什么丢不下的？这个年岁，不让自己活得无趣，不让别人看得讨厌，为人为己，岂不是好？

祥林嫂：老爷，老爷！

唱　　　　　　　　你不念今天念平常，
　　　　　　　　　太太，太太宽宏本大量。

鲁四太太：唱　　　我们出钱你做工，
　　　　　　　　　别的说话也不用讲。
　　　　　　　　　阿香替她去铺盖打，

（白）照例这个月你还要做三四天，我也给你补满了一个月，你去领三百钱给她，叫她就走！

就这样，除夕之夜，风雪满天，她被鲁家无情地赶出家门。等待她的，只有死路一条！这场戏，南薇先生没有正面写鲁四老爷在摆供时阻止祥林嫂端盘摆供，而是将场景设在厨房。先让佣人们神秘兮兮，而且略带些优越感——“太太决定的”“老爷吩咐的”，不能让祥林嫂沾手福礼这一“机密”，他们都事先得到关照，看似随意，实际上用的是先抑后扬的手法，作了侧面迂回的铺垫。只有祥林嫂还在做她的美梦：她用所有积蓄，在西镇土地庙捐了门槛，她自认为自己已一身干净，可以参与在鲁府是异常荣光的摆供仪式。祥林嫂一生清清白白，并无垢污，只是封建礼教判定寡妇再嫁，有违纲常，是不祥之物，这点道理她是至死也弄不明白的。然后她自告奋勇地摆起供品，结果打碎碗盏，酿成大祸。最后鲁四老爷点穿这个悬念：“捐了门槛又怎样？难道你，不祥之物就变吉祥？你的命是比山硬，真是时辰八字完全忘。你同两个男人拜过堂，你为两个男人做孤孀。一个儿子遭了狼！这都是，你命里注定无法抗。”他决定除夕风雪之夜辞退祥林嫂。祥林嫂再三恳求，无济于事。戏的高潮步步逼紧，节奏明快，自然无痕，最后她绝望地高声呐喊：“一个人死了之后，究竟有没有魂灵的？”这就是祥林嫂对封建礼教的强烈控诉！她在万般无奈、无路可走的悲愤之中，决定去劈掉土地庙所捐的门槛，劈掉这封建礼教的桎梏……戏就是这样自然而然地推向制高点，一气呵成，毫无拖沓。南薇先生对戏剧节奏的把握和对高潮戏的处理，是值得我们去作深层次的探讨和学习的！

《祥林嫂》中最绝的两段唱，是柳妈和祥林嫂所唱：

柳妈：唱　　　　　祥林嫂你实在笨，
　　　　　　　　　一撞就该送性命，

到现在两个男人在阴间等，
等你去了将你分！

祥林嫂：柳妈，这是谁说的？

柳妈：这还要谁说？谁还不知道？

唱　　　　我看你快到西镇土地庙，
捐条门槛当替身。
千人踏，万人跨，
赎了你一世大罪名。

（白）唉！可惜白撞了一下。

（外边叫柳妈了。柳妈走后，祥林嫂更形恐惧。

祥林嫂：唱　　　　祥林嫂你实在笨，
一撞就该送性命，
到现在两个男人在阴间等，
等我去了将我分！
我定要快到西镇土地庙，
捐条门槛当替身。
千人踏，万人跨，
赎了我一世大罪名。

晚年祥林嫂

戏的尾声南薇又是如何处理的剧本中未见提示。但在章力辉、高义龙所著的《袁雪芬的艺术道路》一书中，找到了一段颇为形象的记载：

尾声是在高升客店外。袁雪芬演的祥林嫂两眼茫然，拖着疲惫的脚步上场，她手里拿着鲁家太太发的五百文工钱，铜钱一枚一枚地撒落在地上而毫不知觉。她见人就问："一个人死了之后究竟有没有魂灵？"但得不到回答。在恍惚之间，她回忆起前尘，这里用类似电影的手法表现她的幻觉，概括了她的一生：

祥林嫂：祥林！祥林！

祥林：你快逃走！你快逃走！

祥林嫂：癞大叔！癞大叔！

卫癞子：祥林嫂，二十千！三十千！

祥林嫂：阿毛爹！

贺老六：你要好好照顾孩子！

祥林嫂：大哥！

贺老三：弟媳妇，明天我来收房子！

祥林嫂：老爷！老爷！

鲁阿牛：祥林嫂，你已经老了，这里用不着你了，你还是到别处去吧！

祥林嫂昏倒死在桥头的一个凉亭边，灯暗后复亮，又是大年初一了。一个十九岁的小姑娘阿香由母亲领着去鲁府帮佣。她们走过祥林嫂的遗体，掩鼻皱眉，觉得不吉利。这段戏没有一句话，但与序幕相呼应。它形象地告诉人们，祥林嫂的悲剧还在继续，新的祥林嫂还在产生。阿香面临着的，不也将是祥林嫂那样的命运么?

这出色的尾声场面震撼，催人泪下。纵观原版，令人豁然开朗。南薇改编的《祥林嫂》的历史地位是无法抹杀的！它确确实实是“里程碑”式的精品！

十六 《山河恋》托起一代名伶风采

1947年8月20日，在上海八仙桥附近的黄金大戏院，由越剧界十位誉满申城的年轻演员——尹桂芳、筱丹桂、竺水招、袁雪芬、傅全香、范瑞娟、徐玉兰、徐天红、吴小楼、张桂凤联袂主演的《山河恋》，在上海市民的翘首以待中终于上演了。这部越剧史上无比璀璨的明珠，被人们津津乐道了半个多世纪，至今仍对它兴趣不减，看来它持久的影响力还会延续下去。1947年8月18日，上海《大公报》发表了何律的文章《新越剧〈山河恋〉与编导南薇》，对年方二十六岁的南薇作了形象的介绍，颇有意思：

在著名的从事改良越剧工作者们团结一致排练的《山河恋》上演的前夕，我访问了这个戏的编导南薇先生。他是一个诚恳谦虚的年轻人，四年的工作，并不能算太长，但是，他却有了不少收获，去年轰动一时的《祥林嫂》，就是他改编的。但是至今提起来，他还只是摇头说："那是不像话的。"

《山河恋》剧照

这次南薇先生编写的《山河恋》，是根据法国浪漫主义作家大仲马写的《三剑客》改编的。这出戏描写的是法国路易皇朝宫闱里的荒淫无耻和横暴奢华，全剧九景十四场。

义演《山河恋》的目的是筹资建造一所属于越剧艺人自己的剧场，这样可以摆脱“前台、后台经理”的控制和盘剥。这个主意由袁雪芬主倡，十姐妹赞同。可这十个姐妹，都是越剧界响当当的头牌角色，她们有各自的剧组班底。把她们凑在一起搞义演，演个什么戏可以让这些头牌演员平衡呢？南薇想出了个极妙的办法，改编《三剑客》，将法兰西宫廷搬到春秋战国时期的中国来，这样就有足够的角色可供十姐妹一展才艺。《三剑客》中有三剑客，《山河恋》中就可出两个大将军：申息和钟兕。《三剑客》中有白汉金公爵，《山河恋》中就可出个纪苏公子。《三剑客》中有皇后，《山河恋》中就可出个绵姜皇后，皇后的使唤宫女随时可增添。《三剑客》中有个坏女人米莱迪，《山河恋》中就可出个宓姬。至于主教大人的功能，完全可以有个坏宰相黎瑟来完成……这个议题立即得到大家赞同。工作分配时，“排练演出由我（袁雪芬）与南薇、韩义负责”（《袁雪芬自述》第 81 页）。

十姐妹照

非常遗憾的是，当年盛况空前的演出没有留下完整的音像资料，仅有一段“送信”唱段的录音流传民间。袁雪芬在她的自述中，是这样描述的：“这次我与尹桂芳第一次合作演出，因此观众特别高兴，只是感觉戏太少了不过瘾。其实也很难为编导者南薇了，他既要考虑戏的结构和人物关系，还得照顾每个人的表演特点，再说他同尹桂芳、竺水招、筱丹桂、徐玉兰是第一次合作。好在南薇在排练中善于观察演员的表演特点，提出弥补的办法。尽管各人表演风格、水平不一，但在大家的努力下，表演水平均有较快的提高，弥补了原先不

足之处。”（《袁雪芬自述》第 90 页）

至于袁雪芬为何只演了个名叫季娣的小宫女，她是这样说的：“在分配角色时，因没有我的角色，南薇提出增加一个小宫女，让我演。再配一段戴嬴让她这个小宫女即丫头季娣传书给申息（尹桂芳饰演）的戏。整出戏里，我就演这么个小丫头，只有与尹桂芳的一段对唱。”（《袁雪芬自述》第 82 页）庆幸的是，南薇为她量身定制的这段对唱成了千古绝响。

十姐妹义演《山河恋》，早已成为“越剧姐妹大团结”的象征，载入了越剧史册。“送信”这段唱几番唱上《春晚》舞台，可以说是颇受欢迎。20 世纪 80 年代，南薇拉上韩义，根据自己的回忆，重新复原了《山河恋》原剧原貌，让越剧爱好者一睹往日风采。

实际上还有一段绵姜与纪苏公子“御园密会”的原唱尚存，只是没人有此能耐去唱片公司的片库调研，终成未解之谜。这段录音的主唱者应该是竺水招、徐玉兰两位前辈，一位饰绵姜公主，一个扮演纪苏公子，她们的唱腔各具特色，十分精彩。这段唱词写得也异常优美出彩，不妨摘录一下：

纪苏公子：唱　忆往昔，初相逢，
也似这，花荫月色夜溶溶。
鸟双宿，月团圆，
物情人意也相同。
难忘却，携手凭槛同照影；
难忘却，殿前私语情意浓；
难忘却，共誓明月……
绵　姜：公子！
纪苏公子：唱　……盟金石，
难忘却，两情久长山河共。
有谁知，徐侯犯境逼君嫁，
一入宫禁就难相逢。
从此是，数尽更筹无眠夜，
独拥寒衾听晓钟。
思卿念卿不见卿，
（白）绵姜，你好狠心！
唱　夜三更，你也不肯前来入魂梦！
……

绵 姜：唱 赠君一枝珠凤钗，
万般情愫诉无奈。
这凤钗，镶有明珠十二颗，
光彩夺目多明媚。
这凤钗，曾是我萱堂头上戴；
这凤钗，曾是慈母赠我三春晖；
这凤钗，曾与我朝夕共为伴；
这凤钗，曾抚平我心头几重悲。
它与我，血脉通，体温同，
如今它，跟随公子把故国回。
见凤钗，犹如见我面，
愿凤钗，朝夕与公子长相随！
纪苏公子：唱 双手接过珠凤钗，
热泪如潮滚滚来。
它是绵姜一片情，
它是绵姜一片爱。
从此后，我与它，血脉通，体温同，
生生死死，再也不分开！
（取出一方锦帕。
唱 这锦帕，是我随身带，
权作表记赠贤妹。
愿锦帕，为你遮菱镜，擦妆台。
抹去你，腮边泪，心上悲！
见锦帕，犹如见我面，
这千丝万缕，浸透了我曹柏恩和爱！
（公子柏跪倒在地，深深拜别。

由于排练时间仓促，当年剧本的创作是以“发单篇”方式速成的，即先拟好全剧大纲，再分头写好唱词，将单篇唱词分别发给担当相应角色的演员，最后在导演导戏的时候，添加上必要的台词白口。这种创作方法比单纯幕表戏（路头戏）虽说有了进步，但仍是粗放式的创作方法，缺少章法，难以构筑佳品，所以“发单篇”的创作方式持续时间不长。为了赶时间，《山河恋》不得已采用“发单篇”的方式排戏，所以南薇作为主创导演，理所当然成了演出成败的关键。所有唱词白口安排，场次穿插安排，指挥者和主创者只有南薇一人。而韩义负责舞台布景，服装造型的设计和制作工作，也忙得不亦乐乎，无暇顾及排练场。最终演出获得了非凡成功！

据记载：“……角色分派，采用抓阄和导演指定两种方法，顺利作出了安排。时值炎热的夏天，各剧团都在‘歇夏’，演员们自己出钱做服装、自备车费，冒着酷暑投入排练。8 月 18 日，上海各大报纸登出由‘十姐妹’署名的醒目启事：‘为创设越剧学校建造实验剧场筹募基金定于八月十九日（即明日）起假座黄金大戏院联合公演历史宫闱巨献《山河恋》。’公演开始后，每天日夜两场，场场客满，上海的报纸发表了大量报道和评论，田汉在《新闻报》上以《团结就是力量》为题发表文章，认为‘此次联合公演的实现便是一个伟大成就’。”

十姐妹的戏份相对比较均匀，但也有侧重之分。就旦角而言，宓姬的戏份最重，人物形象也最为丰满；其次是皇后绵姜，由竺水招扮演；再次是绵姜的侍婢戴嬴；季娣戏份最少。两位“大将军”申息和钟兕，分别由尹桂芳和范瑞娟两位担纲。纪苏公子则由风流倜傥的徐玉兰前辈饰演。她们各具风采，不知迷倒了上海滩多少越剧粉丝！

宓姬的文学形象，脱胎于大仲马的小说《三剑客》中的坏女人米莱迪。要形容这位《山河恋》中的准一号女主角的形象特征，八个字便可概括：美若天仙，毒如蛇蝎！

宓姬在剧中出现了五次。她初次出场是以纪国君夫人的身份，来至徐国都城，匆匆过场，惊鸿一现，冷若冰霜，恰恰被“大将军”百夫长申息看到，申息惊呼：“……是个坏女人！”

原来她是申息的嫂嫂！于是，申息凝神回忆，似是痛苦不堪：“待我慢慢说与你听……”紧接着，以倒叙的方式，开始了宓姬的第一场重头戏：“黑夜尽时现曙光。”

申息有两个哥哥：申斯、申偃。第三场叙述了一段两位兄长惨遭宓姬毒害的往事。申斯已被这个歹毒女人折磨至死。戏一开场，宓姬的自白就已令人心惊胆战：

（宓姬一身素缟，手中捧着申斯的牌位，一双冷峻的目光环视着四周破败的家室。

（那是孟国兵败、公孙敖流亡时期，宓姬的丈夫刚死，她孝服未满，但却不愿再在申家守寡。

宓　姬：唱　　　黑夜尽时露曙光！

（对牌位自语）申斯啊，申斯，你我虽然夫妻一场，那一日不是同床异梦！须知我乃是一只凤凰，你只是一只家雀！

唱　　　家雀岂能配凤凰！

难怪你，短命夭殇寿不长，

休怪我，不能为你守空房！

（白）走！立刻离开这是非之地！啊哟，不妥！死了老大，这老二申偃粗莽成性，老三申息却是精细过人！我若此刻一走，不免引起他兄弟二人疑窦，连带勾起这申斯之事，我，我也难脱罗网！哎呀！

唱　　　我要从速作主张，

再不能首鼠两端心彷徨！

丈夫死，尽管脱系绊，

那两个小叔是祸殃。

我若不趁此离火坑，

后患无穷难设想。

（白）对！对，对！

唱　　　一不做来二不休，

我要他们，同室操戈，弟兄阋墙！

（白）公孙敖啊，公孙敖！你须怨不得我。谁叫你撞上了我这对头星，我若不借你拔去两个眼中钉，我又怎能自在逍遥！

孟国公子公孙敖，国破流亡，被申息收留。宓姬趁机勾引了申偃，并借刀杀人，挑唆申偃卖友求荣，告密小叔，害申息与公孙敖重新踏上流亡之途，最后毒死申偃，斩草除根，远走高飞。

且看她如何施展狐媚，引诱申偃：

宓　姬：……想不到别人不明白我。你也不知我心？我的二叔呀！

唱　　　虽说我，脚头散，交游广，

你何曾见我去荒唐？

为什么，我为求清净觅栖身地？

还要去，海角天涯去寻访？

我满腔幽怀你不解，

看起来，你不是鲁莽是负心肠！

申　偃：唱　　　你的说话好虚妄，

我负你两字怎么讲？

宓　姬：唱　　　我的好偃叔，你是那么憨！

可怜我，一腔心意，一片柔肠，一往真情，

岂非白白付汪洋。

我久闻你是个直心汉，

一心想嫁你个申家郎！

申　偃：嫂嫂！

宓　姬：偃叔！

唱　　　谁知嫁了你兄长，

我遗恨终生，面对孤灯，那一夜不是哭断了肠。

申　偃：唱　　　我兄长，待人宽厚也知情义！

宓　姬：唱　　　他对我，全无温存，凶暴若狂。

我所以苟生到如今，

无非为，一点情痴，要让你知祥！

今日得诉平生愿，

我纵死九泉愿已偿！

末了，交杯酒成了一盅毒酒，总算让申偃死得个明白：

宓　姬：嘿！我实话告诉你！我能活活把你哥哥折磨而死；又令你出卖你的亲兄弟，我还能对付不了你这头蠢驴吗？

申　偃：宓姬，我为你出卖了世子，告发了兄弟，我……

宓　姬：活该！

申　偃：你要找死？

宓　姬：找死的是你，不是我呀！

申　偃：我，我要你的命！

宓　姬：迟了！没等你来要，我先已要了你的命！

申　偃：怎么讲？

宓　姬：你方才吃的是盅毒酒！

凡宓姬现身之时，处处充斥了阴谋与诡计。当她再次露面，已是以季国君夫人之尊，来与徐国宰相黎瑟密谋国事。宰相黎瑟，相当于《三剑客》中的主教，是个野心勃勃的伺机谋权篡位的阴谋家。他与宓姬沆瀣一气，联手谋害绵姜，诬陷王后将珠凤钗私赠纪苏公子，徐僖公勒令绵姜在他十日之后的寿诞之期须佩带面君。为了保护王后，百夫长申息、钟兕骑快马直奔曹国，向纪苏公子，即曹柏索回凤钗，以解绵姜被嫌疑之危局。而宓姬也自告奋勇，欲抢先潜回赵国夺取凤钗。这就构成后半部戏的一大悬念，也是决定王后绵姜命运的关键所在。这个悬念套用了《三剑客》白汉金公爵的皇冠钻石的情节，戏剧效果颇具震撼力。宓姬听了黎瑟构陷王后的计谋之后，她不禁窃喜，唱词“凤钗到手，好把公子杀！”表现了她的毒辣心态：

宓　姬：唱　　我当什么疑难事，
却原来，是区区一支珠凤钗。
我宓姬，自幼生长在曹地，
人地两熟是故旧家。
只要相爷遂我请，
我为大王去见曹柏。
谩说他门禁森严权势大，
刀山火海我也不怕。
还请相爷将人派，
凤钗到手，好把公子杀！

宓姬刚到曹国即被抓住，被关押在曹国烽火台下。当她正想隐瞒身份时，立马被前来巡营的公孙敖识破。此时的公孙敖已投奔曹柏，成了曹国统帅。公孙敖当然知道她的狡猾善变，特别委派大将费缇亲自看押，以防不测。本想万无一失，殊不知宓姬巧舌如簧，以色相为诱，策反了费缇，竟然挑动得费缇理智尽丧，刺杀曹柏，为宓姬夺取了凤钗，酿成惨祸。且看她如何颠倒是非，挑拨离间，勾引费缇，请君入瓮的：

宓　姬：唱　　徐僖公，破曹都，国君丧命，
这一场，生死战，人神惊心！
曹柏不记辱国恨，
对敌酋，还亲手奉上心上人。
如今是，绵姜受辱在敌营，

他却是，偏安一隅享太平！
亡国仇，夺爱恨，
担在谁的肩上，也重千钧。
此一番，他不顾，国耻未雪民不安生，
又蹑足潜踪赴徐京。

费　缇：公子柏……哦，他乃奉绵姜之召，重叙旧情。这乃人情之常，由得你信口雌黄，诬陷好人！

宓　姬：好人？呸！
唱　　　曹柏他本是邪恶淫荡子！

费　缇：胡说！谁人不知，那个不晓，公子柏是个诤诤君子！他……

宓　姬：唱　　　他好色贪花鲜廉寡耻！
凭借手中权与势，
糟蹋了，曹国多少好女子！

费　缇：宓姬！我决不会轻信你胡说八道！

宓　姬：唱　　　此番他，路远迢迢会绵姜，
将军你，曾影形不离勤护持。
若非是，心中难忘苟且事，
又怎会，色胆包天冒万死！
其实他，怀揣恶谋另有隐私，
你还蒙在鼓里不得知！

费　缇：隐私？

宓　姬：唱　　　是隐私，当不能，明目张胆胡乱讲，
做一些，月黑天高鬼勾当。
此番我作客在徐邦，
目睹他，百般丑态有多肮脏。
他为与绵姜重修好，
竟然是，极尽媚眼跪地上。
他求僖公，若求爹娘，
求他们，发还绵姜作妻房。
只要僖公能应允，
他愿意，自毁宗庙，奉献疆土永不称王！

费　缇：有这等事？

宓　姬：你还不知道？是呀，那是见不得人的隐私！

唱　　　　　徐偣公，心大邪，
灭曹之意决非假。
他慨然应允曹柏请，
还赠他一枚珠凤钗。
这淫棍，不知羞，不知耻，
只见他，叩头作揖乱称谢！

费　缇：这个……公子柏怎会是淫荡好色之徒，卖国求荣之辈？

宓　姬：这凤钗，乃是价值连城之宝，这绵姜，乃是倾国倾城之色，你还不相信！

费　缇：实在难以置信！

宓　姬：也罢！既然如此，我也顾不得羞辱了！将军，你看！（她袒胸露裸，以示费缇）

费　缇：啊……这……刀伤？

宓　姬：岂止刀伤，还有不共戴天之仇呢！（咬牙切齿）

费　缇：不共戴天之仇？

宓　姬：（灵机一动，故意昏厥）啊呀！（倒在费缇手中）

费　缇：宓姬！宓姬！

随即，她又捏造当年在申息家中的遭遇，把自己编排成一个受迫害、受凌辱的弱女子，一个不忘国恨家仇的殉道士，从而赢得了费缇百分之百的信任，骗得费缇心甘情愿地为她卖命！

宓　姬：唱　　忆当年，父母之命嫁申斯，
夫妻俩归宁探桑梓。
曹柏垂涎我容姿，
竟将申郎毒害死。
乘机诱入进密室，
强欲奸污行无耻。
我抵死不从泼口骂，
他恼羞成怒，拔剑对我胸头刺！

费　缇：（怜悯地）他竟如此凶残……（惊觉）那你还要来曹国作甚？

宓　姬：来曹国？……来曹国……谁教我是个曹国女子呀！
唱　　客居异域多乡愁，

我忘不了，这山，这水……这恨，这仇！
我忘不了乡谊情……仲夫冤！
为的是，揭穿曹柏恶计谋！

当宓姬将珠凤钗诓骗到手，便丢弃了再无利用价值的费缇，匆匆赶回徐国报功领赏。

将戏剧矛盾推至高潮的一场，发生在大江之畔，湘灵庙前。钟兕的恋人、绵姜的心腹侍婢戴嬴，正焦急万分，期盼着勇士们胜利归来。可盼来的不是意中人，而是恶煞般的毒女人。宓姬还像猫戏老鼠似般戏弄着她自以为胜券在握，举手即可毙其死命的对手，王后身边的红人——戴嬴。她得意忘形，随心所欲地哄骗这个天真烂漫的少女，甚至还夹杂着几分妒意：

宓　姬：……戴嬴！你是戴嬴！
戴　嬴：（大惊）你，你怎么认识我？你是谁？
宓　姬：你不用怕。我是你的姐妹，你的亲人！戴嬴妹妹，你过来……
戴　嬴：（往后一步，退去）不，不，我不认识你。
宓　姬：你不认识我，可你认识钟兕呀！
戴　嬴：钟兕？他怎么啦！
宓　姬：你看你，我一提起钟兕，你就急成这个样子？他那个钟兕哥哥啊！

唱　他英俊可嘉，英雄无比，
他曾经，拔刀救我在患难里。
他向我倾吐过肺腑意，
他说道，他心中只有一个你！
他爱你，苗条身材多娇美；
他爱你，出言清越似黄莺儿啼；
他爱你，温和柔情似水涟漪；
他爱你，芙蓉出水不沾泥！
他言道，心中宏愿只一个，
今生誓与你成连理！

戴　嬴：唱　听此言，我心中似小鹿跳得急，
脸上顿时红云起。
宓　姬：唱　你可知，我与钟兄也两相知……

如今是……义结金兰成姐弟！
我的好弟妹！
那钟咒感你真情义！

戴 嬴：唱 此身有托我心暗喜。

（白）夫人，你见到他了？

宓 姬：在曹国的海边……他已经带了王妃的凤钗，回徐国来了。

而后宓姬将一杯毒酒骗戴嬴饮下，正待戴嬴举盅，季娣突然出现在神案上，揭穿了宓姬真面目。等宓姬将自己的侍婢季娣刺伤，她才对戴嬴面露狰狞：

宓 姬：戴嬴！

唱 你是钟咒心上人，
他爱你胜似爱自身。
他怎知，湘灵庙成了鬼门关，
心上人，魂灵儿已到酆都城。
待等他，喜气冲冲到湘灵，
庙中只剩你一个人。
香消玉殒气已绝，
血肉模糊难辨认。
我要看一看他脸上好表情，
哈，哈，哈……
我笑声会冲破九霄云！
今日叫你归阴去！
一杯毒酒请你饮！

宓姬四场冲突激烈、高潮迭起的戏，把一个美若天仙、毒如蛇蝎的坏女人刻画得入木三分！成功塑造宓姬这个人物形象，也是《山河恋》吸引观众的主要因素之一。

最后，我还想介绍一段颇为精彩的戏。喜欢越剧的观众，对《山河恋·送信》这一段唱词几乎耳熟能详。季娣在临死之前，与钟咒有一段与对唱，相当情深意切，感人肺腑，催人泪下。摘录一下，供诸位欣赏：

季　娣：申将军，（凄然微笑）……你终于回来了！

申　息：季娣！

季　娣：唱　　　申息将军你且近前，
让季娣，细细看看你英俊的脸！
你去曹邦涉风险，
我身处危境也常挂念。
蒙将军，不弃婢子我姿容差；
蒙将军，青眼不嫌我家贫贱！
曾记得，酒店传书初相见，
我也曾，错将爱心当戏言。
常言道路遥知马力，
今始见，两心相爱如磐石坚！
我早晚，盼君平安回徐都，
你可知，我心中，
深深烙下了君容颜！

申　息：季娣！

季　娣：唱　　　又谁知，天公有意不作美，

戴　赢：季娣，你会好的！你会好起来的！

季　娣：唱　　　刀伤要害我命难全！

申　息：（发疯似的）季娣！你不能死！你不能死！

季　娣：唱　　　今日得见将军面，
我死在君怀心也甜！

（白）申息，申息。

（季娣在申息怀中闭上的双眼。安详的神色几乎还含着一丝笑意。

申　息：季娣，季娣，季娣……你去了！我还没有讲话，你就去了！季娣，我的好妻子啊！

齐唱　　　渺渺香魂飞云端！
此恨绵绵恨无限！

申　息：唱　　　轻轻叫声好妹妹，
心中犹如沉冰渊！
这一路上，风险浪恶无大碍，
只缘我，心中深藏你美容颜。
这酒楼相遇是天赐，

一瞥惊鸿永思念。
实指望，不辱使命取钗归，
可与你，灯前月下结良缘。
不料想，回来只闻断肠话，
如花美梦，顷刻化云烟！
贤妹呀，我唤你，你不知，
我想你，你不见。
我与你说话你不回答，
我与你说的全是肺腑言！
贤妹呀，从今后谁人听我诉衷肠？
谁人听我传鱼雁？
我满腔情愫，满腔爱恋，
只有待，化作碧血洒河山！

《山河恋》是一出悲剧，只有撼动人心的悲剧，才能透视人性，经久不衰。

十七　尽可能保留《三剑客》叙事风格

《山河恋》是根据大仲马的小说《三剑客》改编而来的。大仲马的《三剑客》塑造的三个皇家卫队的火枪手，亦庄亦谐，剑术超群，充满草莽气概。这与我们戏曲舞台上的英雄人物有很大差异。我们的英雄，在台上一个亮相，一招一式，都讲究英俊威猛，一脸正气。即便插科打诨，也是小花脸的活计。如《打瓜园》里陶三春的鸵老叔，盗窃九龙杯的杨香武，还有曾一度红遍大上海的抽大烟筒子的怪侠欧阳德。很少有不描白鼻子的帅哥出演这一类的英雄。而在西方的舞台上，从“三剑客”“野鹅敢死队”“加利森敢死队”到“007”，没有个把颠三倒四的痞子英雄、风流艳丽的邦德女郎就叫不上座。这或许就是中西方文艺观念的不同之处。

《山河恋》剧照

《山河恋》中也有类似剑客的角色，这些角色也有玩世不恭、荒唐不羁的草根游侠习气。编导者在构思剧本时，都已考虑过如何体现出大仲马原作的风格，可以说煞费苦心。但越剧姐妹原本文化程度不高，要她们像电影演员般的去塑造人物，在当时是不符合实际的。以大家熟悉的“送信”一段戏为例。王后绵姜的贴身侍婢戴嬴的哥哥无寿，在京郊城乡接合部开了一家酒肆，一些禁卫队的将士经常光顾买醉寻欢。绵姜受到徐僖公的威逼，要在她十日之后其寿诞大庆之时佩戴珠凤钗赴宴，如拿不出凤钗，绵姜与纪苏公子御园密会这事势必东窗事发，危及生死。因此必须在十日之内将凤钗从曹国曹柏处取回，才能免遭奸相陷害。于是戴嬴冒险传书，路上被黎瑟手下逮捕，关押至相府私牢。宓姬侍女季娣，也是曹国人，异国流亡时被宓姬收留为婢。她敬重绵姜献身护国的人品，见戴嬴被抓，追随到牢中，得知情由，愿意代劳涉险传讯。这就是季娣与申息酒肆相遇的前提。此时，钟兕与无寿外出寻找戴嬴，申斯微醺入睡。当得知季娣要将书信亲自交与无寿时，申息故意去而复返，摇身一变，胡诌自己就是无寿。于是两人便“纠缠”起来：

季　娣：唱　　我道你是个君子人，
　　　　　　　这样的戏弄人家不该应。
申　息：唱　　我本是个大将军，
　　　　　　　岂可与你去传信。
季　娣：唱　　既是将军有身份，
　　　　　　　你缘何与我缠不清！

下面就是申息的胡说八道了，一副游戏人间的草莽习性表露无遗：

申　息：唱　　谁叫你，我的说话你不听，
　　　　　　　无寿已经得了病。
　　　　　　　神思恍惚口难言，
　　　　　　　病势要紧重十分。
　　　　　　　故而你，有话只管对我讲，
　　　　　　　我何尝与你缠不清！
季　娣：这样说来，我是错怪了你！
申　息：这样说来，我是唐突了你！
　　　　唱　　问大姐到此有何故？
季　娣：唱　　我特地前来送书信。
申　息：唱　　这封书信何人写？
季　娣：唱　　无寿的妹妹名戴嬴。
申　息：唱　　她不是，被人掳去无踪影？
季　娣：唱　　此事我已早知情，

那黎瑟想把王后害，
逼她的口供她不肯。
故所以，暗中写好书一封，
她叫我，送与无寿便知详情。

申息先是信口胡诌，当他听罢缘由，对这位仗义传书的女孩产生了好感，便似真似假用托传口讯为由，表达了爱慕之心，不失游侠剑客诙谐油滑的本性：

申　息：喔！
　　　　唱　　只是我，也想托你带封信，
　　　　　　　不知你大姐肯不肯？
季　娣：唱　　你将书信交与我，
　　　　　　　我替你送与收信人。
申　息：唱　　我不是书信是口信。
季　娣：唱　　口信说来我记在心。
申　息：唱　　这个口讯要当心，
　　　　　　　不可说与旁人听，
　　　　　　　出我的口，入你的心，
　　　　　　　你答应去送要守信。
季　娣：既然答应，焉有反悔，请讲就是。
申　息：呀，妹妹呀！
季　娣：你想说什么？
申　息：我是念信给你听呀！
季　娣：喔，喔，喔……
申　息：唱　　现在我对你口讯念，
　　　　　　　如同和你见了面。
　　　　　　　你的容貌似天仙，
　　　　　　　我无限爱恋你入心田。
　　　　　　　贤妹呀，我唤你，你不知，
　　　　　　　我想你，你不见，
　　　　　　　我与你说话你不回答，
　　　　　　　我与你说的全是肺腑言。

贤妹呀，我是一见就钟情你，
未知你可否将我恋？
季　娣：唱　　我是一见就钟情你？
申　息：唱　　对呀，你我正好两相恋！
季　娣：哎呀，你这个人，原来不是好人！
申　息：怎么不是好人？
季　娣：你这叫什么口讯？
申　息：是一封情书啊！
季　娣：我是个女孩儿家，你却叫我口传情书，叫我如何说得出口？
申　息：说不出口？只要收信人知我衷肠，不说也罢。
季　娣：不说怎么好带口讯？收信人又怎会知你衷肠？
申　息：我的衷肠，不知姑娘可知？
季　娣：我已尽知。
申　息：姑娘尽知，收信人必也尽知。
季　娣：你说的好奇怪话！你的信到底送与哪个？
申　息：我的信就送与姑娘，可好？
季　娣：你……啐！

这段唱之所以被广泛传唱，广受欢迎，与唱词写得朗朗上口，人物性格写得生动传神不无关系。申息一角，原由尹桂芳前辈饰演。她的表演风格儒雅，唱起来婉约糯软，低回荡漾，一声“妹妹”，不管是叫“林妹妹”，或是“季娣妹妹”，准会叫得全场观众勾魂摄魄、心旌亢奋。尹派传人甚多，后人青出于蓝，越唱越糯，越唱越嗲，将申息的豪放之气唱得烟消云散。当然无意贬低她们的唱腔演技，只能说美中不足吧。偶尔有一次，在电视上看到有位年轻范派演员演过一次申息，唱的也是范派，给人一副清新活泼的全新感受，倒也别有一番风味。

有人认为，一个剧本的某一个角色，由某一个演员演了，这个演员便有了演这个角色的专利。这真是大谬不然。譬如说，同样是《空城计》，马连良演了，李和曾、奚啸伯也可以演，所以梨园行没有角色专利一说。《山河恋》内容丰富，场场有戏可演，结构严谨有序，由于戏长，当年在黄金大戏院首演也分上、下两集。现在剧场演出通常控制在两个小时左右，也就是说要删掉三分之二的戏，才能适应当代剧场的演出，这犹同削足适履一般，似觉可惜。

《山河恋》剧照

剧中起关键因素的侍婢有三位：戴嬴、季娣和狄媿。戴嬴和狄媿是王后绵姜的贴身宫女，季娣则是季国君夫人宓姬的侍婢。其中，戴嬴是贯穿全剧矛盾的主导人物。她聪明睿智，有主见，有魄力，又能尽忠尽职，是个巾帼不让须眉的女中翘楚！

戴嬴不是红娘式的角色。为了保护绵姜的安全，她对王后与纪苏公子的密会是持反对态度的。但看到绵姜长年累月郁郁寡欢，思念之情溢于言表，她于心不忍，便违心地为绵姜悉心安排，小心翼翼地将纪苏公子带进宫相会。即使遇上黎瑟手下盘查，她也能临危不惧，沉着应对，展现了少有的智慧和胆识。当御园密会面临暴露的危急之时，她又主动涉险去到她哥哥无寿处寻找多次向她表露爱慕之心的百人长钟兕，希望得到他的帮助。须知万一传书取钗之事暴露，她和她的心上人钟兕都有性命之虞和杀身之祸。但在她看来，保护王后安危的责任重于泰山，哪怕刀山火海，也可在所不辞！她与钟兕的爱情，虽不及季娣浪漫，却显得那么深沉、坚贞、信任、纯真。且看几场她与钟兕的对手戏，既含蓄，又饶有情趣。

他们两人第一次见面，是戴嬴奉命送纪苏公子出宫，被黎瑟手下的爪牙卢嚭撞见，禁军百人长申息与钟兕胡搅蛮缠拖走卢嚭，帮戴嬴、纪苏脱身，于是两人就有了第一场对手戏：

钟　兕：你是娘娘的贴身宫人？

戴　嬴：正是。

钟　兕：不知姐姐叫何名讳？

戴　嬴：我叫戴嬴！

钟　兕：戴嬴！请问姐姐，既是曹国公子，缘何夤夜来此？又怎会与那个自称卢韬将军的家伙厮杀？

戴　嬴：事已至此。只索说与你知。只是你须依我一件！

钟　兕：哪一件？

戴　嬴：此事有关娘娘情事，不可泄于他人。

钟　兕：这个自然依得。

戴　嬴：依得！

钟　兕：我已此剑担保！依得！

戴　嬴：果真依得！

钟　兕：剑是武士的信誉！它说依得，当然依得！

戴　嬴：将军！

唱　此事远在破曹初，
娘娘她，与表兄曹柏，早有情愫。
他们是，年长未及结丝萝。
国破被掳，便相隔山河。
想大王，喜怒无常重武功，
娘娘她，寒宫冷落如伴虎。
黎相国，口蜜腹剑怀觊觎，
谋害不惜假传书。
诳骗公子到徐都，
非关国事只为妒！

钟　兕：哦，原来如此！

唱　怪不得，国事民生无心顾，
苍生倒悬呼疾苦。
黎相不问黎民事，
骄奢淫逸，还把娘娘图。
若非姐姐来告诉，
我钟兕险些将事做错。
连累你姐姐受惊，请宽恕……

戴　嬴：钟壮士，请记住！

唱　　不可泄漏，我这一番肺腑！

钟　兕：姐姐但请放心，钟兕决不有负姐姐！

戴　嬴：决不……有负？负？不负就好！

钟　兕：啊，姐姐，今夕相见，也是有缘……

戴　嬴：也是有幸！

钟　兕：也是有幸！不知别后，能否重会？

戴　嬴：重会？只怕无缘，方才所言，将军……

钟　兕：铭心不忘！姐姐……珍重！

戴　嬴：谢壮士！壮士……

齐唱　　　　她欲言又止，情意暗露……

钟兕：啊？

戴　嬴：望壮士……也珍重！

钟兕：谢姐姐！

齐唱　　　　她无限心意，却未及倾吐。

临行叮咛意无穷，

（钟兕且送戴嬴等人远去。

齐唱　　　　不知道，何年，何月，何时，何刻，

有幸再重睹！

钟　兕：唱　　她一声珍重轻轻呼，

似一股暖流注心窝。

钟兕自幼丧父母，

又做了，无家可归亡国奴，

投军只为生存谋，

又谁知，戎马倥偬难自顾。

似这般，温柔的言语我从未听过，

再难禁，神思恍惚，泪眼迷糊！

他们两人第二次见面更具戏剧性。黎瑟从宫女狄媿口中得知戴嬴去找无寿帮忙寻找传讯之人，抢先一步，威逼无寿“大义灭亲”，告密胞妹。无寿无奈之下，锁了戴嬴，前往相府禀报。戴嬴见兄长神色异常，也顿起疑窦：

戴　嬴：唱　　我看他形色慌张，心不应口。

难道他面目依旧人非旧，

我哥哥他怎能花言巧语对我胡诌！
让亲生妹妹喜变愁，
为什么要我在此空等候！

（戴嬴欲离开，发现门被反锁，她又退了回来。

戴　嬴：咦，他怎么把门也锁了！

唱　他到底到哪里去问讯？
我隔门声声唤无寿！

（白）无寿！哥哥！哥哥！无寿！开门！快开门！

（戴嬴撞击着门，忽然门被撞开，戴嬴又退了回来。

钟　兕：（冲了进来）戴嬴，却是你！

戴　嬴：你是谁？

钟　兕：不记得我了……

戴　嬴：钟兕将军！

钟　兕：好不容易又见到你了！

戴　嬴：你倒真的没有……负我！

钟　兕：姐姐！

唱　自从那日睹芳容，
常将卿卿挂在胸。
只恨宫禁深如海，
欲诉相思诉无从。
我是想你念你你不知，
盼你望你你影无踪。
今朝得见你的面，
我正好当面表情衷。

戴　嬴：唱　虽然是，宫门相救情义重，
那只是，狭路相见萍水逢。
谈什么情，表什么衷，
休当我，轻薄桃花逐水红。

钟　兕：唱　姐姐呀，我非浪蝶与狂蜂！
皇天可鉴……

戴　嬴：哦！不要！

唱　……你是英雄！
你不负人，人持重，

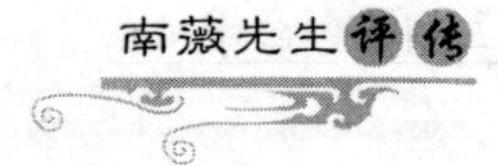

你对我一往深情，使我心动。
只是我如今在难中……

钟　兕：你有什么疑难急事，只管对我言讲！
　　唱　我钟兕，天崩地裂不改容！
　　　　我对你，一片痴情……
戴　嬴：唱　……我全懂。
　（白）钟将军！
　　唱　我将一切托付你……
钟　兕：唱　我一定，为你矢忠！
　（白）不知姐姐有何疑难？
……

待到二人第三次相遇，已是险象环生的生死关头。大江之畔，湘灵庙前，渺渺湘水帝子魂，翘首望断楚天云。天色渐暝，戴嬴依庙伫立，遥望江面，思绪万千：

暮云低，雁归飞，
问归雁，人归未？
听萧萧瑟瑟晚风起，
日月西逝难羁縻。
算大王诞辰在眼前，
这珠凤钗尚是无消息。
莫非他，路途险恶遇仇敌？
莫非他，大海汹涌被风浪迷？
倘若误了生辰期，
这杀身之祸谁能替！
我戴嬴，虔诚对天空许愿，
到头来反害了娘娘你！
小季娣，而今流落何方地？
好教我，牵肠挂肚心惦记。
哎呀呀，彷徨无计，我心焦急……
有谁知追魂的恶鬼入庙宇。
……

接着，他们二人与宓姬的生死较量的高潮戏随之拉开帷幕。戴赢与钟兕的爱情就在这大义凛然的氛围中，徐徐铺展。戴赢直面奸诈歹毒、诡计多端的宓姬，她刚正坚定、临危不惧的形象深入人心。在这场真与邪、善与恶、美与丑的博弈中，她稳稳当当地成了戏剧冲突中的定海神针，抵挡住了风诡浪谲的宫廷风云变幻。戴赢的成功塑造，铸就了《山河恋》的历史辉煌！

另一位侍婢季娣，为什么背弃自己的主子，反而为救绵姜献出了生命？她的一段发自肺腑的自白说明了一切缘由：

季娣本是曹国人，
我父亲终生为吏守城门。
那一年，徐国大军压皇城，
为只为，要夺绵姜为宫嫔。
倘若曹柏不应允，
铁骑屠城灾祸临。
绵姜她，大义凛然入虎穴，
救了一城众百姓。
我见你，遭人绑架进牢笼，
绵姜她……不，不！
王后有难已分明！
救你也并非仗大义，
为只为，替曹郡黎民报大恩！

这一位爱憎分明、舍己救人的侠女，最终倒在爱人怀中闭上双眼……

另一位宫女狄媿虽然在生死抉择的当口违心卖主泄密，但末了自知羞愧，触柱自戕，我们还是原谅这位弱女子的孤苦无援的处境遭遇吧。

三位个性迥异的侍婢，虽然在戏中匆匆而逝，却在观众心坎之上留下了深深的烙印！

戏剧矛盾总是由两个对立面构成，一正一反，把戏一步一步地推向高潮。《三剑客》的矛盾对立面，一个是以路易皇帝与皇后为代表的“王权”，一个则是以主教为代表的维护“政教合一”既得利益的中世纪保守势力。将路易十四时期故事搬到春秋战国时代来上演，主教引退，奸相取而代之，是必然的选择。

十姐妹照

《山河恋》中塑造最为成功的当属奸相黎瑟。他与宓姬沆瀣一气，狼狈为奸，把好端端的一个国家，搅得家破国亡。

奸相黎瑟好色贪财，对王后早存非分之想。他色胆包天勾引王后，遭到绵姜严词训斥，这一段对话，非常精彩，寥寥数语便将黎瑟的卑劣性格刻画得入木三分，尽可与原作的人物原型主教相媲美，丝毫不会比其逊色。

黎　瑟：娘娘言重，娘娘言重！
　　　唱　　　君臣名分本无定，
　　　　　　　乱世豪杰皆可称雄！
　　　　　　　江山易主寻常事，
　　　　　　　风水流转说不准！
　　　　　　　我虽为相国却有权柄，
　　　　　　　到那时，泥鳅翻身登龙庭！
　　　　　　　你何妨脚踩两头船，
　　　　　　　永葆荣华享不尽！

绵　姜：黎相国，你好大胆！如此大逆不道，欺君犯上之言，若被大王得知，难道你就不怕身首异处，株连九族吆？

黎　瑟：哼，哼。真是迂腐之见，迂腐之见。大王连年征战，国库早已耗尽。仍是笙歌美酒，沉溺后宫，不问朝政，不恤民情。徐国气数已尽。有道是良禽择木而栖，娘娘也该未雨绸缪，早作抽身之计。我贸然自荐，也是一番美意。

绵　姜：好一番美意！

唱　　　久闻说，狼披羊皮欺蒙人，
　　　　今日你，自剖心迹显原形。
　　　　只道你，谄谀惑主是佞臣，
　　　　却不料，你磨刀霍霍藏祸心！
　　　　我与你上殿去面君，
　　　　为徐国除去一祸根！

黎　瑟：唱　　　我好心落得驴肝肺，
　　　　也怪我对你用情深。
　　　　大王对我多信任。

（白）你将我刚才所说之言，告之大王，大王会信以为真么？我这个大大的忠臣，会说出这种大逆不道之言吗？满臣文武，谁会相信？到那时，大王非但不会降罪与我，倒是你呀！

唱　　　自取其辱害自身！

（白）不信你试试看！我与你一起去面君！去呀！去呀！

绵　姜：……

当黎瑟将王后与纪苏在御园私会之事禀告徐僖公时，徐僖公将信将疑，犹豫不决，黎瑟趁机进谗：

徐僖公：唔！

唱　　　曹国臣服已有年，
　　　　公子柏，又无逆迹与罪愆。
　　　　吊民伐罪应有过，
　　　　师出无名理亦偏。
　　　　更何况，绵姜自膺后庭选，
　　　　行止一无失检点。
　　　　若是无端将曹国灭，
　　　　岂不令，诸侯寒心，王后生嫌！

黎　瑟：大王！

唱　　　公子柏，与绵姜娘娘曾相爱怜，

昔日里，山川人物，思也难免。
那曹柏，阴谋复国心未死，
如虎狼夜伏，伺机等待风云变。
昨夜晚，他不远千里来京师，
私闯御苑，必有苟且与隐患！

徐僖公：什么？
　　　　唱　　公子柏，潜入宫禁谁曾见？
黎　瑟：唱　　卢嚭跟踪在后面。
徐僖公：唱　　是否将他来擒获？
黎　瑟：唱　　此事只需去问屈廉！

黎瑟的爪牙卢嚭既然发现公子柏潜入禁苑，为什么不擒获？于是在宫廷之上，奸相与司马屈廉争执起来，听说是司马麾下百夫长私放奸细，即命申息、钟兕当庭对质。申息和钟兕玩世不恭的游侠个性，又有了充分发挥的机会，这段戏虽似毫不经意轻描淡写数笔，但对申息和钟兕的形象塑造，却是一笔有力的勾勒：

徐僖公：卢嚭，你见到公子柏，私入禁宫？
卢　嚭：是臣所见。
徐僖公：为何不当场缉拿？
卢　嚭：我正要将曹柏捉拿，被这两个胡纠蛮缠，一会儿就不见了奸细踪影……
申　息：卢将军！
　　　　唱　　你闭着眼睛说瞎话，
　　　　　　　真是个，弄虚作假大行家！
　　　　　　　你说有奸细闯宫禁，
　　　　　　　为何当场不擒拿！
卢　嚭：不是你来打混仗，我早就将他缉拿归案。
申　息：他是谁？谁是奸细？
卢　嚭：奸细公子柏，你们难道没有看见？
申　息：看见什么呀？
　　　　唱　　只见你，一人伏在廊沿下，
　　　　　　　鬼鬼祟祟学狗爬！

若不知，你是黎相大管家，
我早就将你来拿下！

卢　謡：将我拿下？我又不是奸细，凭什么将我拿下？

钟　兕：唱　　想当时，星已稀，月已斜，
宫楼更鼓已敲三下。
你私闯宫禁为哪般，
难道说，你顺手牵羊牵到帝王家？

卢　謡：你们血口喷人……

申　息：大王，你看他耍无赖，他夜闯禁宫，其罪非轻，还编造出一个无影无形的奸细倒打我们一耙！大王，你可要为小的们做主！

屈　廉：大王有道，明察秋毫。百夫长昨宵巡视宫廷，敢与将军抗衡，严守职守，不怕权势，足见英勇可嘉！大王还宜论功行赏，方显得大王恩威有加，赏罚有序。

徐僖公稀里糊涂赏了申息、钟兕“黄金四镒，白璧一双”！他们马上去无寿的客栈寻欢作乐去了。但黎瑟并不死心，屡屡挑唆，挑得徐僖公疑神疑鬼，终于作出决定：

徐僖公：爱妃呀！
唱　　我本无意将你逼，
也怪我，国事繁忙忘晨夕。
常言道，黄金有价玉无价，
明珠犹可胜玉璧，
珠凤钗乃是稀世珍，
戴上它，足令百花无颜色！
寡人寿诞举世庆，
王家体面，你休忘却！

这里顺便再补述一段，《山河恋》之所以“有看头”，被人们深深地怀念，不仅仅是有“越剧十姐妹”而已！《山河恋》的文学价值是不容忽视的。南薇对申息、钟兕侠士的成功塑造，起了关键性作用。他们既是中国式古代英雄，又与大仲马塑造的三剑客形象如出一辙，异曲同工，可以说是中国戏曲改编西方古典文学极为成功的范例之一！

由于当年参与义演的名角众多，分给每个角色的戏份不免打了折扣。但申息、钟兕在救公子柏，与黎瑟亲信卢嚭斗智斗勇时，双方剑拔弩张，颇像三剑客中侠士格斗的场面，区区一个过场戏，编导也没有忘记人物的性格刻画。且再看这一小节戏：

(费缇与卢嚭激战，但也敌不住卢嚭的凶猛。曹公子仍陷于危境之中，当费缇一个闪失，被卢嚭从背上一掌推开时，卢嚭又迅忙反手用刀击去了公子手中的佩剑，当头一刀劈去。戴赢以身相掩护，正千钧一发之际，恰逢两个将军——钟兕与申息经过这里，便挺身而出，干预其事了。

钟　兕：住手！

(他一剑震开了卢嚭的武器。

钟　兕：什么人敢在宫门前吵闹？

卢　嚭：谁要你来多管闲事？

钟　兕：闲事？大将军我管管何妨！

卢　嚭：你放肆！

(他一刀砍去，又被钟兕轻易弹开。

卢　嚭：啊！

钟　兕：啊？再来呀！

(公子柏欲去拾剑，也被钟兕阻隔开。卢嚭趁机提刀欲从背后砍伤钟兕，却被申息挡住了。

申　息：咳，咳，咳，背后偷袭，太不要脸皮了吧！

卢　嚭：我把这这两个莽汉，坏了我的好事！你们到底是什么样人？

申　息：禁军百夫长，申息！

钟　兕：禁军百夫长，钟兕！

卢　嚭：既是禁军，就该与我捉此奸细！

申　息：谁是奸细？

戴　赢：他不是奸细！

钟　兕：不是奸细？那他是何许样人？

戴　赢：他是……

费　缇：他是曹国的公子！

戴　赢：娘娘的表兄！

钟　兕：喔，那是大王的亲戚！

申　息：(对卢嚭）我看你才像个奸细！

卢　韬：我是卢韬，卢韬，卢将军！

申　息：卢韬？哈，哈，哈……卢将军应该高大魁梧，而你獐头鼠目，不像，不像！

卢　韬：你……

钟　兕：哈，哈……

卢　韬：你笑什么！

钟　兕：我笑，笑你慢说把黎相国的走狗搬出来……

申　息：你就是把黎相国亲自搬出来，我们也信不过你。你实在不像什么大将军！

卢　韬：你大胆！敢与我去面相？

申　息：面相？就是面君，也不怕你！

卢　韬：走！

申　息：走就走！

卢　韬：我要你的好看。

申　息：不定！谁要谁的好看，还说不定。钟贤弟，我陪他走走，即刻就来！

（卢韬急急领路，申息从容随后大步走去。

可以说《山河恋》在越剧历史上的成功，编导南薇和韩义确是功不可没的，尤其是南薇导演的功绩，20世纪40年代用“单篇”串戏的是他，80年代回忆复原的主力还是他！

十八　疾风知劲草，骤雨中彰显真性情

《祥林嫂》在大上海电影院的上映大获成功，新闻舆论也大为赞扬：

“在中国戏剧史上，它写下了很出色的一页，虽然这才是一个开端，一个尝试，但是这开端和尝试已显示了越剧的新前途。越剧片《祥林嫂》是远远超过熊式一拍摄的《王宝钏》等影片和周信芳拍摄（主演）的《斩经堂》了，甚之有些国语片也望尘莫及。”（选自《“祥林嫂”投身影坛，袁雪芬变成村妇》，1948 年 2 月 24 日《大公报》本报专访）

“它最大的特点是忠实地保持了原著素朴的风格，写实地表现了生活美，给人以真实和亲切感觉。”（选自《“祥林嫂”显示了越剧的新前途》，1948 年 9 月 27 日王戎发表于《新民报晚刊》）

“在新型的越剧尚未能为一般知识水准所在意，而自鸣进步的电影在日趋粗制滥造的今天，作为越剧影片《祥林嫂》的上映，是有其重大价值的。它不独在艺术上有着独特的成就，同时它更是越剧与电影的桥梁，使平素不常看电影的观众得到电影的启示，也使平素不常看越剧的观众留下了深刻的印象，《祥林嫂》的道路是正确的，这还是一个开拓，更大的前程正待我们去开拓。”（选自《评越剧电影术“祥林嫂”》，1948 年 10 月 2 日谷沛发表于《新民报晚刊》）

这是对越剧电影《祥林嫂》的肯定。电影与戏曲最大不同点在于它是“导演艺术”，不是什么“角儿艺术”。这些很高的评价，几乎都是针对影片本身而言，同时也是对编导南薇的肯定。

在一片赞扬声中，南薇并没有变得骄傲，相反主动靠拢一些进步人士，密切交往田汉、于伶等一些党内同志，行动上积极配合共产党发动的“反饥饿、反内战”运动，编导了一些政治倾向显著的作品。这对于南薇而言，是他艺术生涯极为重要的一页！特别是在大上海电影院三个月的演出中，既放映越剧电影《祥林嫂》，又同时演出新编越剧。南薇导演了田汉编剧的《珊瑚引》，又编了《月下老人》，同时还编导了他“二易其稿”的《新梁祝哀史》。

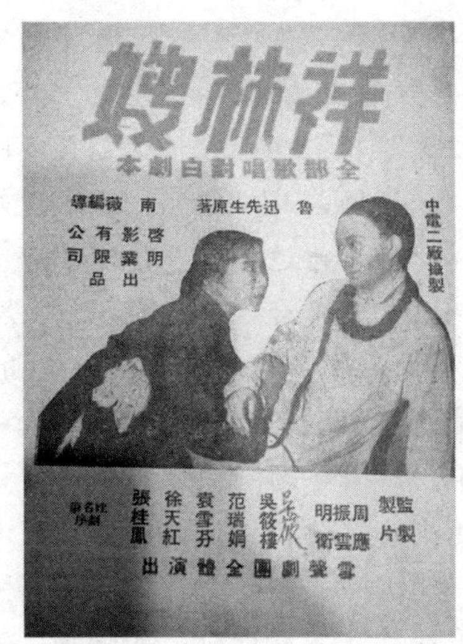

电影《祥林嫂》说明书

大上海电影院坐落在西藏路的闹市区，南靠南京路，北依北京路，豪华程度仅次于大光明电影院。票房好得出奇，影响之大无可比拟。

值得庆幸的是南薇先生留下一份珍贵的遗稿，即《越苑随想录》之《〈珊瑚引〉〈金枝玉叶〉〈月下老人〉——记雪声剧团演出的三台戏》。

虽说这只是一篇不起眼的短文，但它的经历却称得上劫后余生，硕果仅存！

事情的原委是这样的：粉粹“四人帮”之后不久，浙江《戏文》杂志前来约稿，请南薇先生写些回忆越剧发展的文章。南薇欣然应允下来，商定以《越苑随想录》为题写四十来篇回忆录式的散文。可惜才发表了两三篇文章，即停止了。

这篇文章非常有资料价值，不妨全文摘录如下：

以袁雪芬为首的“雪声剧团”自 1946 年演出了我根据鲁迅先生小说《祝福》改编导演的《祥林嫂》之后，不久就由“启明公司”拍摄了越剧电影。剧团一天两场在“明星戏院”进行演出，只有晚上散戏后到天亮前的一小段时间，才可以去摄影棚拍戏。所以摄制的进度十分缓慢，直到 1947 年的下半年方圆满结束。这时“明星”的合约早已期满，全团经过了一个时期的休整，静极思动，正着手恢复演出的准备事宜。《祥林嫂》拷贝试映这天，田汉同志也在座，我们央请他为剧团编写一个戏，他慨然允诺了，同时《祥林嫂》的制片人——名导演应云卫，也答应来给我们排演一个剧目。

“雪声剧团”自“大来剧场”起家，到“九星戏院”渐露头角，及转入“明星戏院”演出已是声誉大振。其间袁雪芬还联合了上海越剧界的著名艺人，以“十姐妹”的名义，在“黄金大戏院”（今改大众剧场）演出了轰动一时的《山河恋》。剧场是越换越大，基本观众是越来越多了，这次恢复演出究竟要物色什么样的场子才适合呢？这可是一个不容易解决的问题。因为，当时像“天蟾”“黄金”“大舞台”“共舞台”一类的剧场，大都以专演京剧为主；“丽都”“瑞金”等电影院，也还不曾演过戏曲。除了上述这些舞台、影院，供戏曲表演的均是一些中小型剧场，因此要找一个合乎“雪声”演出的场地，确实并不那么简单。然而难题到底迎刃解决了，剧团终于决定在“大上海电影院”和新摄就的越剧片《祥林嫂》同时作交替演出，即一天两场电影、两场舞台剧间隔演出。（佚数页）

几乎在排演《珊瑚引》的同时，剧团的另一位编剧吕仲，已将《金枝玉叶》编出来了。这部戏说的是明朝末年，闯王瓦解了崇祯的政权，这个末代皇帝的女儿长平公主和驸马周世显的故事。剧本环绕了周世显认贼作父，腆颜事敌的中心事件，与长平展开了尖锐的矛盾和斗争。剧本表达的爱国主义思想，力图对国民党政府投靠美帝国主义的丑恶行为有所针砭，提出走汉奸的道路是没有好下场的客观规律。

导演应云卫也是第一次接触越剧，为此，剧团令我与韩义也尽量腾出些时间来，以备应导演随时咨询时分担一部分工作。在排演时，应导演觉得剧本中对李闯王的描述，还带有站在统治阶级立场上的正统观点，为了端正这些看法，结果是我与韩义花了一天一夜的时间修改，才符合了应导演的意愿。改动后的本子，提高了民族气节，批判了汉奸理论，揭露了窃据高位，与民为敌的败类嘴脸。《金枝玉叶》公演后，剧团的民主色彩，进步倾向更为明显了，就这样招来了当局的讳忌和剧场前台的戒惧，于是“非难”“阻挠”“压力”就从四面八方纷纷袭来了。

对于周围潜伏着的这些暗潮，我们是并不怎样觉察的。随着时局的急剧变化，国民党政权接近了行将崩溃的边缘，白色恐怖越是严重，社会上的民主气氛就越高涨。在这样的时刻，“雪声”上演了第三个剧目，也就是最后的一台戏——《月下老人》。

提起《月下老人》的剧作，其间曾出现过这样一支插曲：远在进入“大上海电影院”之初，上海等地学生正掀起“反饥饿、反内战、反迫害”运动时间，我就酝酿写这么一个戏：有个穷兵黩武、好战成性的独裁暴君，为了攫取他人劳动成果，发起一场战争，他把国内所有的人力，都投入了战场。动员令发布之后，这个独夫便沉湎于醉乡，在梦中，他成为国中的一户百姓，朝廷的征兵拉夫，官府的摊捐派税，地痞的敲诈勒索，战火、饥馑的破坏、煎熬，迫使这户人家流离失所、家破人亡。暴君播下的罪恶种子，结出的苦果，都让他自己尝到了。最后，人民的咆哮、怒吼，惊醒了这个国家蟊贼的噩梦。那时，太子也阵亡了，皇后也发疯了，众叛亲离的孤家寡人被赶进了尸骨堆里，他坐在尸骨堆上夸耀着他的战功，一下，地陷了下去，终于被掩埋在尸骨堆里了。这个戏取名《兵车行》。我们还设计了一张即将上演的海报广告。整个画面是一方棋盘，上方是一片火红，遮盖了棋盘的红线格子。靠河界角上立着一枚红车，棋盘下面只有老将活动的米字格子界线分明，但一枚红兵居中坐镇，逼得老将局促一隅，动弹不得。这盘残局只要红车移动“将军”，便成杀着。《兵车行》海报送到前台，旋即引起了反响，剧场的毁约，当局的干预便接踵而至。我们开始感到威胁了。

看来要把《兵车行》推上去是大有困难了。我和田老商量了几回，最终还是只得放弃这个剧目。但是我的另一个构思，却得到了田老的赞赏，那就是《月下老人》。这是一出闹剧。故事叙述：杭州南屏山麓的“柳浪闻莺”附近有个“月下老人祠”。一些正在谈情说爱，求偶心切的少男少女，总要去那里烧一炷香，求一张籤以卜得失。不意时值非常，国难家仇声中糊口尚且艰难，结婚谈何容易。因此香火冷落。月老的徒弟月下小人不堪清苦，卷包逃去，日本皇军又来胁迫月老介绍花姑娘，月老不允其请，结果庙被日寇捣毁。这时从西南方天空中飞来了宣抚委员，他又向月老催取慰劳，月老无奈，便竭尽全力去搜求撮合对象。他刚想方设法凑合一对夫妻，谁知一转眼间就被战神和死神拆散了。而天上倒又飞了个宣抚委员来，委员明取暗索使月老债台高筑，他又被逼上穷碧落，下及黄泉去打听那对夫妇下落，判官说已托生到唐朝去了，于是月老首途唐朝，再一次将这一男一女牵引成夫妻。可是还没有等到结合，这段姻缘又被封建的宗法、礼教所破坏，而致双双殉情而死了。接着月老又追踵到了中华民国，好不容易用尽心计再把这对男女作伐成功，关键时刻竟冒出了个抗战夫人，从中梗阻，使这头婚事仍旧功败垂成。于是月老就施展神通，从乡间弄了个沦陷丈夫来，变一对为两对解决矛盾。谁料两对夫妻谁也不承认他这个媒翁。他们另有介绍人。当穿着礼服，戴着礼帽，外表衣冠楚楚，盗窃着别人胜利果实的月下小人出现时，濒于失业、破产的月下老人心肌梗死而死去了。这个戏按照了田老的建议，使月老所作伐的配偶，总是做不成夫妻，从而阐明不能成为夫妻的种种社会原因，诸如征兵、抽丁打内战、封建残余的婚姻制度、国统区乌烟瘴气的生活方式……

没有能上演的《兵车行》主题，实际上也还是运用到这个戏内去了。如那对痴男怨女在乱世结合的新婚之夕，战神和死神拆散他们那节戏，那个战神举起一只犹如纳粹盖世太保行礼般的手，在前引路，他的后边跟着抽来的壮丁——旷夫，怨女在后相送，可无法接近，因为在他们中间还阻隔着一个死神。范瑞娟用苍凉悲愤的弦下调，唱出了《兵车行》开头几句原词："车辚辚，马萧萧，行人弓箭各在腰，爷娘妻子走相送，尘埃不见咸阳桥……"袁雪芬演的怨女复以凄苦绝望的哀怨之音唱着原词的最后几句："君不见，青海头，古来白骨无人收。新鬼烦怨旧鬼哭，天阴雨湿声啾啾……"舞台上顿时充满了沉重压抑、阴森可怖的战栗气氛，这场戏曾得到了曹禺、金山、费穆等同志的赞许。

戏虽然公演了，麻烦也就更多了。当局先是不予通过，后来把我排演的原稿取去审查，算是同意演了，而前台要收回剧场的动议也提了出来。来自外面的压力不断增加，也带起了剧团内部的意见分歧。"雪声"上层开始出现了不团结的迹象，进而导致了"雪声"的解体。

"雪声剧团"从建团以来，始终秉承着改革新越剧宗旨，编演了不少具有时代气息的新戏，也整理了家喻户晓的传统老戏，废除了旧戏班的种种陋习，改换了舞台里外的陈旧设施，演员提高了艺术，注意了戏德，严肃了生活，给观众的心里留下了美好的记忆，留下了深刻的印象。她完成了越剧表演体系的奠基工作之后，终于在"大上海"演毕最后三台剧目，正式宣布解散了。

因而，这三台戏是值得令人回味、忆念的！

这篇短文，虽然有关执导田汉《珊瑚引》的描述已佚失，但它的重要性一点不受影响！它忠实地还原了"雪声"解体前的最后一台戏的真实情况，详细记录了南薇先生夭折的一个重要剧目《兵车行》。

那个时候，淮海战役已全面胜利，国民党军队全线溃败，上海老百姓将捷报口口相传，都翘首引颈盼望上海早日解放。于是海报上的"将"字棋子，有人故意加了草字头，变成了草头"蒋"！这可把矛头毫无掩饰地直指行将灭亡的"蒋家王朝"，这还了得。当田汉得知消息，凭他敏锐的政治嗅觉，果断地立即作出决定：撕下海报，通知南薇立马逃避！果不其然，南薇前脚刚走，一群捕他的"包打听"已持枪赶至后台。幸亏田汉当机立断，南薇才逃过这一死劫！

至于《月下老人》，更是一出典型的荒诞剧。但它却是越剧最早的穿越剧，从民国穿越到唐朝，又从唐朝穿越回民国，来去自如，却像是台无厘头闹剧，但它的反战主题是积极的，切中时弊要害的，有强烈的现实意义。这段史实，应该让它辉映在越剧改革的史册上！

十九　唱红梁祝者，唯有范傅

南薇在东山越艺社最大的贡献，体现在他对《梁祝》的成功改编。他自称“三上梁祝，八易其稿”，可谓倾尽全力，披肝沥胆，用功之深。

《梁祝》不仅仅是民间传说，它早于舞台演出的，就有弹词宝卷传世。梁祝的故事源远流长，各剧种都有搬演。越剧早期也有不少艺人唱过演过，但没有在文字上定型。早期演过《梁祝》的越剧演员太多太多了，光留下唱片的就有：

高亭唱片公司出版的《梁山伯访友》，支维永唱；

高亭唱片公司出版的《梁山伯十八相送》，支维永、陶素莲唱；

胜利唱片公司出版的《祝英台哭灵》，支兰芳唱；

胜利唱片公司出版的《十八相送》，姚水娟、李艳芳唱；

丽歌唱片公司出版的《梁山伯回书》，李艳芳唱；

丽歌唱片公司出版的《楼台相会》，赵瑞花、李艳芳唱。

当然马樟花、袁雪芬、范瑞娟、徐玉兰也唱过路头戏《梁祝》。而且也留有早期演唱的唱片。

这些唱词未经雕琢，非常通俗，在历年出版的《大戏考》中很容易找到。这些原始唱段忠实地反映了《梁祝》成型前的状态。

支维永所唱的《梁山伯访友》应该是较早的演出版本。说的是梁山伯去祝家庄造访，其在祝府所见所闻，而且作了大篇幅的铺陈和描绘：“左青龙右白虎，阴阳安定，前朱雀后玄武，百鸟喧声。左一边种的是梧桐大树。右一边垂杨柳，环绕深院。前后楼起得好，琉璃瓦盖。磨光砌一样平，巧工造成。濠河边有吊桥，卍字栏杆。百样花开得好，香气熏人。”“八字墙砌得好，分为左右。照壁墙画的是，指日高升。楼屋上盖的是，龙凤玉瓦。瓦檐上画的是，丹凤朝阳。门左右石狮子，好像活的。绿的砖白玉石，铺得匀平。上马石洗石鼓，分为左右。方的方圆的圆，海马朝阳。黑漆门钉的是，古泡铜钉。大门上画的是张飞将军。天花板弹的是，八仙过海。门灯上写的是，祝姓堂名。”“进了大门朝里走，财神庙堂果然精。上下铺的是磨光砌，雕的是鲤鱼跳龙门。一副对联分左右。山伯举目看分明，视之不见求之应，听则无声叩则灵。进了头门到二门，驻足呆呆看分明。一副对联门上贴，古人笔法写得精。上一联九天日月开昌运，下联是万国笙歌贺太平。巧笔书成开景致，门槛钉的古泡钉。燕过重门留好话，鸟鸣内宅保安平。堂中一块金字匾，功名另捐理刑厅。过了二堂到穿堂……”

这种罗列式的唱句，在越剧圈里俗称为“赋子”，是老师傅传授弟子压箱底的万能秘籍。上街浏览有“街景赋子”，观看花灯有“花灯赋子”，游览庭院有“庭院赋子”。在唱“路头戏”时，遇到情景相似之处即可用上。上面这段唱词，造访“祝府”可以唱，放在任何一“府”也都可以唱。这是老艺人赖以安身立命的本事，不是心腹弟子，绝不会授传。这段唱的唱词虽然未经雕琢，但从中可以领略到越剧，以及滩簧、花鼓之类的小戏初创期时的发展状况。

支维永和陶素莲唱的《十八相送》唱片中，唱的还比较简单。祝英台一开始唱的是“先生门前一支槐”，还不是“一支梅”，而且开门见山点明了自己的目的：“树上百鸟会成双，我与你哥哥夫妻配。”一点少女的羞涩、腼腆、含蓄、内敛都没有，完全不合那个时代的情理。接下来连连坦陈自己是女儿之身，说得那么直白，梁山伯竟然毫无察觉。所以那种唱法至多是简单交代了一个情节而已。若说祝英台用比喻手法作种种暗示和试探，这也是南薇改编后的《十八相送》的最大特色和亮点。而在支维永和陶素莲的唱词中，仅出现樵夫砍樵、鲜花牡丹两种粗浅的比喻。

在姚水娟、李艳芳的《十八相送》中，这种比喻就多了：公鹅母鹅、雌猫雄猫、樵夫、牡丹、龙爪花、野草花、鹊桥、白桃、石榴、书呆头、呆头鹅、岸碰船、绣花鞋、观音堂、落庵堂、尼姑嫁和尚、黄泥墩葬死人……这些点点滴滴的创造，虽然表达得含糊其词，但对进一步改编却起到了启发作用。与《雪声纪念刊》刊登的《新梁祝哀史》唱段对照，后者所用的比喻更有针对性，祝英台托物寄兴、旁敲侧击地对梁山伯的暗比明喻十分生动，透露出来的是文人润色后的蛛丝马迹。

南薇改编《梁祝》最大的优点，就是充分尊重老艺人的点滴创造。按写“祭文”如此华丽的文笔看，他可以将《梁祝》写得像昆曲一样典雅。但他摒弃了以往擅长的写法，而是充分尊重传统，将草根文学中的“俗”，推陈出新，改编为“雅俗共赏”的精品。

南薇改编《梁祝》时对“传统”还是去芜存精、有所取舍的。如该唱片最后有一段：“（生）山伯见妹多喜爱，随你不肯同床睡。吓，英台那边来站在，我要那罗裙底下抄进来。（旦）且慢，此地不是妓院内，梁兄啊，你动手动脚奴不来，只怕者三兄四嫂走进来，哥哥替奴留一刻。（生）此话亏他来说出，他说到此地不是妓院内，动手动脚他不来，果然是无情无义的祝英台。”如此三俗的唱句，摒弃了也不可惜，还有祝英台冷酷无情的抢绣鞋等情节，于情于理皆不可取。所以在南薇一稿二稿中早已剔除，即便在《雪声纪念刊》中，也已找不到痕迹了。

南薇第三稿，应该是完成在“大上海电影院”上演前夕。

自“东山越艺社”开始，包括演出和剧本，又进行了五次整体修改。这便是“八易其稿”的历史。至于“三上梁祝”，从序列上判断，“大上海电影院”应是“一上”，而东山的演出，应该是“二上”“三上”了。

南薇整理改编《梁祝》的态度是严谨的。他不仅仔细研究了各种口头文学中《梁祝》的资料，也对《梁祝》故事的成型和沿革做了大量考证，绝不是用胡编乱造去搪塞观众的耳目。南薇的八易其稿中至少有一稿是说故事的发生地在宜兴，这也不是南薇杜撰。1951 年 5 月，由上海新戏剧出版社首次出版南薇编剧的《梁祝哀史》时便是这样介绍的。

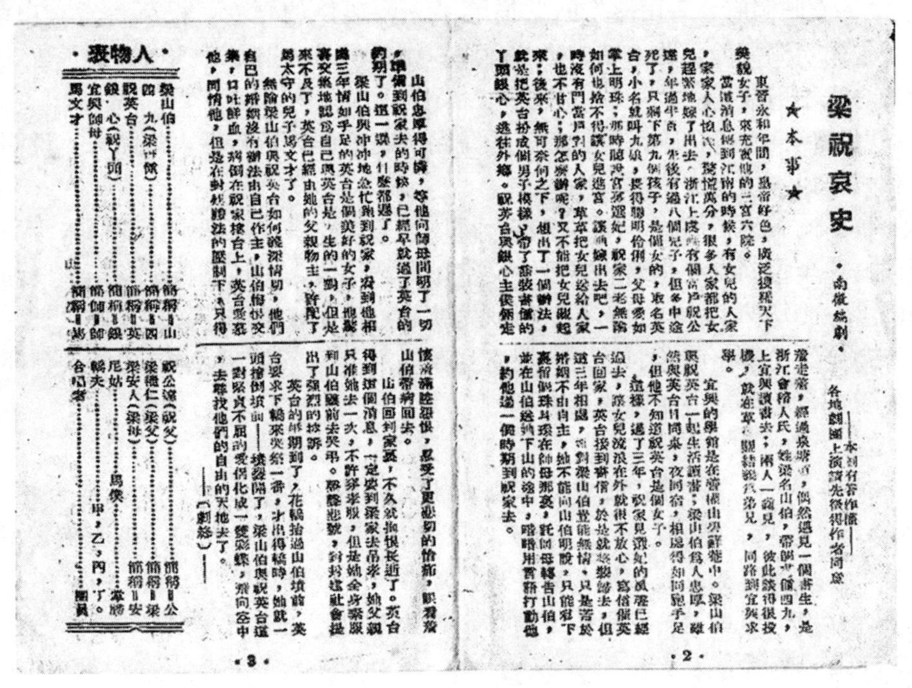

梁祝哀史 ·南薇編劇·

—本劇有著作權 各地劇團上演請先徵得作者同意—

★本事★

東晉永和年間，皇帝好色，廣泛搜羅天下美貌女子，來充實他的三宮六院。當這消息傳到江南的時候，有女兒的人家，家家人心惶惶，驚慌萬分，很多人家都把女兒趕緊地嫁了出去。浙江上虞有個富戶祝公遠，年過半百，先後有過八個兒子，但多中途死了，只剩下第九個孩子，是個女的，取名英台，小名就叫九娘，長得聰明伶俐，父母愛如掌上明珠；那時朝廷官差選妃，祝家二老無論如何也捨不得讓女兒進宮。讓她嫁出去吧，一時沒有門當戶對的人家，草草把女兒嫁給人家，也不甘心；那怎麼辦呢？又不能把女兒藏起來；後來，無可奈何之下，想出了一個辦法，就是把英台扮成個男子模樣，帶了裝書僮的丫頭銀心，逃往外鄉。祝英台與銀心主僕倆走[illegible]，經過[illegible]，偶然遇見一個書生，是浙江會稽人氏，姓梁名山伯，帶個書僮四九，上宜興讀書去；兩人一說，彼此談得很投機，就在草橋結拜為兄弟，同路到宜興求學。

宜興的學館是在善權山碧蘚巖中。梁山伯與祝英台一起生活讀書；梁山伯爲人忠厚，雖然與英台日同桌，夜同宿，相處得如同親手足，但他不知道祝英台是個女子。這樣，過了三年，祝家見選妃的風聲已經過去，讓女兒流浪在外，就很不放心，寫信催英台回家，英台接到書信，於是就整裝歸去，但這三年相處，她對梁山伯豈能無情，只是苦於婚姻不由自主，她不能向山伯明說，只能君下裹留個珠耳環在師母那裏，託師母轉告山伯，並在山伯送她下山的途中，暗暗用言語打動他，約他過一個時期到祝家去。

山伯忠厚得可憐，等他問師母問明了一切，準備到祝家去的時候，已經早就過了英台的約期了。這一誤，什麼都誤了。梁山伯興沖沖地急忙跑到祝家，沒想到他相處三年情如手足的英台是個美好的女子，他驚喜交集地認爲自己與英台是天生的一對，但是來不及了，英台已經由她的父親做主，許配了馬太守的兒子馬文才了。無論梁山伯與祝英台如何的深情切切，他們自己的婚姻沒有辦法由自己作主，山伯悔恨交集，口吐鮮血，病倒在祝家樓台上，英台愛惜他，同情他，但是在封建禮法的壓制下，只得懷滿腔怨恨，忍受了更悲切的怆別，眼看著山伯帶病回去。

山伯回到家裏，不久就抑恨長逝了。英台得到這個消息，一定要到梁家去弔孝，她父親只准她去一次，不許穿孝服，但是她全身素服和山伯靈前去哭弔。聲聲悲號，對封建社會提出了強烈的控訴。

英台的婚期到了，花轎抬過山伯墳前，英台要求下轎來哭祭一番，才出得轎時，她就一頭撞倒墳前——墳裂開了，梁山伯與祝英台這一對堅貞不屈的愛侶化成一雙彩蝶，飛向空中，去尋找他們的自由的天地去了。

——（劇終）——

·人物表·

梁山伯……簡稱＝山
四九（梁僮）……簡稱＝四
祝英台……簡稱＝英
銀心（祝丫頭）……簡稱＝銀
宜興師母……簡稱＝師
馬文才……簡稱＝馬
祝公遠（祝父）……簡稱＝公
梁德仁（梁父）……簡稱＝梁
梁安人（梁母）……簡稱＝安
尼姑……馬僕……掌膳
轎夫……甲，乙，丙，丁。
合唱者……團員

·2·　·3·

1951 年 5 月上海新戏剧出版社出版单行本介绍

有一次笔者与南薇先生出差到宜兴，途经宜兴和桥，他对笔者说梁祝唱词“胡桥镇上立坟碑”这个胡桥就是和桥。笔者当时也很疑惑于是他谈论了宜兴求学的一些考证。

宜兴古称“荆溪”“阳羡”“义兴”。秦汉时隶属会稽郡。因此梁山伯自我介绍“会稽梁山伯”，并不能证明他是绍兴人，这个会稽应是行政区域称谓而已。

宋朝诗人薛季宣曾写过一首诗《游祝陵善卷洞》，很有意思：

万古英台面，云泉响佩环。练衣归洞府，香雨落人间。蝶舞凝山魂，花开想玉颜。

宜兴善卷洞，游览胜地也。据旧宜兴县志载：“岩前有巨石，刻云‘祝英台读书处’，号碧鲜庵。昔有诗云：‘蝴蝶满园飞不见，碧鲜空有读书台。’”又载：“善卷禅寺，齐建元二年（公元480年）以祝英台故宅创建。”既是祝英台故宅，极有可能是英台游学阳羡所居。

薛季宣的这首诗至少传递出梁祝传说的两个重要信息：

“练衣归洞府，香雨落人间”描绘了一幅凄然的画卷，祝英台素衣白练，缓缓走向石洞深处，花雨缤纷洒落山崖。她仿佛是去追寻恋人逝去的足迹，一片痴心永不悔改。

“蝶舞凝山魂，花开想玉颜”，蝶是精神花似颜，留待后人细品味，说明梁祝化蝶传说早已有之。

善卷洞有裂石成室一说。祝英台祷坟裂墓，化蝶成双即是由此而来。所以说南薇先生首创梁祝化蝶的浪漫主义结尾，严格说来应该是传承发扬了民间传说的一个成功例子。他人仍在争执孰先孰后首创化蝶结尾，实在多此一举。

清光绪吴景樯所著的《义兴荆溪县新志》有一条目“碧鲜坛”，录有邵金彪《祝英台小传》一文，摘录于下：

祝英台，小字九娘，上虞富家女，生无兄弟，才貌双绝。父母欲为择偶。英台曰：“当出外游学，得贤士事之耳。”因易男装，改称九官，遇会稽梁山伯亦游学，遂与偕至义兴善权山碧鲜岩，筑庵读书，同居同宿三年，而梁不知为女子。临别祝约曰：“某月日可相访，将告父母，以妹妻君。”实则以身相许也。梁自以家贫，羞涩畏行，遂至衍期。父母以英台字马氏子。后梁为鄞令，过祝家询九官。家僮曰：“吾家有九娘，无九官也。”梁惊悟，从同学之谊乞一见。英台罗扇遮面出，侧身一揖而已。梁悔念成疾卒，遗言葬清道山下。明年，英台将归马氏，命舟子迂道过其处。至则风涛大作，舟遂停泊。英台乃造梁墓前失声恸哭，地忽开裂，坠入墓中。绣裙绮襦化蝶飞去。丞相谢安闻其事，奏于朝廷，请封为义妇。此东晋永和时事也。齐和帝时，梁复显灵异，助战有功，有司为立庙于鄞，合祀梁祝。其读书宅称碧鲜庵，齐建元间改为善卷寺。今寺后有石刻，大书“祝英台读书处”。寺前里许，村名祝陵。山中杜鹃花发时，辄有大蝶双飞不散。俗传是两人之精魂。今称大彩蝶尚谓“祝英台”。

这些翔实的记载多半出自宜兴县的县志，并非都是笔记小说。而且善卷洞前石刻、碧鲜庵的旧址，也不是南薇杜撰，南薇为了改编《梁祝》，做了大量调查考证工作，他整理传统戏的严谨态度和精神，应予以肯定。

20 世纪 50 年代初期上海市区的范围并不大，东至十六铺，西至静安寺，南到老西门，北到曹家渡，地域十分有限，而大大小小的戏园星罗棋布，不胜枚举，人称“东方百老汇”。这些戏院演出的剧种，除了京戏，还有众多地方戏剧种，越剧、申曲（沪剧）、淮剧、扬剧、锡剧、甬剧、滑稽戏、方言话剧，真是不胜枚举。每当华灯初上，戏院不论大小，无一例外的是，霓虹灯闪耀着头牌演员的大名，招揽着过往的市民，而名字的大小和排列，则表明了演员的名望和身价。最显眼的是霓虹灯“客满”两个字，这比什么宣传效果都好。当时，范瑞娟和傅全香领衔的东山越艺社，演出场地坐落在北京路贵州路口的丽都大戏院，地处泥城桥畔五岔路口闹市区，“客满”霓虹灯不等天黑就亮了起来。尤其是上演《梁祝哀史》时，更是夜夜爆满。

《梁祝哀史》说明书

《梁祝哀史》报刊广告

说句并非夸大其词的话，那年月，街头巷里，处处可以听到收音机里范瑞娟和傅全香两位前辈演唱《梁祝哀史》的六句合唱唱段：“小别重逢梁山伯，倒教我又是喜欢又伤悲，喜的是今日又能重相会，悲的是美满姻缘已拆开，但见他喜气洋洋来访九妹，我只得强颜欢笑上楼台。”可以毫不夸张地说，当时上海滩十几岁的女孩子，没有一个不会唱的。夏日在里弄纳凉，只要有人起个头，马上会形成大合唱。而《梁祝哀史》的编导南薇，在越剧戏迷群中，更可谓无人不知，无人不晓。

二十　唱戏唱到首都，做客做到总理家

上海的五月，已然是百花争艳的季节。1949 年的 5 月，据说兆丰公园的月季园，各式各样的香水月季，朵朵开成像汤碗似的彩球。

突然在某一天清晨，当人们打开大门，猛然发现弄堂里的水泥地上，睡满了衣衫褴褛的大兵。他们身上背着布粮袋，粮袋里装的是炒米，有的早醒的战士坐在地上，抓一把焦黄的炒米塞进嘴，又喝上一口军用水壶里的凉水，正在“大快朵颐”呢！于是乎，左邻右舍纷纷奔走相告：“上海解放啦!”

上海解放啦！剧团里渐渐发现，往日古道热肠的熟悉的朋友，有的穿上了军装，有的去了北京……

南薇也有一种失落的感觉。短短几年的相处，南薇对亦师亦友的朋友田汉，常有依赖之感。他写《兵车行》《月下老人》，都曾向田汉征求意见。在执导田汉《珊瑚引》时，几番通宵达旦长谈，时时刻刻萦绕在怀。尤其是上海白色恐怖紧张时刻，在用《山河恋》义演款买下了新大沽路一幢石库门房子里，“……田汉与安娥从剧专出来无处居住，由南薇建议，就请他们两位在厢房后间居住，直住到 1948 年下半年离开上海……”（《袁雪芬自述》第 101 页）这期间，每天为田大哥烧菜送饭的任务，便落在南薇夫人范淑华肩上。

全国戏改会议期间，他与田汉等一些好友重聚，正是春风遍神州，转眼已隔两重天。与会其间，他被选为戏改委员，同时加入文联和中国作家协会。

南薇从北京开完会回来之后，向剧团姐妹们讲述了一切，都是那么新鲜、那么诱人，在他们青春的、翻身做主人的心里，播下激情的火种——去北京演出。说干就干，在范瑞娟与傅全香的带领下，他们把最近几场演出的收入，不作分配而作路费。可是去北京找谁联系呢？南薇给当时任文化部艺术局局长的田汉同志写了一封信。令人惊喜的是，田汉同志马上回信：欢迎北上！接信后的喜悦激动是难以名状的，越剧，一个诞生于浙江小山村的“草根”，能够立足于大上海已经是不得了了，现在还能从上海演到北京，真是做梦也不敢想。

紧接着中央文化部艺术事业管理局的邀请函，像一股春风，送到了“东山”人的手里，大伙儿的兴奋劲溢于言表。带什么戏去好呢，经过七嘴八舌的讨论，赴北京演出决定带去的剧目是《梁祝哀史》和《祝福》。这两出戏，代表了越剧创新和整理传统剧目的两个重要方面的成果，恰恰都是南薇的作品。

去的时候坐的是普通列车，尽管旅途漫长，剧团五十来号人，在火车上仍感觉到异常兴奋，这不是越剧姐妹们在台上经常演的故事，这叫“上京赶考”!

傅全香在报上发表的两篇短文，为后人提供了剧团姐妹去北京演出的确切证据。这两篇文章，一篇名为《北行琐记》：

利用了歇夏的时期，我们东山越艺社全体同志到北京去作了一次有意义的旅行。旅行的目的不但是交换戏剧经验，更主要的还是想去多多学习一点。

我们全体同志一共五十六个人，北上的时候，乘的是普通车，虽然比较辛苦，但是我们的心却是十分愉快。

到北京后，我们在大众剧场第一次的演出是招待戏曲界，来观剧的有荀慧生、李少春等。此后我们连演了十六天营业戏，剧目是《祝福》与《梁祝哀史》，原来带去的还有《忠王李秀成》，因为时间关系而未及上演。我们竟获得了许多好评，这使我们兴奋而又惭愧。

九月十四日苏联大使馆曾经来包过一场《梁祝哀史》，十六日我们在中南海怀仁堂上演《梁祝哀史》，招待朱德总司令、周恩来总理、刘少奇副主席等军政首长，这使我们感到非常光荣。十七日周总理设宴，席间告诉我们希望越剧应该注重歌舞，多多演出民间故事，因为民间故事是为人民大众所熟悉，所喜欢，而容易深刻了解的。我觉得这些意见非常合理，我们应该诚意接受，以后一定要一步一步地渐求进步，不要突然把水准提得太高。

在北京我们寄寓在京剧研究院。我们曾经观看过一次评剧《小二黑》，一次李少春、袁世海的《将相和》，不论在形式上，还是内容上，已有很大的进步，希望我们南方戏剧也能做到这一步。

十八日我们本来已经定好车票，准备南返，临时决定再逗留一天，在怀仁堂演出《梁祝哀史》，毛主席七点三刻到场……

十九日我们乘卧车回上海，归途比较舒适。

虽然仅仅是二十多天的旅行，但是我相信我已经学习到了许多。今后我一定要不断地努力，把越剧搞好，为戏剧界打开一条新的道路来。

傅全香这篇文章的历史价值，在于把上海越剧首次进京演出的情况介绍得一清二楚：营业性演出十六天（为什么写天不写场，因当时演出往往日夜两场），其中一场还是苏联大使馆包场；十六日为中央首长演出；十七日周总理设家宴招待剧团主创人员，有范瑞娟、傅全香、南薇、陈鹏（导演，著名越剧旦角演员张云霞的爱人），陪同的有田汉、鲁迅遗孀许广平，以及孙维世及其妹妹孙新世。

1950 年 9 月 17 日，周总理设家宴招待，范瑞娟在《我与东山越艺社》一文中是这样描绘的：

1950 年 9 月，东山越艺社带着《梁祝哀史》《祝福》《忠王李秀成》三台戏赴京演出，不但受到了北京文艺界和观众的热烈欢迎，还传来了意外的喜讯，说周总理看了演出很高兴，请范瑞娟、傅全香和编导南薇、陈鹏去家里做客。大家又惊又喜，不知道总理是哪一天来看戏的。总理的家怎么能让我们进去呢，心里又紧张又拘谨。刚进政务院，周总理就在门口迎接大家，随和地跟大家一一握手，亲切地问好。总理说："我外婆家在绍兴，所以我从小就看过小歌班（越剧早期名称）。"又对我说："1946 年我就看过你和袁雪芬演的《凄凉辽宫月》了。"邓大姐插话道："那时恩来同志是从南京参加国共谈判后到上海的，因为和谈破裂，政治局势紧张，他是冒着危险去看的。"随后邓大姐招呼大家吃饭。饭后周总理接了一个电话后高兴地向大家宣布："毛主席要看越剧，今晚请大家到怀仁堂演出。"大家真是又兴奋又紧张。

至于南薇的记忆，那就更形象化了，席间总理亲自削了苹果招待大家，还兴致勃勃哼唱了一句"绍兴大班"。当然总理在《梁祝哀史》说明书上的题词，应该也写于席间："这是一出成功的剧。周恩来　一九五〇，九，十七。"

最后合影留念，留下极其珍贵的一页。

东山越艺社在 1950 年 9 月 18 日专门为毛主席加演一场。剧团回上海两个月，南薇、韩义编导的《宝莲灯》便上演于上海北京路的丽都大戏院。

另一篇短文《越剧首次晋京演出》发表在 2006 年 5 月 21 日《新民晚报》的"夜光杯"版面上。

星期天夜光　　责任编辑／龚建星　|夜光杯|　3　B

越剧的首次晋京演出

秦来来

最近，"北京上海越剧演出周"正在皇城根下如火如荼地展开，"林妹妹" 王文娟成了北大、清华莘莘学子热情追捧的"红星"……这一幕幕，不由让我想起了越剧艺术家傅全香讲述的，当年率团北上，让北京观众"睁开眼睛"看越剧的情景。

1950年，新中国成立的第二年，范瑞娟与傅全香领衔的"东山越艺社"早已享誉沪上，拥有众多的"粉丝"。团里的导演南薇从北京开完"文代会"回来，对剧团姐妹们讲述的一切，都是那么新鲜、那么诱人，在他们青春的、翻身做主人的心里，播下了激情的火种——去北京演出！

说干就干，在范瑞娟与傅全香的带领下，她们把最近几场的演出收入，不作分配而作路费。

可是，去北京找谁联系呢？南薇给当时任文化部艺术局局长的田汉同志写了一封信。令人惊喜的是，田汉同志马上回信：欢迎北上！接信后的喜悦、激动是难以名状的，越剧，一个诞生于浙江小山村的"草根"，能够立足于大上海，已经是"不得了"了，现在还能从上海演到北京，真是做梦也不敢想。

可是，去北京演什么戏呢？南薇说，两个戏，一为《梁祝哀史》（后改名为《梁山伯与祝英台》），一为《祥林嫂》。《梁祝哀史》代表传统的越剧经典，《祥林嫂》则是展示越剧如何改革所走过的路。田汉同志也热情地指示，就演这两个戏。这两个戏的演员阵容，令人刮目相看，《祥林嫂》中，范瑞娟的贺老六，傅全香的祥林嫂，张桂凤的卫癞子，魏小云的婆婆。原本徐天红出演鲁四老爷，不巧的是，临行前的一次彩排，她不慎摔坏了腿，未能成行。

到了北京，由北京京剧院的同行负责接待，安顿在东单的一座四合院内。语言的隔阂，居然使她们寸步难行，以致出了不少"洋相"，可是精彩的演出，却叫挑剔的、习惯于闭着眼睛听戏的北京观众"睁开了眼"。

第一场"打炮"戏就是《祥林嫂》。半场下来休息的时候，田汉同志来到后台，对着傅全香说："傅（田汉同志亲热地称傅全香为傅），恭喜侬，侬的演出叫北京观众把眼睛睁开来了！"接着，田汉同志又高兴地告诉她，今天，许广平、欧阳予倩先生等都来看戏……未等田汉把话讲完，年轻的傅全香一下子"吓"呆了，居然连嗓子也没了！当时，扩声设备就靠两只悬挂在台前的话筒，根本就没有什么"小蜜蜂"。傅全香又急又拼，拼着沙哑的声音演完了全场。

好在下半场主要表现老年祥林嫂的悲惨结局，所以，傅全香总算对付过去了。可是，让她没有想到的是，第二天，北京的报纸讲，傅全香巧妙地利用嗓音的变化，很好地塑造了祥林嫂的人物形象。更让她没有想到的是，评剧表演艺术家新凤霞，因为也要排演这个戏，特地请傅全香去介绍经验，如何用嗓音变化来塑造不同时期的祥林嫂形象！？

文饭小品

"我又不能讲我是吓哑的！不过，这一次的经历，对我70岁的时候，在《人比黄花瘦》中塑造老年李清照这个形象，倒是发挥了作用；我能够自由地运用不同的嗓音，来塑造不同年龄时段的人物形象，对我艺术上探索真假嗓结合运用起了作用。"傅全香深情地讲道。越剧第一次北上，向北京的观众介绍南方的戏曲越剧，这对后来越剧走向全国，迈出了可喜的第一步！

上海《新民晚报》"夜光杯"版面

在写到《祝福》演出状况时，该文执笔的秦来来这样写道：

……精彩的演出，叫挑剔的、习惯于闭着眼睛听戏的北京观众"睁开了眼"。

第一场打炮戏就是《祥林嫂》。半场下来休息的时候，田汉同志来到后台，对傅全香说："傅（田汉同志亲热地称傅全香为傅），恭喜侬，侬的演出叫北京观众把眼睛睁开来了！"接着田汉同志又高兴地告诉她，今天许广平、欧阳予倩先生等都来看戏……未等田汉把话讲完，年轻的傅全香一下子"吓"呆了，居然连嗓子也没了！当时，扩音设备就靠两只悬挂在台前的话筒，根本就没有什么"小蜜蜂"。傅全香又急又拼，拼着沙哑的声音演完了全场。

好在下半场主要表现老年祥林嫂的悲惨结局，所以傅全香总算对付过去了。可是，让她没有想到的是，第二天，北京的报纸讲，傅全香巧妙地利用嗓音的变化，很好地塑造了祥林嫂的人物形象。更让她没有想到的是，评剧表演艺术家新凤霞，因为也要排演这个戏，特地请傅全香去介绍经验，如何用嗓音变化来塑造不同时期的祥林嫂形象!?

“我又不能讲我是吓哑的……”

为此，傅全香还得了个“越剧程砚秋”的雅号。

新凤霞改编主演的《祥林嫂》也另有特色。1955 年中国评剧院成立时，《祥林嫂》作为打炮戏以志庆贺，颇为隆重。

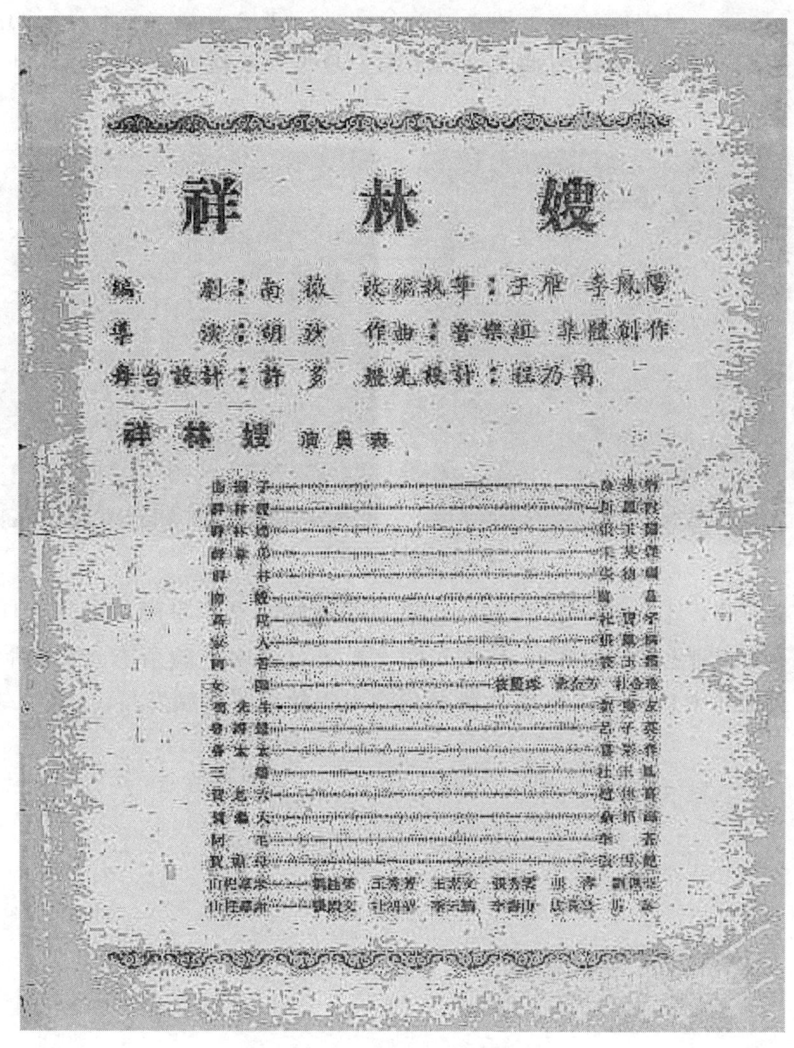

祥林嫂

編　　劇：南薇　改編執筆：于飛　李風陽

導　　演：胡沙　作曲：音樂組　集體創作

祥林嫂　演員表

中国评剧院成立演出说明书

北京之行的成功，无疑为越剧这个南方的地方剧种戴上了一顶耀眼的凤冠。中南海礼堂第一次上演的戏，演的是越剧《梁祝哀史》，第一次放映的电影，也有越剧电影《祥林嫂》，而这两部作品的编剧和导演，恰好都是南薇。开国伊始就能有此成就，对南薇而言是一种肯定和鼓励。他虽说从心底里感到喜悦和兴奋，但并没有因此变得骄傲自大起来。因为这并不是他刻意追求的人生目标。纵观他的一生，他对戏剧艺术的喜爱，几乎达到痴迷程度。一旦他投入戏剧创作，无论在案头，或在排练场上，他那全神贯注的劲儿，他那通宵达旦的认真精神，可以说涵盖了他生活的全部。这便是南薇，一个真实的南薇！

北京载誉归来，南薇与韩义仅用了两个月时间，就为东山越艺社创作排练了《宝莲灯》。

《宝莲灯》说明书

1951年春，上海市文化局主办的第一届戏曲编导学习班，周信芳任主任，南薇被任命为副主任。2月，《孔雀东南飞》单行本由上海杂志公司出版发行。5月，《梁祝哀史》单行本也由上海新戏剧出版社正式出版发行。

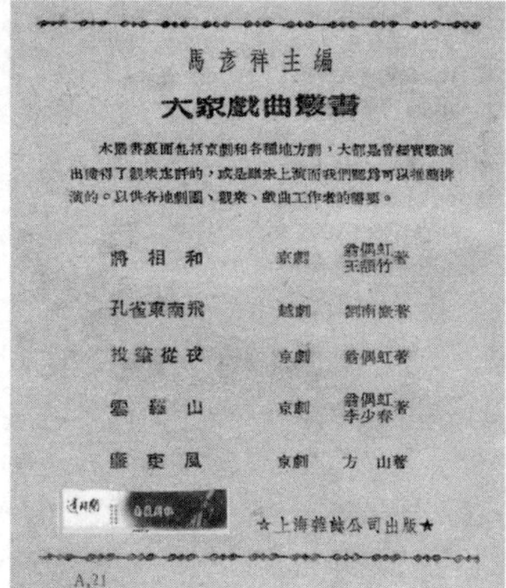

馬彥祥主編

大家戲曲叢書

本叢書裏面包括京劇和各種地方劇，大部是曾經實驗演出獲得了觀衆好評的，或是雖未上演而我們認爲可以推薦排演的。以供各地劇團、觀衆、戲曲工作者的需要。

將相和	京劇	翁偶虹 王頡竹著
孔雀東南飛	越劇	劉南薇著
投筆從戎	京劇	翁偶虹著
雲羅山	京劇	翁偶虹 李少春著
[illegible]吏風	京劇	方山著

☆上海雜誌公司出版★

A,21

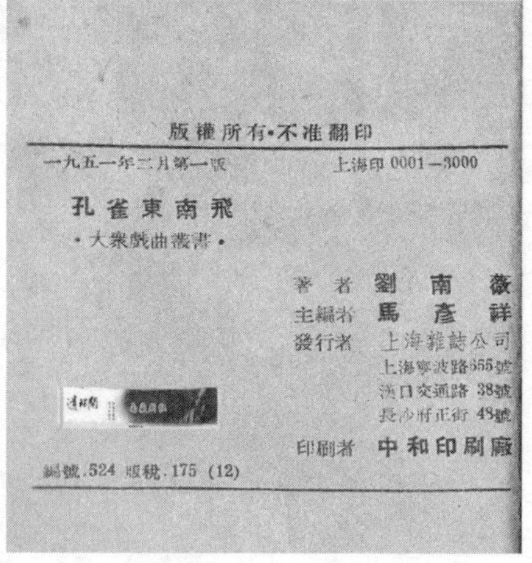

版權所有•不准翻印

一九五一年二月第一版　上海印 0001—3000

孔雀東南飛

•大衆戲曲叢書•

著者　劉南薇
主編者　馬彥祥
發行者　上海雜誌公司
上海寧波路555號
漢口交通路38號
長沙府正街48號
印刷者　中和印刷廠

編號.524 版稅.175 (12)

1951 年 2 月上海杂志公司出版单行本

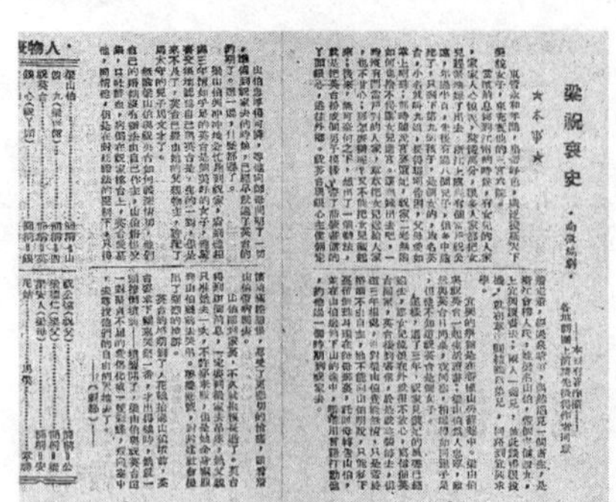

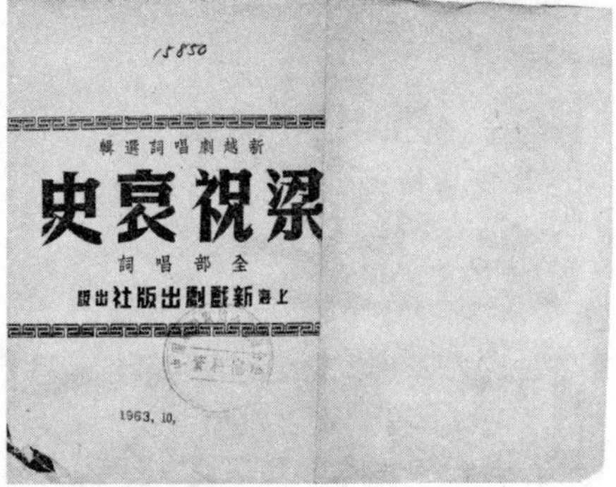

1951 年 5 月上海新戏剧出版社出版单行本

二十一　抗美援朝捐献飞机，梁祝义演再创奇迹

新中国成立初期的“抗美援朝”战争，在国内掀起了一场“保家卫国”的群众运动。那时的上海老百姓，刚从国民党政府的黑暗统治中解放出来，翻身当家做了主人，有一股自豪感，无比激动的心情久久难以平静。所以这场运动的轰轰烈烈场景以及当时人们的心情，是现在一些青年人无法想象，甚至无法理解的。上海各街道、各单位的青年们纷纷争先恐后地报名参加志愿军，送别光荣参军的秧歌队、腰鼓队，穿梭在大街小巷的马路上，喧闹的鼓声、锣声、口号声，此起彼伏，震耳欲聋。凡亲身经历过的长辈们，应该都不会忘却。

同时，全国又掀起捐献飞机大炮支援抗美援朝的运动。文艺界更显得活跃，豫剧著名演员常香玉带着她的剧团四处巡演，发誓要捐一架“香玉号”飞机。上海越剧姐妹当然不会示弱，于是决定联合举行义演，也要捐一架“越剧号”飞机。据估计有200余人参加，热烈的程度简直令人难以想象。

演出剧目首先考虑的便是《梁祝哀史》，当时南薇赴中南海演出的余波犹在，义演编导自然而然便落到他头上。

南薇更为积极，考虑到此次义演的意义远远高过《山河恋》义演，参与的演员人数大大超过十姐妹，不管头肩小生、两肩花旦、老生花脸、龙套皂甲，都该让她们露露脸吧。但《梁祝哀史》的人物表至多十来号人，无法满足众多越剧姐妹的期待和冀望，于是南薇决定重新编一次。如此庞大的阵营演《梁祝哀史》，无论哪一个剧团都不会依据这个本子去搬演，这么多角色演出成本谁负担得起？所以“八易其稿”中的这一稿是极为特殊的一稿，是专为“抗美援朝”义演的专稿。

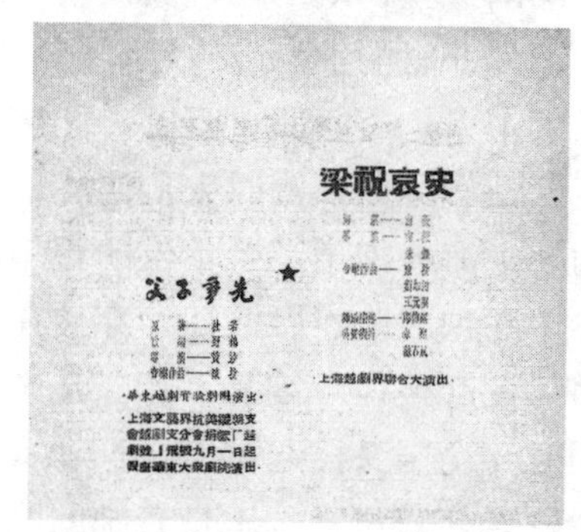

《梁祝哀史》义演说明书

说明书中有一篇“我们的话”，南薇是这样解释的：

梁祝演出的次数较多，每次演出前总想修改一下而不能很好地修改，一直因循到现在，还没有一次完整的演出。

在丽都演出时，为适应客观条件，装置设计略有改动，这无可否定的是为了吸引观众而故作新奇，在格调上确实是不统一的。

在北京时，也因临时要演《梁祝》，又不及时修改。

这较多次的演出中，无数观众曾以许多宝贵意见提给我们，特别是在北京旅行公演时，好些首长前辈作家舆论上的指正以及其芳同志发表的那篇文章，对我们这次的改编有了很大的帮助。

这次，又因事出仓促，在一个令人难以置信的短时间中，交给了我们这个任务——排演《梁祝》。

首先，眼前的问题是原来《梁祝》的戏本不是一个群戏，要在这样一个大会串中演出，演员支配以及其他都有问题，如果采用《梁祝》电影剧本，则又有许多地方不合适舞台演出，但是我们为了很好地完成任务，尽力克服了许多困难。经过数次商讨，几度研究之后，决定以原有舞台上的《梁祝》做骨干，把电影的《梁祝》酌予增删修改，并尽可能照顾到当时的时代背景，加强了当时环境下所许可的反抗性。

由于不善掌握历史人物，不够细心深入采讨，再加上时间的短促，不能很好地帮助演员，因此，仍有不少问题无从取决，甚至有更多问题还没有发现，诸如措辞上的不够口语化破坏了民谣性，太口语了又怕冲淡了时代性。

所以，《梁祝》，在这次演出时虽然总算已经修改了一下，但是，还是没有能够好好地修改，仍旧是草率的，不完整的，请观众毫不留情地给予我们批评和指正。

我們的話　南薇・朱鏗

梁祝演出的次數較多，每次演出前總想修改一下而不能很好的修改，一直因循到現在，還沒有一次比較完整的演出。

在蘇州演出時，因適應客觀上種種關係，裝置設計略有改動，這無可否認的是為了吸引觀眾而故作新奇，在結構上確實是不統一的。

在北京時，也因臨時要演「梁祝」，又不及修改。

這較多次的演出中，雖然觀眾曾以許多寶貴意見鼓勵我們，特別是在北京舉行公演時，好些[illegible]作家與報上的指正及其他同志發表的那篇文件，對我們這次的改編有了很大的幫助。

這次，又因事出倉促，在一個令人難以置信的短時間中，交給了我們這個任務——排演「梁祝」。

首先接觸在眼前的問題是原來「梁祝」的劇本不是一個羣戲，要在這樣一個大會串中演出，演員支配以及其他都有問題，如果採用「梁祝」電影劇本，則又有許多地方不合適舞台演出，但是我們為了很好的完成任務，我們盡力克服了許多困難，經過數次商討，幾度研究之後，決定以原有舞台上的「梁祝」劇本作骨幹，把電影的「梁祝」酌予增刪修改，並儘可能照顧到當時的時代背景，加強了當時環境下所允可的反抗性。

由於不善掌握歷史人物，不夠細心深入探討，再加上時間的短促，不能很好的幫助演員，因此，仍有不少問題無從取決，甚至有更多問題還沒有發現，諸如措辭上的不夠口語化，破壞了民謠性，太口語了又怕沖淡了時代性。

所以，「梁祝」，在這次演出時雖然總算已經修改了一下，但是，還是沒有能夠好好地修改，仍舊是草率的，不完整的，請觀眾毫不留情的給我們批評和指正。

《梁祝哀史》义演说明书侧页

这篇短文简单地讲述了这次大会串演《梁祝哀史》是“群戏”，是“任务”，因此这一稿剧本肯定与众不同。

现在类似这种大会串式的演出方式比比皆是，豪华的舞台装置，壮观的群戏场面，已屡见不鲜。可在20世纪50年代初，这样的排场怎么也不会有。南薇这次编排的《梁祝哀史》，可以说又是一次首创。

不妨看一下这次演出的“演员表”的剧中的人物设置：梁山伯、祝英台、日久（四九）、人心（银心）、梁父、梁母、祝公远、马文才、马父、先生、师母，还有司空、司马、司寇、宫嫔、秀女、学生、兵丁、车夫、马仆、轿夫、司仪、童子可儿、吏、尼姑、合唱队。有的角色尽管是调调龙灯过过场，作为演员来讲，毕竟上过台，露过脸，为抗美援朝做了贡献，参与者会感到这是无上的光荣。

参加这次《梁祝哀史》演出的演员多达六七十位！她们的爱国热情应该让后人们铭记！出演梁山伯的演员有四位：陆锦花、尹桂芳、范瑞娟、徐玉兰。出演祝英台的演员有三位：王文娟、傅全香、戚雅仙。出演银心的演员有二位：吕瑞英、金彩凤。还有众多的群众演员。至于演出日期，一次是 1950 年 6 月 25 日至 7 月中旬，一次是 1950 年 8 月 10 日至 9 月中旬。在筹得款项 11 亿元后，上海越剧姐妹义演捐献的“六一”号飞机终于飞上蓝天，奔赴朝鲜战场。

二十二　刘郎何时踏歌来

南薇在东山越艺社之际，编导了《宝莲灯》、《梁祝》、《孔雀东南飞》、《团团转》、《单恋》、《归来》、《荡寇志》（即《万古忠义》）、《养媳妇回娘家》，以及执导了《天涯梦》《怡红拢翠》《裙带宰相》等。

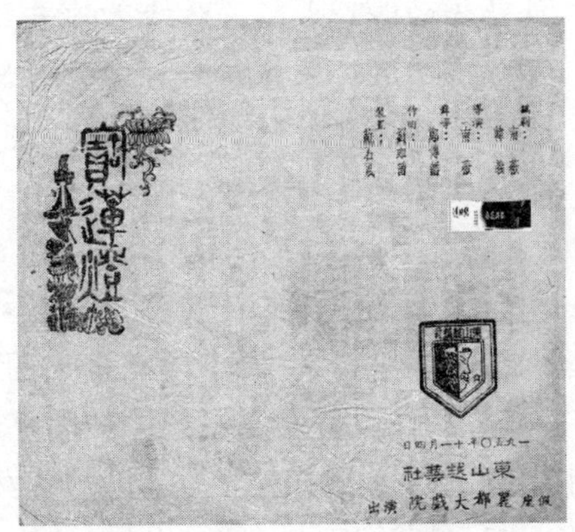

《宝莲灯》说明书

南薇、韩义创作的《宝莲灯》诗意浓浓，唱词雅俗共赏，风格清丽。其中“对月思家”一段属于范派唱腔，至今依然是范派演员爱唱、观众爱听的脍炙人口的唱段：

对月思家思何（啊）深，
想起了家中意中人（啊），
意中人思也深，
两地相思思不（啊）尽。
思不尽对月问，
君也问来卿也问，
君问卿可相思（啊）君，

卿问君可相思卿。
相思人对相思月，
见月如见意中人（啊），
曾记得与桂英初成（啊）婚，
阑闺香暖对红裙。
那珠灯遥遥在前引，
伶俐的婢女扶了卿。
还记得我叫你卿卿，
你不答应，
嫣然一笑百媚生。
说道是啐！谁是你的卿，
就是你的卿，也不许你唤卿你若要唤卿，
等你得功名，荣耀归来再唤卿（啊），
还记得别考那年送我（啊）行，
猛然间想起了桂英别后情。

南薇、韩义创作的《宝莲灯》，还塑造了一个形象，即圣母贴身侍女“灵芝”。灵芝这个角色，说来还有个来历呢！在此以前任何地方戏，或许有演出《宝莲灯》的，但侍女“灵芝”的名字恐怕是难以见到的。等二郎神将妹子压在华山脚下，接下来南薇为圣母的侍女添了很多戏，给她取个名吧，韩义脱口而出，“叫灵芝吧”。南薇马上说：“好！就叫灵芝！”“灵芝”就是这样由南薇、韩义独创出来的。

此外，南薇、韩义创作的《宝莲灯》，还塑造了一群“铁精”，“只因华山神铁成精，扰乱天界，现被神灯镇压山底”，灵芝盗了神灯，顺便释放这群“铁精”，后来这群“铁精”帮沉香“掘出神铁，铸成大斧……劈开华山，救出母亲”。

二十三 《荡寇志》故事仍具现实意义

在上海越剧界为抗美援朝捐献飞机义演的前半年，朝鲜半岛上的战火已映红了东北的半边天空，那时，抗日战争的硝烟还弥漫在战后的废墟上，半岛燃起的火焰热浪又汹汹而来。对美国还充满幻想和不切实际的冀盼的一部分人来说，这无疑是当头棒喝！但众多看清形势的知识分子，在毛主席《别了，司徒雷登》等一系列文章的感召下，明确无误地表示坚决跟着共产党，齐心协力地保护新中国。

《东山越艺社》的"八大编导"们，凭借他们渊博的历史知识和异乎寻常的艺术天赋，于1951年2月6日，在北京东路、西藏路闹市口的"丽都大戏院"，推出了托古喻今，有强烈政治倾向的历史剧《荡寇志》。

这部《荡寇志》说的是16世纪的另类"三国志"：中国、日本、朝鲜斗争和联合的故事。

《荡寇志》的故事至今仍有现实的教育意义！

大唐盛世，日本政府派遣了近二十批"遣唐使"，学习大唐政治、经济、文化、文字、艺术、宗教、科技等各方面成就。但是自唐以后，中日关系一直处于动荡状态。日本自织田信长、丰臣秀吉相继担任"关白"（首相）之后，资本主义新兴的"町人阶级"，急需掠夺海外资源和扩展海外市场。丰臣秀吉于1591年入侵朝鲜时，在对诸侯们宣讲中，赤裸裸地道出了他侵略野心：将占领朝鲜作为跳板，继而入侵中国，一旦成功，便将中国领土分封给日本诸侯。

这时，出现了一个中国商人陈甲。他便是剧中主角，由范瑞娟饰演。

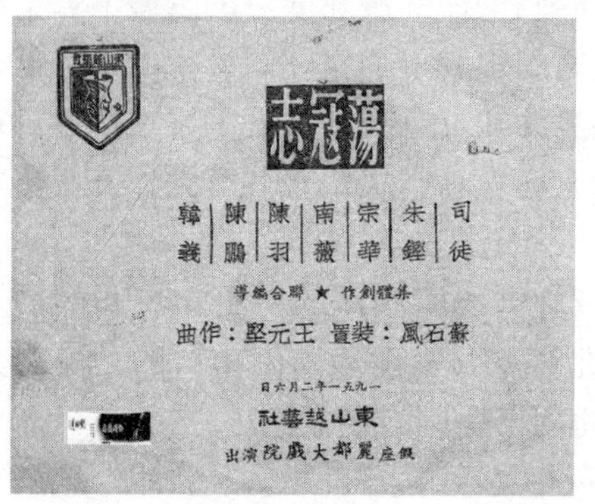

蕩寇志

本事

《荡寇志》说明书

陈甲，历史上确有其人，福建同安人氏。他世代经商海外，穿梭于中日韩海域之间的“抱布贸丝”，并在朝鲜娶妻，做了跨国婚姻的先行者。当陈甲在东瀛经商时，从丰臣秀吉麾下的小西飞口中得悉日本将起兵侵略朝鲜消息时，大为震惊，立即返回朝鲜告诉其妻。想到倭寇惨无人道，不仅想霸占朝鲜，还想鲸吞中国，他心急如焚，匆匆说服妻子，让她回国报讯。

陈甲首先投奔到幼年总角之交沈惟敬处。沈惟敬投靠了主和派的石星尚书，此时已位高权重，但他早与日本暗中勾结，成了民族败类，不仅对陈甲敷衍了事，暗中阻挠，还离间陈甲夫妻。

明万历二十年（1592 年），丰臣秀吉编九军，步卒二十万，水军九千，渡海对马海峡，攻占朝鲜釜山、庆州，朝鲜全部沦陷。

1593 年，明出兵援朝，平壤大捷，收复失地，日军溃败。主和派的石星主张撤兵，沈惟敬为敌效劳，尽其鹰犬之劳！明撤兵之后，丰臣秀吉仍横行釜山，并提出割让朝鲜半壁山河归日本之无理要求。1597 年，日军再犯，明再度出兵抗日，战事重启，将士们发现沈惟敬实系汉奸，石星投降误国，个个义愤填膺。次年丰臣秀吉死，日军大败，窜海溃逃，倭患乃平。陈甲回朝鲜，夫妻二人重叙旧好。

南薇经常谈及他导演该剧时设计的一场精彩好戏，他称其为“火盗”。陈甲将一封禀报军情的密函，请沈惟敬的小妾转告，却被沈妻当面撞破，然后追逼威胁其交出密函。小妾将信投至火盆焚毁，陈甲见状惊恐万分，小妾至沈妻离去之后，慢慢从怀中取出信函。小妾早知沈惟敬所作所为，阅信后见沈妻已至，从容地将信函塞入胸衣之内，仅以空信封投入火盆，瞒过沈妻，躲过一劫。从这一场戏足见剧情跌宕起伏，曲折多变，是一部足以成为精品的佳作。

二十四 沪语越剧《团团转》，中国版的意识流

20 世纪 80 年代初，周润发主演的《上海滩》在上海电视台热播，几乎达到有机（电视）必看、一集不漏的盛况，至今传为美谈。殊不知那是港式上海滩，上海海派味道实在缺乏。南薇在新中国成立之初，也写过上海滩，演过上海滩，不过剧名不叫“上海滩”，而称《团团转》。

《团团转》创作于 1950 年，由东山越艺社范瑞娟、傅全香主演，也曾轰动一时，在华东地区会演时还获过奖。

《团团转》在戏剧结构、语言文字上各具特色。这既是一次探索，又是一种突破。

《团团转》报刊广告

《团团转》的剧名与剧的主题没有关系，纯粹与戏的结构模式相关。南薇

或许受到了黄佐临导演的电影《夜店》的启发，突发奇思妙想，想出这个首尾相衔的另类戏剧结构，既新颖，又别具一格，展示的却是一幅活生生的上海滩的风俗画卷。那时候上海刚解放，处处都是新气象，大伙儿唱的是“解放区的天是明朗的天”。舞台上演绎的场景，就是发生在观众身旁的那些往事，时隔不久，记忆犹新，台上台下很自然地会形成共鸣。因此，《团团转》不是凭空臆想的浪漫主义作品，而是写实主义白描式的力作。

《团团转》的场次有些类似电影剧本的构成，戏剧结构较为特殊。剧中没有一个主角贯穿全剧，第一场戏演完之后，第二场则是由第一场戏的某个角色与另外一些人展开剧情，以此类推，构成团团转的串连成戏的格局，故以此命名。用现在的理论来衡量，似乎有些类似“意识流”的表现手法，只是欧洲“意识流”的电影思潮在那年月还尚未出现，大导演安东尼奥尼也没有形成自己创作理念和风格。南薇是先行了一步。他从创作《绝代艳后》开始，便有意识地将好莱坞电影手法运用在越剧改革的戏曲舞台上。电影的“画外音”催生了越剧幕后合唱、齐唱、旁唱，电影的特写镜头催生了《绝代艳后》追光的运用。在创作《梁祝哀史》时，有一次他突发奇想，用“帕拉坊”取代舞台场景的转换，借鉴电影蒙太奇的原理，来处理小节戏与小节戏之间的衔接，省略了幕启幕落的时间。而在《团团转》的结构中，戏曲电影化的处理几乎已涵盖了整出戏的架构。

全剧共两幕，每幕十小场戏。

第一场应该是序幕。戏剧场景是这样构成的：

（幕起后——舞台上一片黑。

（这是我们曾经生活过很久的上海。

（国际饭店——摩天高楼上的霓虹灯光亮了。那是四个大字：“礼”“义”“廉”……却黑了一个“耻”字。跳舞厅的舞池里，男的、女的正拥抱着在疯狂地旋转、跳舞……

（“仆欧”“小郎”则穿梭在人群中间。

（一曲终了，个个归座。

（这期间，有算账待走的，有寻衅方来的，还有吃醋、争风、调情、卖俏的……

舞场负责人——“大班”，调解着这些纠纷……已将是打烊时间，呵！乐队又响了！

（乐声中，他们和她们，带着各色各样的表情，纷纷离场而去。

(憧憧人影消失在幕之中……

夜幕中，一个生活在社会底层的街头流莺，在鸨儿的胁逼下，游荡于凛冽的寒风中拉客，谁知拉住的却是个空空儿小偷。久经风尘的妓女，一眼看破了小偷的伪装，开门见山与他直言谈相：

迪罢噱头少来放，
啥人要侬灌米汤！
人家好心问问侬，
假痴假呆装啥腔！
我搭侬大家脚碰脚，
侬张底牌，我清爽！

毕竟饱受风尘之苦，这位街头流莺人性未泯，一番谈心，好言规劝小偷改邪归正：

侬以为我想分侬赃？
我倒是，真心真意为侬想。
张先生侬年纪轻，身体壮，
啥个事体做勿像？
今朝偷，明朝抢，
随便那能勿会住洋房！
要是有日失了风，
归根结底吼收场。
我是迪种介事体看得多，
我劝侬，听我闲话快改行！

小偷对这位流莺的真诚相劝心存感激，决意洗心革面，要为这位风尘知己唱一曲“救风尘”。谁知回到十字街头，遇到乡下曾与他定过亲，因对他以偷窃为生不满而逃婚到上海的“阿金”。这段孽缘并没有因偶然相遇而前嫌尽释。

此时的阿金正在交际花“罗丝李”处帮佣。而罗丝李又同有妇之夫洪买办打得火热。这场戏洪买办没有现身，他用电话与罗丝李调情。洪买办在电话中一段肉麻吹捧罗丝李的唱词很有意思，他比喻罗丝李的美貌用的全是好莱坞当红影星的名字，可能我们现在听起来会感到陌生，可在当时上海滩，定是家喻户晓的大明星：

电话声：我来看侬。
李：我有啥好看？
电话声：好看！
　　唱　　侬面孔，像丽泰·海华丝；
　　　　　眼睛像，蓓蒂·苔维丝；
　　　　　皮肤像，伊漱·惠莲丝；
　　　　　头发像，曼丽·霍金丝；
　　　　　说闲话，就像珍妮·第琼丝；
　　　　　身材像，琴逑·罗吉丝……
李：啥个芹菜炒肉丝，阔面孔，圆眼睛，黑皮肤，红头发，哑喉咙……
　　唱　　侬勒浪，情人眼里出西施！
电话声：勿，勿。
　　唱　　侬比西施还标致！

接下来的一场戏构思又非常巧妙。那位在风月场中如鱼得水的洪买办与罗丝李勾勾搭搭，而他的夫人也是红杏出墙，与小白脸小白春风偷渡。两对野鸳鸯凑巧在电影院门口撞见，用的恰是电影院的两扇旋转玻璃门转换场景。一个转进，一个转出，全是电影蒙太奇手法。这一段幕后旁唱也颇有风趣：

齐唱　　上海人就是斜火气，
　　　　吃饱仔饭呒事体。
　　　　吃咖啡，看影戏，
　　　　侬等我，我约你，
　　　　顶伤脑筋要豁边，
　　　　白板对煞……呒滋味。

而这位小白的住处，又引出一位孤女。她的养父“老枪”，是个放高利贷的鸦片鬼。他欲将养女卖于妓院老鸨。而养女与小白却真心相爱。这两个角色戏份最多，范瑞娟、傅全香出演的应该就是这两个角色。后来，为了阻止鸨儿将孤女逼良为娼，小白挺身与流氓搏斗，被刀刺而亡。

第一场出现改邪归正的小偷，当他用汗水劳动凑足了钱为流莺赎身，赎出来的却是病入膏肓、气息奄奄、被摧残得难以起死回生的废人了……

而与小偷有婚约的逃婚姑娘也被流氓“皮蛋阿四”凌辱……

这个“皮蛋阿四”倒是地地道道上海滩的流氓形象：猥亵、龌龊、奸猾、无情，一点没有“小马哥”的潇洒。“皮蛋阿四”出彩的一场戏是在上海滩石库门弄堂的赌场。这里既没有赌城拉斯维加斯豪华的气派，也没有香港游艇上惊心动魄的场面，而是那样的窄小、喧嚣、昏暗、邋遢。赌场的气氛全是靠这些幕后“挖花”牌曲渲染烘托，显得十分真实和妥帖。摘录几段，供大家欣赏。

后客堂的唱牌声：

是我讲赌经，
弄弄就上瘾。
三个勿相信，
蜡光串头绳。

天天约小妹，
要想私情会。
肚皮大起来，
犯关勿犯关。

幺五来拜堂，
搭侬打打棚，
现在寻着我，
事体柴弄僵！

妹妹良心坏，
偷伴姘头轧，
肚皮撒冷浜，
卖我敲瘪柴。

还有“推牌九”的吆喝声：

五自头，天三首，
上门要跟下门走。
庄家是个啥个九？
庄家地牌……
……搭红九！
好，地九活猕！
天门浪……
哈，顶顶蹩脚！
……无名两。
上门是个长拾九。
统有统有统统有！
触霉头，触霉头，
连剋三次呒回手！
三着有，活门抽，
断命牌九呒打头！

《团团转》语言上的特色，在越剧以往的历史上，也是绝无仅有的。该剧所有唱词白口均用沪语方言，而且一口地道的上海话，有时还夹杂了一些英语，十里洋场的风土人情表现得淋漓尽致，活灵活现。这或许是受了鲁迅先生赞赏吴语小说《何典》的启发。就其本质意义而论，该剧体现了越剧这个乡间草台小戏来到大上海后，逐步形成上海一个大剧种的演变，这在越剧历史上，自有其不可忽视的价值。

再摘引一段男女主角对手戏的唱段。男一号小白，有点上海“拆白党”的味道。女一号是个挣扎在火坑边缘的孤女。这段唱词完全是沪语，俚词俗话，十分有趣：

小白：咦？阿玲！
　　唱　　侬为啥，眼睛哭得红通通？
　　　　　头发弄得乱松松。
　　　　　是勿是，那爹又勒打骂侬？
孤女：唱　告诉侬也呒没用。
　　　　　伊讲我，讲我吃粮勿管事，
　　　　　坐吃早晏山要空。

我说我去做女工，
伊说道做厂铜钿赚勿动，
伊要我去做婊子，
我随便那能勿依从。
伊拿烟杆子来扎我，
扎得我，又红又肿又是痛。
为来为去为铜细，
终是命里注定穷。

小白：唱　　穷苦那能怪命运，
应该怪，社会环境来播弄！
人家吪没爷娘逼，
照样落进火坑中。
同样是，那爷老头子勿逼侬，
侬个命运照样勿会通！

孤女：唱　　眼前事体我那能弄？

(这句提问却勾动了他的心。于是，他装模作样地故作考虑之后……

小白：唱　　问题的确蛮严重！
办法倒是有一个，
就是怕侬勿成功。

孤女：唱　　侬说侬说侬快快说！

小白：唱　　说出来，千万勿好气来动！

孤女：唱　　说得对，我谢谢侬，拜拜侬，
说得勿对，勿听侬，勿怪侬。

小白：唱　　侬只有咬咬牙齿、鼓足勇气向前冲！

孤女：冲？那能冲呢？

小白：唱　　就怕侬，吪没苗头吪没种！

孤女：白先生！
唱　　侬勿要看我年纪小，
主意打定有始终。
侬勿要看我是女人头，
我有勇气，有苗头，也有……也有……

小白：种！

孤女：唱　　……也有种！

依到底有啥好办法？
我究竟应该那亨冲？
小白：唱　　啥办法？那亨冲？……
嗯……寻一个相好早出送！
孤女：哦？
小白：唔！
唱　　侬相好朋友有勿有？
（她羞得满面通红、手足失措，把个头低得几乎收碰到肚皮了。
小白：啊？
唱　　尽管讲，呒啥窘。
孤女：唱　　我从来，我是从来……勿搭男人讲闲话……
我……我一向，才勿大懂。
小白：格末，
唱　　现在寻起还来得及，
（白）不过！
唱　　问题的确蛮严重！
陌生格介绍怕上当，
熟悉格只怕侬看勿中！
假使除脱迪条路，
侬眼前事体又呒法弄！
（阿玲急得又哭了起来。
小白：唱　　勿要难过勿要急，
千万身体要保重。
阿玲呀，我有句闲想告诉侬，
一直不敢露口风。
我虽然搭侬是邻居，
一向倒还谈得拢。
性情脾气才熟悉，
苦闷格情形也相同。
我来帮侬好勿好？
（阿玲睁大了两只眼睛望了他半晌。

《团团转》的诞生绝不是偶然的现象，而是历史发展的必然。纵观越剧的发展过程，上海始终是不容替代的至关重要的一环。

《团团转》的诞生，见证了上海哺育越剧这朵奇葩的历史时刻！越剧演变到现在，它在舞台上所使用的语言，离嵊县的方言乡音早已渐行渐远，用纯上海话照样可以演越剧，唱越剧。20 世纪 50 年代初《团团转》获奖，早已证明此法可行。想当年四大徽班进京，而后徽剧演化为京剧，中州韵取代了徽调徽腔，京腔京韵铸就了国剧的辉煌，这是无法辩驳的史实。

《团团转》是一出不可多得的好戏。范瑞娟和傅全香两位前辈当年的演出应该也是可圈可点。期盼《团团转》能转到今天的舞台上，与年轻观众聚聚首，让如今的年轻人知道当年真实的上海滩。

《团团转》所展开的是一幅旧上海风俗画的历史长卷。其中塑造的人物都是在旧上海历史上确确实实存在过、生活过的，妓女、嫖客、交际花、拆白党、卖办、地痞、律师、赌棍、法官、混混……形形色色，林林总总。凡此种种，犹如夜雾晨露一般，当新中国的朝阳喷薄而出之时，便烟消云散了。但旧社会一幅幅辛酸而残酷的生活场景，我们不该忘却它。记住这历史的一页，便会令后辈人更加珍惜幸福的现在。这也是《团团转》的现实意义所在。

二十五　南薇三大悲剧

“东山”时期，南薇先后推出了他的三大悲剧：《梁祝哀史》《孔雀东南飞》，以及将他早年作品《祥林嫂》亲自修改而成的《祝福》。这三部作品经过他不断修改完善，至今仍在舞台上熠熠生辉。

越剧《梁祝哀史》的故事家喻户晓，唱段耳熟能详，但却罕有人深究剧本的艺术特点。这里不妨作些探讨，南薇究竟用了什么方法，将一个民间传说，改编成可与莎士比亚的《罗密欧与朱丽叶》相媲美的中国式经典爱情悲剧，他究竟在改编《梁祝》过程中，作出过多少创举。

《梁祝哀史》剧照（1951 年）

南薇在《梁祝哀史》剧情的编排上，总体上采取“先扬后抑”“先喜后悲”的方法，从“大喜”的开始，突然转折成“大悲”的结局。“喜”与“悲”形成一个强大的落差，犹如高山峻岭上的瀑布，初则示人以烟雾烂漫的愉悦，一旦泻入谷底，便形成撼天动地的冲击力！这强大的冲击力，不断地激荡着观众的心灵和神经！这便是这出悲剧感染力如此巨大的诀窍所在。

“楼台会”一出，是全剧“喜”与“悲”的分水岭。前半部戏：乔装卖卜、草桥结拜、春光初泄、托媒师母……处处洋溢着喜气，直至十八相送。一个是百般暗示，一个是茅塞始终未开；一个聪慧，一个憨厚；一个机灵，一个木讷；一个为刺不破自己筑就的伪装而焦急万状，一个是死心眼地相信眼前存在的一切都是真实的；一个心里透明，一个迷朦不清，这就构成了强烈的喜剧冲突。接着通过梁山伯“一边走，一边想”的重复回忆，表现他对美好爱情生活的憧憬，这就再一次在观众心里激起一层层波澜。南薇浓墨渲染了祝英台的少女情怀，将她对爱情生活的努力和追求，在欢愉的氛围里一一展现。明快欢乐的喜剧色彩，一直延续到梁山伯踏上祝英台的闺阁楼台。紧接着太守之子婚前夺爱，观众喜悦的心情被击得粉碎，全剧气氛急转直下，紧接着，“送兄”“山伯临终”“英台吊孝”“哭灵”，犹如钱塘大潮，一浪接一浪，排山倒海地向观众袭来。这一句句充满悲怆、愤懑、控诉、呐喊的台词唱句，都是掷向封建制度、封建礼教的匕首投枪。这就是《梁祝哀史》的主题所在！这就是《梁祝哀史》的精华所在。

戏发展到“哭灵”“吊孝”，祝英台面对“一眼闭来一眼开”的梁兄长，诉说着自己的悲愤和无奈，观众的心被揪紧，眼泪再也止不住。同样被梁祝的爱情悲剧所感染的编剧南薇也于心不忍，于是便想出了“化蝶”一场戏，以冲淡压在观众心头沉沉的悲哀，给观众心灵上送去一丝慰藉。

《梁祝哀史》的艺术特色，即是“先喜后悲”。喜，令人喜到癫狂；悲，也悲到了极致。在强烈的对比反差中，发展剧情，深化主题，达到扣人心弦的剧场效果。这便是南薇匠心独到之处。由他亲自撰写的《记得草桥两结拜》和《十相思》，早已成为越剧唱段的经典。

南薇作品中的另一出爱情悲剧是《孔雀东南飞》，风格与《梁祝哀史》迥然不同。《孔雀东南飞》原是一首乐府长诗，它在中国文学史上自有其不可取代的重要地位。南薇创作该剧时，有意识地将“诗的韵律”作为剧本风格的基调。在剧本分场、台词白口、唱句铺排上，均突现了诗的意境、诗的节奏、诗的旋律、诗的韵味。首先，剧本以“雀”字贯穿始终：雀喻、雀难、雀离、雀盟、雀归、雀变、雀会、雀亡。绕梁三匝的韵味，直教人回味无穷。20 世纪

80 年代，俞振飞先生在香港《文汇报》撰文，对《孔雀东南飞》剧本有如下一段评价：“我还非常喜欢这个戏的本子。唱词基本上接近原诗，而又明白如话。三字句，五字句，七字句，搭配整齐，注意音韵；演员歌来，酣畅淋漓，观众听来，舒心惬意，尤其是三字句，安排得很巧妙，显示了编剧南薇的才华，令人钦佩。这正是我们昆剧界人，多年来梦寐以求而不得的……希望从事戏剧的工作者，今后能以越为鉴，推陈出新。”俞老如此评价南薇的《孔雀东南飞》，也并非过誉之词。《孔雀东南飞》的唱词几乎就是原诗的延续。唱词如此，道白与唱词竟也能浑然一体，韵味不减。

孔雀东南飞

編　　劇：南薇
編　　曲：劉如曾
　　　　　金良
配　　器：薛德義
　　　　　金良

導　　演：朱鐸
舞美設計：蘇石風
服裝設計：陳利華
　　　　　包景玉
造型設計：陳利華
燈光設計：明道宣

劇情介紹

本劇取材於漢末樂府《古詩爲焦仲卿妻作》。

建安年間，廬江府（今安徽省）有個小吏焦仲卿，在他新婚的那天，親友、鄰里見了新娘劉蘭芝都非常稱讚，並把他倆比作一對孔雀。

然而這位新媳婦卻未能博得焦母的歡心，她認爲這位媳婦過於“自專由”和“無禮節”。又因聽信鄰居河東大娘的閑言閑語，羨慕着東家好女的美貌和富有，想要遣蘭芝復爲其子另娶賢女。二三年後，她終於借故逼令仲卿將蘭芝休去。

仲卿和蘭芝原是對恩愛夫妻，驟遇此變，如晴天霹靂，悲痛不已。在送別的時刻，他們相互立下了誓言，從此永不分離，以備日後再夢重圓。

蘭芝有個性如暴雷的哥哥，當他知道妹妹無端遭人休棄，立即氣要去焦門論理，卻被他妹妹婉轉勸住。據說，仲卿不久就會來迎她歸去。誰知許久未見焦家有來迎回蘭芝的迹象，倒是説媒的人不時接踵而至。蘭芝在母兄的不斷勸說下，只得忍痛依允再嫁。她萬千悲思卻無處傾訴，只好在黃昏人靜後偷偷出門啼哭一陣，恰好仲卿聞訊趕來，別後重逢，他們互訴心曲，相期以同生共死來力踐前盟。

婚期到了，蘭芝投身清池以殉誓約，仲卿也損枝殉情，封建禮教無情地殘害了這對青年男女。

范瑞娟——焦仲卿　　傅全香——劉蘭芝

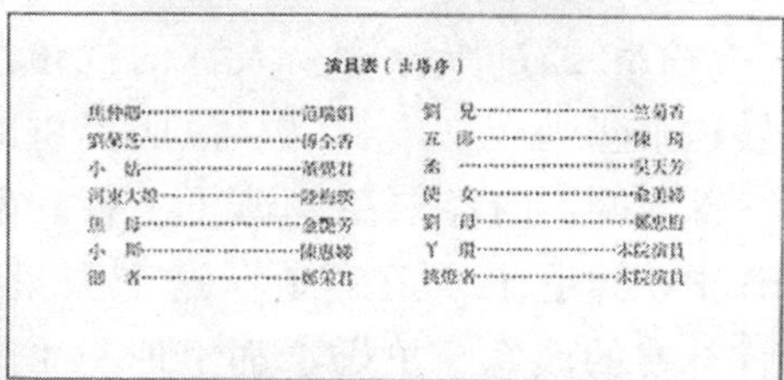

演員表（出場序）

角色	演員	角色	演員
焦仲卿	范瑞娟	劉兄	竺菊香
劉蘭芝	傅全香	五郎	陳琦
小姑	蕭燮君	柔	吳天芳
河東大娘	陸錦娟	侍女	俞美琴
焦母	金艷芳	劉母	姚忠麗
小廝	陳惠娣	丫環	本院演員
媒者	鄭采君	執燈者	本院演員

上海越剧院赴我国香港地区演出说明书

试看“雀喻”中的一段对白：

仲卿：河东大娘说，你我如同一对孔雀……孔雀……哈，比作一对孔雀！

兰芝：邻里歌颂之言，何必多提。

仲卿：是啊，歌颂之言，何必多提。不如提一些旁的！娘子，你看我家的新房！……不对！你看你我家的新房！摆满了你家的妆奁，不对！……摆满了你我家的妆奁……唔，也不对！我家原无妆奁！

兰芝：（嫣然一笑）。

仲卿：娘子，你笑得美也！

洞房春暖，焦仲卿激动得几乎语无伦次，随即唱出了“红罗帐，垂香囊。……青铜镜照出了俏面庞！”

台词似诗，唱词是诗。这是一部真正意义上的中国式诗剧。而全剧诗一般的语言特色，与汉乐府诗的风格，似乎是如出一辙。诗剧是原诗的延伸，是原诗所描画的卷轴的展开。当你坐在剧场里，不妨闭起双眼，细细听着演员为你悠悠唱来，耳畔回荡的无不是原诗的吟唱！这便是《孔雀东南飞》在戏曲语言上所达到的完美境界！难怪俞老会发出“以越为鉴，推陈出新”的感叹了。

《孔雀东南飞》与《梁祝哀史》，同样是一部在封建礼教摧残下的青年男女爱情悲剧，但在剧情铺陈的方式上，却大不相同。《梁祝哀史》用的是“欲抑先扬”的反衬手法；而《孔雀东南飞》则是以“巨蟒缠身”的手法，一步步地将男女主人翁逼至绝境。自第二场“雀难”始，悲剧的命运犹如一条无形的巨蟒缠住了这对不幸的青年，而且越缠越紧，直至窒息，一个投环，一个投河，遗恨千古。诗与剧，也皆成了千古绝唱！

南薇创作《祥林嫂》时，摈弃了以往写古装戏时常用的语汇，采用了全生活化的写实语言。但它仍是戏曲，而非话剧加唱。鲁迅先生原作《祝福》，通过作者第一人称的视角，来介绍祥林嫂这个悲剧人物。若以小说所提供的素材来构成一部戏剧，内容未免单薄了一些。南薇在创作过程中，塑造了“卫癞子”这个乡里流痞的形象。祥林嫂的改嫁、抢婚，都由他一手策划。戏剧矛盾冲突的对立面，从虚变实，撑起了戏的骨架。再则，原作故事平铺直叙，缓缓写来，似无高潮可言。作为短篇小说体裁而言，如此表述并无大碍。但要改编成直面观众的舞台剧，高潮戏却是必不可少的重要组成元素。于是乎，他又创造了一个“劈门槛”的情节。当有人调唆祥林嫂：“你嫁了两个男人，等你死后，两个死鬼一定都要抢你去做鬼老婆，除了被两个男人撕成两半之外，不会再有另外的结局。除非去庙里捐个门槛，作为替身，死后尚可免去分身裂骨之苦，也可解除眼前的磨难。”可是，善良的祥林嫂万万想不到，这一招并不灵验，她还是被东家赶出大门。无奈之下，她蹒跚地迎着朔风狂雪

电影《祥林嫂》说明书

走向破庙，迸发出阵阵呐喊！她问天，问地，问神，问鬼……向旧社会发起猛烈的质问，把戏推向高潮。

这三部悲剧是南薇先生所写悲剧的代表作品。

20世纪80年代初，范、傅受邀赴港演出，邀请方特地指名要南薇编导的《孔雀东南飞》参演。演出大获成功。甚至有年轻观众看完戏后，特地跑到后台，硬要见一见编剧南薇先生，缘由是他们在课文中学到过这首叙事诗，看了演出后，感到剧本与诗中描写的几乎一模一样，他们深为编者的功力所折服，所以要亲自来见上一面，以表仰慕之意。

俞振飞在1980年11月29日香港《文汇报》第10版上撰写长文《送“孔雀”南飞，祝载誉归来》，热情洋溢地盛赞了《孔雀东南飞》演出成功。他将傅全香比作“越剧程砚秋”，对南薇改编的剧本更是不吝笔墨大加赞扬，颇有惺惺相惜之意。

《孔雀东南飞》的剧本，南薇也曾“几易其稿”。东山剧院的范、傅演“孔雀”客满三个月后，出版了单行本。稍后，丁赛君、筱月英演“孔雀”，又客满三个月，人称“小孔雀”。20世纪80年代赴港演出前又作了一次大修改，将原先的“雀飞”“雀亡”“雀殉”合并成“雀亡”一场戏。

范瑞娟在一篇文章中写到有关修改“孔雀”的一段往事，她是这样写的：

后来，南薇又搬演改编过好些文学名著，其中有一出可称之为代表南薇在艺术上另一个新高峰的《孔雀东南飞》。这是1950年他根据我国著名古诗改编的。他写的这一剧本文学性高，辞章高雅，既保持原诗韵味而又明白易懂，还充分体现了剧中各个不同角色的性格。1980年我去香港演出此剧时，场场满座，不仅当地报刊大加赞扬，而且有不少青年观众来后台寻访南薇（当时他未同去），青年们告诉我说，他们在学校里背诵过这首古诗，非常熟悉这个故事，看了南薇改编的这出戏，觉得情节丝丝入扣，人物都写得活灵活现，真使他们看得出神入化，对这位编导的手法称赞不已。俞振飞老先生在上海观看该剧时也说他被感动而泪湿了衣襟。作为饰演剧中男角焦仲卿的我，很钦佩这位老艺术家的才华，不过我更钦佩他在工作中的虚怀若谷，听取他人意见。比如在排该剧时，《雀会》一场，最初是刘兰芝被休弃回娘家后苦等焦仲卿半年不至，当焦得知刘要改嫁信息后，焦赶去向刘评理。我演下来觉得别扭，不舒服，南薇听取了我的意见，改为焦怀着内疚，无可奈何的心情与刘会面。我这样演起来就顺多了，感情也容易投入了。这也应该说是他值得后人学习的创作态度。

越剧院从香港载誉而归，通知南薇到院里去一次，说是有礼品送他。他兴致勃勃赶去越剧院，收到的是一支能显示时间的圆珠笔。礼品虽如鸿毛，却也代表香港观众对他的期盼，激励他再创作出更好的作品，时日苦短，莫轻易忘却初衷。

二十六　他为滑稽戏开辟一片新天地

在上海越剧院筹备建院50周年之际，来了一位老人，他便是上海滑稽戏的传承人——滑稽戏著名演员杨华生，他不顾已过“古来稀”的高龄，亲自将他自己撰写的怀念南薇先生的文章《忆南薇》，送至上海越剧院。这份真情实意，着实令人感动。

滑稽戏的老一辈艺术家们还是非常重情谊的。在南薇遭遇困厄之时，不止一次伸出援手。而且不顾自身安危，仗义相挺，虽不能妄言肝胆相照，却可说是义薄云天。

南薇与滑稽戏的结缘是在20世纪50年代初，他不能忍受一些人在越剧界对他的打压和排斥，便率同韩义、朱铿一起参加了由杨、张、笑、沈领衔的大公滑稽剧团。所谓“杨、张、笑、沈”，是指杨华生、张樵侬、笑嘻嘻、沈一乐四位滑稽戏大家。

杨华生在《忆南薇》一文中是这样描述这段缘分的：

南薇同志和我们滑稽戏合作，是在1952年左右，那时我们“杨、张、笑、沈”与“程、刘、俞”合组的“合作滑稽剧团”，演出《活菩萨》已达一年零九个月之久；合久必分，“程、刘、俞”另组“大众滑稽剧团”，我们“杨、张、笑、沈”也另外成立了“大公滑稽剧团”。当时的滑稽戏处于创业时期，还没有成为一个正式的剧种，急待建立编导制度、排演制度、舞台制度和演出制度。我们求贤若渴，终于感动了南薇同志，他与韩义、朱铿等同志联袂加盟我们“大公滑稽剧团”，组成了阵容较强的“剧务部”，废除了手工业方式的“幕表制”，建立了正规的排演制度，先有定字定句的剧本，然后再排戏。通过南薇等同志的努力，我们剧团逐步正规化，剧种也因而从“雏形期”逐步转向“成熟期”，演出一批颇受观众喜爱的剧目，如《活捉》《两夫妻》《打得好》和《一贯道害人》等，我们至今也感激南薇等同志的辛勤和功绩。

南薇与“大公”合作了四年有余。杨华生将滑稽戏的成型归功于南薇，这是他对南薇先生艺术劳动的尊重和感激。其实这份荣誉应该归功于南薇和所有“大公”的演职员们，特别是杨华生、绿杨兄妹，以及笑嘻嘻等一大批有志于滑稽戏改革的人。这与南薇与袁雪芬早期在“雪声”的合作意涵相同。对此，杨华生心里也是亮堂堂的。所以他在文中一开头就这样写道：

南薇同志离开我们已经快 3 年了，我们都很想念他，他是一位非常有才华、有胆识而且卓有成就的好编剧、好导演。他所编导的《梁祝哀史》《祥林嫂》和《孔雀东南飞》等名剧，从 20 世纪 40 年代起直到现在仍具有强大的生命力，至今还不断在舞台上演出，在银幕和荧屏上出现，已成为优秀的传统剧目，是越剧艺术宝库中的精品；他在越剧发展和革新的历程中，起过不可泯灭的积极作用。他的逝去，是戏曲界的一大损失，我们将永远怀念他，深深地怀念他。

滑稽界的演员还是颇讲义气的。《阿 Q 正传》演出期间，剧团将海报印成半刋大幅彩印，秋香绿的色彩分外夺目，在上海南京西路、四川北路等商业街道的橱窗内，挨个儿贴了个遍；当年首演在四川北路“群众剧场”，在剧场门前竟用霓虹灯打上“南薇编导”字样。这在上海可以说是空前绝后仅有的一次壮举。

另外一件事，倒也值得一提。在《阿 Q 正传》演出当时，南薇正在外地排戏，突然接到黄佐临来电，叫他速回上海一叙。当他见到黄佐临时，黄佐临兴犹未尽地问他：“阿 Q 调戏吴妈这场戏，你是怎么想出来的？”原来叫他赶回上海，就是想问他这句话。

黄佐临作为上海人民艺术剧院院长，可能有事在心中酝酿。时隔不久，上海方言话剧和蜜蜂滑稽剧团并入人艺，以王山樵、邬赛文为首的方言话剧团和以姚慕双、周柏春为首的滑稽戏正式进了高雅艺术殿堂。黄佐临是否又有创办穷人剧团似的惊人之举，让话剧艺术涵盖通俗方言话剧和通俗喜剧，有意识地去突破话剧仅为知识分子欣赏的局限的想法便不得而知。

南薇先生在“大公”时间与在“雪声”时间相差无几，同样成绩斐然。“大公”众多的新戏都出自他的编导，如《拉郎配》《苏州两公差》《一仆两主》（意大利喜剧家哥尔多尼代表作）、《石库门》《活捉》《打得好》《两夫妻》《一贯害人道》《阿胡子全是爷》等，特别是《阿胡子全是爷》，它是根据民间故事“聚宝盆”而改编，最后一场戏，从聚宝盆里变出一个又一个“阿胡子”时，观众真笑喷了。可想而知南薇不仅善写悲情戏，写喜剧同样精彩。

对于南薇在排喜剧时的特点，杨华生总结得很到位：

南薇排戏有个特点，就是喜欢“拆剧本”。所谓“拆剧本”，就是把整个剧本的结构拆散，重新组合，重新“搭结构”，重新“砌台词”。这种搞法在别的剧种是很少见的，也是行不通的，尤其是话剧，可是对我们当时的滑稽戏，却刚刚好。南薇拆剧本不是高兴拆就拆，而是当时有些剧本实在太平淡，缺乏喜剧因素，实在不像滑稽戏，南薇才不得不拆，一经他七弄八弄，剧本“拆”得确实比原来要好得多，演员也心服口服。我们发现南薇绝顶聪明，点子多而且快，这说明他有才华、有胆识、见多识广，而且非常熟悉戏曲观众的心理，也熟悉舞台，更熟悉戏曲艺术的创作规律。尤其难得的是他能很快熟悉演员的创造个性，谁出戏快，谁出戏不快，哪些演员只要“点到为止”，哪些演员却非“重捶”不可，他心中都有数。他善于“碾发诱导”，调动演员的积极性。在排演场中，他既不盛气凌人，也不敷衍迁就，他善于和演员打成一片，他跟谁都相处得很不错，因此，他的话演员容易听得进，演员有什么好点子，他也乐于采纳。因此，当一个戏获得成功之后，很难分辨出哪些是南薇的创造，哪些是演员的创造。而是“你中有我，我中有你”，是导演和演员共同创造的成果。因此，我们和南薇合作很默契，很愉快。

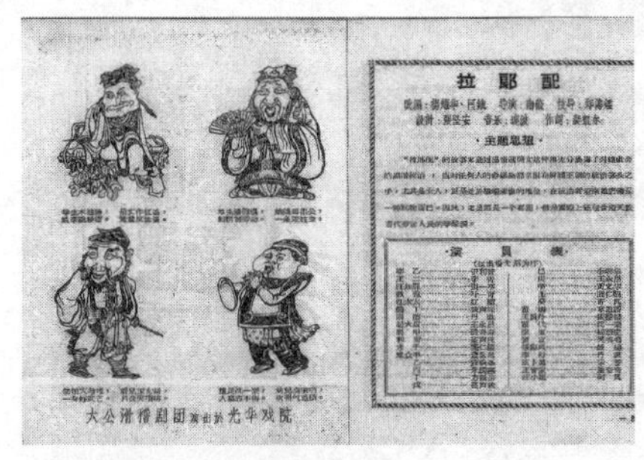

大公滑稽剧团演出说明书

喜剧演员多半天资聪敏，往往能自己想出些噱头和笑料，如果在排练场上，导演不采纳他们即兴创作的噱头，随后的排戏便会横生出许多枝节，导演和演员的矛盾往往变得难以调和。如果这个噱头适合角色的性格逻辑，他便会采纳。有时实在离题太远，南薇却能临场想出个既符合剧情又非常发噱的噱头，来取代演员即兴创作的噱头，演员们有了个更好的噱头当然会心花怒放，对这样的导演，岂能不心服口服。

到 1956 年那一年，南薇推出了他又一个经典剧本——《阿 Q 正传》。

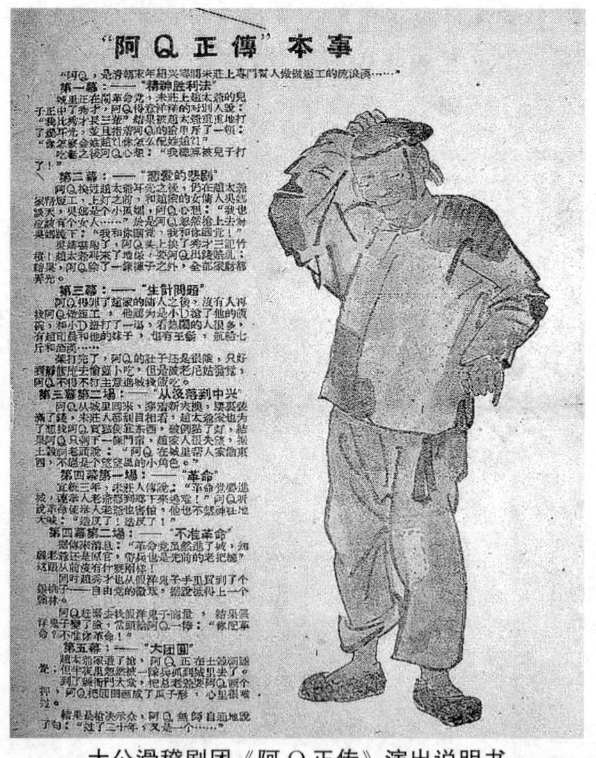

"阿Q正傳"本事

"阿Q，是清朝末年紹兴城郊未莊上專門替人做做短工的流浪漢……"

第一幕：——"精神胜利法"

城里正在鬧革命党，未莊上趙太爺的兒子正中了秀才，阿Q得意洋洋的对别人說："我比秀才長三辈"結果被趙太爺重重地打了兩耳光，並且指着阿Q的臉申斥了一頓："你怎麽会姓趙?!你怎么配姓趙?!"

吃虧之後阿Q心想："我總算被兒子打了！"

第二幕：——"恋爱的悲剧"

阿Q挨过趙太爺耳光之後，仍在趙太爺家幫短工，上灯之前，和趙家的女傭人吳媽談天，吳媽是个小寡婦，阿Q心想："我也应該有个女人……"於是阿Q忽然搶上去对吳媽跪下："我和你困觉，我和你困觉！"

吳媽嚇跑了，阿Q头上挨了秀才三記竹槓！趙太爺派來了地保，要阿Q出錢賠礼；結果，阿Q除了一條褲子之外，全部家私都弄光。

第三幕：——"生計問題"

阿Q得罪了趙家的傭人之後，沒有人再找阿Q做短工，他認为是小D搶了他的飯碗，和小D扭打了一場，看熱鬧的人很多，有趙司晨和他的妹子，也有王鬍，航船七斤和酒店……

架打完了，阿Q的肚子还是很餓，只好到靜修庵去偷蘿卜吃，但是被老尼姑發覺，阿Q不得不打主意進城找飯吃。

第三幕第二場：——"从沒落到中兴"

阿Q从城里回来，穿着新夾襖，腰里装满了錢，未莊人都刮目相看，趙太爺家也为了想找阿Q買點便宜东西，破例點了灯，結果阿Q只剩下一條門帘，趙家人很失望，据土穀祠老頭說："阿Q在城里帮人家偷東西，不過是个窃窃鼠的小角色。"

第四幕第一場：——"革命"

宣統三年，未莊人傳說："革命党要進城，連举人老爺都到鄉下来逃难！"阿Q听說革命使举人老爺也害怕，他也不禁神往地大喊："造反了！造反了！"

第四幕第二場：——"不准革命"

据傳来消息："革命党虽然進了城，知縣老爺还是原官，帶兵也是先前的老把總"这跟从前沒有什麽兩样！

同时趙秀才也从假洋鬼子手里買到了个銀桃子——自由党的徽章，据說抵得上一个翰林。

阿Q赶緊去找假洋鬼子商量，結果假洋鬼子變了臉，當頭給阿Q一棒："你配革命？不准你革命！"

第五幕：——"大团圓"

趙太爺家遭了搶，阿Q正在土穀祠睡覺；但半夜里忽然被一隊兵抓到城里去了。

到了縣衙門大堂，把總老爺要阿Q画个押，阿Q把圓圈画成了瓜子形，心里很难过。

結果是槍決示众，阿Q無師自通地說了句："过了二十年，又是一个……"

大公滑稽剧团《阿 Q 正传》演出说明书

最使我们难忘的是1956年纪念鲁迅先生逝世20周年时，南薇同志为我们编导了根据鲁迅先生原著改编的《阿Q正传》，推上了滑稽戏的舞台，我们不能不佩服南薇同志的魄力与胆识，因为滑稽一向是反映小市民生活为主，对演出鲁迅先生的原著，是连想也不敢想的。然而在南薇同志的再三鼓励和坚持下，《阿Q正传》终于上演，受到欧阳予倩、田汉、黄佐临等前辈的关注和鼓励，也吸引了不少知识界的观众。正如20世纪40年代在袁雪芬同志的支持下，南薇同志把鲁迅先生的名著《祝福》改编为《祥林嫂》一样，这使越剧艺术进入一个更高的层次，受到广大文化界人士的赞赏，也使越剧步入全国有影响力的大剧种行列。直到现在，越剧《祥林嫂》和滑稽戏《阿Q正传》都已成为优秀的传统保留剧目，这不能不归功于南薇同志的远见卓识和非凡的功力。

大公滑稽剧团《阿Q正传》演出说明书

南薇编导《阿Q正传》在1956年，编导《祥林嫂》在1946年，这两部戏分别是为纪念鲁迅先生逝世10周年、20周年而作。

二十七　《阿Q正传》不输《祥林嫂》

南薇为“大公”编导的滑稽戏，原稿多已无从查找，幸好《阿Q正传》的稿子还在。空暇时常常展读一番，终会令人有捧腹大笑的感受。可以毫不夸张地说，它的每一句台词都蕴含着笑点，这些皆是智慧的语言，虽然俚俗，但句句闪烁着作者的聪慧和匠心。

南薇先生才华横溢，不仅擅长写悲剧，更善于写喜剧。在越剧改革时期已初见端倪。“雪声”后期曾演出过南薇编导的一部喜剧《女贼》，在有一千多座位的九星剧场，从1956年9月28日演到10月27日，足足客满了一个月，可见票房不俗。但袁雪芬对它评价不高：“南薇编导的时装戏《女贼》，这是一出所谓调剂观众口味的喜剧，更是一出无艺术可言的闹剧。又因为文化界来函要求为大文豪鲁迅先生逝世十周年，以《祥林嫂》作为纪念演出，自10月19日至10月27日，夜场演《祥林嫂》，日场仍演《女贼》。”“日场演出的《女贼》是轻喜（闹）剧，夜场演出悲剧《祥林嫂》，演员是活生生的人，感情上跳进跳出，很难受……不能不说是演员的一种痛苦。”（《袁雪芬自述》第58页）

无论《女贼》是“无艺术可言的闹剧”也好，是无厘头“轻喜（闹）剧”也罢，实际上它是南薇在喜剧领域的初次尝试，可惜剧本佚失，但演出成功是毋庸置疑的，它几乎演满了一个月。

越剧排喜剧，难免有些非议，到了滑稽戏圈子里，却能如鱼得水，尽可任意遨游了。尤其在编导《阿Q正传》时，其技巧已趋成熟。

滑稽界一代宗师杨华生主演阿Q，他是第一位在舞台上演阿Q的滑稽戏演员，并将阿Q演得惟妙惟肖、活灵活现。他的夫人章翠雅，出身绍剧世家。他们二人彼此影响，相濡以沫，他不仅熟悉绍兴风土人情，而且说得一口标准绍兴话，唱得一口真价实货绍兴大班。他没有将阿Q演成一副猥琐相，每临大事，总能毫不在乎地用精神胜利法立马化解，而且能化解得若无其事。即便演出阿Q画供，也毫不畏畏缩缩，临刑前喊出一声“二十年后还是一条好汉”，人物性格十分突出。

杨华生饰阿 Q

《阿 Q 正传》共六场戏："精神胜利法""从小尼姑到吴妈""生计问题""原来是个小角色""造反了！造反了！""不准革命，大团圆"。

1956 年《阿 Q 正传》首演剧照

第一场是"精神胜利法"。精神胜利法是鲁迅先生赋予阿 Q 的一个标签，借阿 Q 形象鞭挞国民忍辱苟安，即便受了天大的污辱和欺压，也不思抗争，而是用自我嘲解的方式，来为自身的懦弱辩白。在黑暗笼罩的中华大地上，这篇小说振聋发聩，起到了警世钟似的效应。

南薇是如何用滑稽戏看似荒诞的市井语言来诠释这么一个严肃的主题的？

这场戏的场景设置在绍兴未庄的村梢头的"咸亨酒店"店堂里。戏一开场，酒店里的客人糟鼻子、航船七斤、小 D 已经喝得醉醺醺了，他们还在相互戏谑打趣，热闹非凡：

（酒店老板在店堂那里忙着。小 D 跷起一腿在桌边喝着酒。那个已经喝得醉醺醺的汉子，带着颗酒糟鼻子又跌跌撞撞地走到柜台边，添了半角酒。当他摇摇晃晃差点把手里的酒全泼翻的当口，航船七斤也来喝酒了。他同糟鼻子照了面。

糟鼻子：慢！碰翻了是要你赔的……

航船七斤：不碰，也翻光了！

糟鼻子：赔！

航船七斤：赔你死尸！我又没有碰着你。

糟鼻子：碰到我大赔赔！没有碰着小赔赔！

赔就赔吧，航船七斤顺手把坐在一旁的小D酒盅拿起，倒了一些在糟鼻子的酒器里。小D大叫："你怎么拿我的酒赔他?"航船七斤说："他吃醉了，你让让他，肚量要大些!"小D说："我赔了他，我吃什么?"航船七斤随手又在糟鼻子的碟子里，捞起几颗茴香豆，放到小D面前说："喏！吃两颗豆吧!"

寥寥几句对白，来回一折腾，将咸亨酒店里的气氛渲染得热热闹闹，乡土民俗，略见一斑。从城里撑船回来的航船七斤，给大家讲在城里看到的革命党杀头的新闻，看似惊悚话题，他表达起来又变得十分戏谑，让观众发噱。"我看见一个革命党，绑在囚车上去杀头。很多人都对他看，他也对很多人看。后来看的人当中有人哭了，他看见有人对他哭，他……"小D插了句"他也哭了?"航船七斤直摇头："不！他笑！他不像去吃刀，倒像是去吃酒一样。"于是话题又扯开去，糟鼻子马上扯到："吃酒和吃刀，也差不多。"他酒醉到糊涂地认为"吃刀"和他因吃醉酒被老婆"吃生活"是一码子事……

这些看似闲笔的台词，却将未庄的平民生活图卷十分形象地展现出来，日复一日，他们就是这样浑浑噩噩地打发着光阴，个性化略带夸张的语言让演员们尽可作淋漓尽致的发挥，阿Q出场前的铺垫戏已经是笑话百出了，而且毫无赘笔。

阿Q头上有点癞光头，所以他有个忌讳，在他面前不能说光、灯之类与光头有关的字眼。当有人说他想吃酒赖账时，他火气上来说到要"光火"的"光"时，马上将"光"字吞了下去。这时小D点了一下阿Q的忌讳："你不知道，他不许别人说……"阿Q"哎"了一下，小D马上解释："（赶忙指头）这个……他要多心!"接下来，糟鼻子故意挑逗他了：

糟鼻子：那么亮呢？

阿Q：也不许！

糟鼻子：那蜡烛更不能说了？又是蜡，又是蜡烛，有光，有火，又点得亮！

阿Q：你这个祖宗八代，绝子绝孙的青肚皮活猕！年纪活了这样一把，说话都不会说！

航船七斤：真的！你不会说保险灯，比蜡烛还亮！

阿Q：（揎拳勒臂地）你……

糟鼻子：保险灯能说吗？

阿Q：你敢再说?!

航船七斤：我说怎么亮起来了！有个保险灯在这里。

小D：灯也不能说的！

阿Q：还不能说？都说了两遍了！

小D：那怎么呢？

阿Q：他不打不舒服。

航船七斤：我就怕把保险灯打碎了！

糟鼻子：（狂笑）这是第三遍！

于是阿Q和航船七斤扭打起来。当航船七斤一把揪住了他的小辫子，就在墙上碰起他的头来。他碰一个头，众人就认真地喊着数目："一、二、三、四、五……"

阿Q：慢！捉冷刺！没有什么稀奇的！一大意，给你抓住小辫子。是好汉，放了手重新来过！

航船七斤：好！重新来过。

（松了手之后，阿Q忽而像没有事的一样。航船七斤摆好了阵势，等了他半天……

航船七斤：喂！

（阿Q不理。

航船七斤：喂！

阿Q：你叫谁？

航船七斤：叫你！

阿Q：做什么？

航船七斤：和我打呀！

阿Q：叫我和你打？犯得着吗？（指自己的癞头）这个不是每个人都配有的！也要有福气的人，才会有这个。他还不配！

航船七斤：你说什么？

阿Q：我说他……（虚指）他还不配！像我这样的头，你倒照式照样再去寻一个看？有没有一模一样的？

航船七斤：这倒是没有地方去找。

阿Q：哦！这就叫独一无二！少有拙见！老实讲，就是有得寻着，也没有像我这样好看的花头！

酒店老板：阿Q可以称得是天下第一个自轻自贱的人了！

阿Q纵然被打得头撞墙壁，过后照样可以自我化解。这只不过是小事一桩，让阿Q更难堪的事还在后头呢。

阿Q自认姓赵，与未庄最大财主赵老太爷是本家，当地保掮着牌子，敲着锣来报喜，说是本村赵太爷家的茂才少爷进了秀才！阿Q便随口说出满嘴轻视的大不敬的话来：

阿Q：这个小鬼，吃、喝、嫖、赌，混天糊涂！平时辰光，又馋又懒，分不出大蒜韭菜！我总说茂才没有出息，他居然会……

地保：什么？

阿Q：哈，哈！这对我也光彩……

地保：阿Q，你喝了多少？

阿Q：四两。

地保：吃了四两酒，骨头没有四两重，在发酒疯?!

航船七斤：真的，赵家的儿子进了秀才！你死下来，都弄不到口棺材！你光彩个屁！

阿Q：你们，你们懂屁！我和老赵，原是本家。

地保：那个老赵？赵太爷？

阿Q：就是！排起辈分来，我比茂才要长三辈呢。你们谁要不信，去把老赵找了来问问。去！你去找他来！

小D：我，我相信就是了。

阿Q：你相信不相信？

糟鼻子：这个，不可不信……不可全信！

酒店老板：要去找赵太爷问，我是情愿相信的。

阿Q：谁不相信，谁就去问。真金不怕……这个！（他指了指自己的脑袋）。

地保：（突然恭恭敬敬地打了个千）赵家的太爷爷，跟你报喜！

阿Q：唔！等一会叫老赵一起赏！吃两颗茴香豆。

地保：是！（又打了个千）我现在就到赵家去了！

阿Q：去吧！

地保：是！（倒退地走去）。

沈一乐饰小D

听到阿Q是赵太爷的本家，在场的酒客前倨后恭，对他恭维起来，他便洋洋得意起来。这时地保带了赵太爷一伙人气冲冲赶来，打了他几个耳光，赵太爷带来的真正本家赵白眼责问他："我看你这副长相，也没有一点姓赵的样子。我们赵家的人，从赵公明、赵匡胤、赵子龙、赵五娘，一直算到我赵白眼，从来没有一个像你这样的人！"临走地保还将他兜里两百文钱一股脑儿全拿走……阿Q仍然若无其事一般。

小D：阿Q，你怎么一声不响？

阿Q：谁说我没有响？你自己不听见，我响过的。

航船七斤：响过的，响过的！在赵太爷打他嘴巴的时候，我亲耳朵听见他"啪、啪"地响过好几声！

阿Q：哦，他就听到！还要怎么响呢？

小D：你的嘴巴怎么不说话？

阿Q：不看三十！（色）我的嘴巴一面在吃生活，一面还要说话，怎么来得及？

糟鼻子：真该死！我从来就没有想到你会姓赵！其实，我一想到赵太爷姓赵的时候，我应该马上想到你决不会姓赵！真该死！

航船七斤：你刚才好像不是这样说的?!

糟鼻子：其实，不管他姓不姓赵，在我们未庄，已经有了赵太爷姓赵了，也就差不多了！

（忽然，阿Q自己在脸上，狠狠打了个巴掌。

小D：你做什么？阿Q!

阿Q：我打他们。

小D：你打的是自己！

阿Q：他们走了，打不到他们了。我只好一面想着他们，一面把自己代他们打几下。

航船七斤：这账怎么算法呢？你不痛吗？

阿Q：笨虫！我现在不打也痛的。痛终归是痛了，利害点，不利害点罢了。一口气总算出了！(哼起了绍剧)：“奴奴生来一枝花……”

小D：咦！他好像没有被人打过一样！

阿Q：你懂屁！我老早想好了，现在的世界太不成话！儿子打老子，你想长三辈呦！“奴奴生来……”有赵太爷这样一个儿子，那也不简单！给赵太爷这样一个儿子打，更不简单！你去找找看，在未庄，给他亲手打过巴掌的，还有谁？只有我！“……一枝花……”

阿Q挨了赵太爷耳光，还叫他今后不允许他再姓赵，他连打自己几个耳光，还把这次挨打说成是“儿子打老子”，虽然被打，但精神上阿Q自认为自己仍是“胜利者”。

如此严肃的主题，南薇将它化作一地鸡毛，几段笑料。这便是喜剧的魅力。

第一场戏最后，阿Q又与另一个酒客起了冲突，他又被人揪了辫子挨了打。

小D：差不多了……一拳、一拉、一冲、一跌，现在是一把辫子……

糟鼻子：那又要在墙头上碰头了？

阿Q：君子动口，小人动手。

王胡：我不是君子是胡子，不动口，碰头！

阿Q：慢！你把人家碰坏了，要赔的！慢！轻一点……

王胡：一、二、三、四、五……

阿Q：慢！都是碰五下。

王胡：这不是儿子打老子，是人打畜生！

阿Q：打虫好不好？我是虫！

王胡：什么虫？

阿Q：老虫……

王胡：你还老？(欲碰头)

阿Q：硬壳虫……

王胡：还要硬？

阿Q：软的，软的，毛毛虫……

王胡：不许说毛毛，是臭虫！

阿Q：臭虫，我是臭虫……

迎面来了个静修庵的小尼姑，阿Q认为今朝倒霉原来是遇到了个小尼姑，于是理直气壮地调戏了一下小尼姑，抖抖一身晦气，他又自鸣得意了。

第二场戏“从小尼姑到吴妈”，场景在赵太爷家的厨房。阿Q因为动了春心，遭来意外祸祟。

阿Q“调戏”吴妈，自然他也说不出什么花言巧语，只因为上次摸过一趟小尼姑的脸，感觉小尼姑的脸上有点“滑腻腻”，让阿Q心里“痒嘻嘻”，这让他有点蠢蠢欲动了：“他妈妈的！不知道是小尼姑的面孔，有一点滑腻腻的东西粘在指头上呢；还不知道是我的指头，在小尼姑的面孔上磨得滑腻腻了？害得我心里痒嘻嘻……吃也不定心，困也困不着，可知女人是个害人东西。要是小尼姑的面孔上不滑腻腻，我心里就不会滑腻腻。假使小尼姑的面孔上罩层布，我也不会痒嘻嘻……去年，我看社戏，我在戏台下也拧过一个女人的大腿，就因为隔一层裙子，我没有痒嘻嘻。少见！少见！现在我不但痒嘻嘻，外加有点滑腻腻……”又因为吴妈是寡妇，听烧饭的邹七嫂讲，讨个寡妇做老婆也是“积阴功”，免得绝子绝孙。邹七嫂也是苦苦守节的孤孀，她自称“孤孀守了十八年，幸亏得，有个十一岁女儿倒还聪敏”，赵太爷也托媒与她，要她替自己买个寡妇做小老婆，弄得太太醋心大发……阿Q听了这些颠三倒四的话，怎么能心里不“痒嘻嘻”？等厨房间只剩下吴妈和阿Q两个人时，就发生了阿Q“调戏”吴妈一节戏：

阿Q：吴妈，我想积阴功……

吴妈：一个人应该积点阴功。

阿Q：吴妈，你没有儿子吧？

吴妈：儿子、女儿都没有。

阿Q：那女婿也就不好有了！不孝有三，无后为大，断子绝孙。

吴妈：就是这样说！唉！

阿Q：慢慢再养一个！

吴妈：要死了！你当我什么人？我男人早死了，我在守节呢！

阿Q：痛痛的，守他做什么？（前面吴妈曾将守节的节比作疖子）

吴妈：我要不守，早就嫁了。这里的老太爷，要买一个小的。我没有肯……

阿Q：这样大的人做小的，我也不肯！

吴妈：对了。别的倒还好，这里太太醋心重！阿Q，你觉得热吗？怎么一面孔的汗？（阿Q拭了汗）你一定吃得太多了！把衣裳脱下一件吧！（果然，阿Q脱了布衫，现在只剩了件马甲了。）

阿Q：你真会服侍……服侍穿，服侍吃，照顾冷，照顾热，高兴同我讲讲，气闷给我打打……

吴妈：你们男人，就是这点不好。高兴时讲讲，气闷了就要打打。

阿Q：我气闷的时候比较少，僻得开，不在乎。

吴妈：这倒是真的。看你总是高高兴兴的。

阿Q：吴妈，你高兴不高兴？

吴妈：我高兴。

阿Q：我同你大家高兴。

吴妈：你知道，太太一天饭都没有吃。要这个醋瓶子气得这样，好不容易呢！为来为去，老太爷要买个小的。

阿Q：小孤孀？

吴妈：一点不错，老太爷欢喜孤孀，说是会养！

阿Q：不孝有三，无后为大。

吴妈：就是这样说的。太太偏不答应。她说，我们的少奶奶不是孤孀，怎么八月里也要生孩子了？太太说，只要是女人吆，都会养的。太太今年五十八岁，相信自己也会养的。因为是女人！

阿Q：女人……

吴妈：老太爷偏不相信！最后太太把恁据都拿出来，那天，关帝庙求来的一张谶，详出来说是有四子送终！老爷还是不信，说关帝庙和尚不规矩，所以谶诗不灵。

阿Q：和尚动得……

吴妈：最后老太爷也拿出了恁据，是静修庵的老师太同老太爷批的一张命书。你知道老师太是会算命的？她算出了太太和老爷犯克的。老爷命宫里的子息是很旺的，但是都给太太克脱了。太太说，她最看不惯静修庵的尼姑，说她们是私娼！

阿Q：小尼姑滑腻腻、痒嘻嘻……

吴妈：你那里痒？我帮你搔搔！

（忽然，阿Q抢上去对她跪下了。

吴妈：啊呀，搔搔痒算什么？还跪下！弄弄就这样！别人看见了像什么？

快起来！

阿Q：起来……我同你困觉，我同你困觉……

吴妈：什么？我做人不来了……

阿Q：积阴功！老爷也积得！和尚也积得！

（一刹那中很寂静。

吴妈：（发抖地）啊呀……

（她大叫地往外跑，且跑且嚷。并且后来哭了……

吴妈大哭大叫，惊动了赵府上下，吵吵嚷嚷寻找这个非礼吴妈的淫棍，阿Q也帮助大伙儿一起找……戏演到这里，大家都在找阿Q，观众也知道是在找阿Q，偏偏阿Q不知道众人要找的就是他自己，他还在一个劲儿自己找自己，糊里糊涂还在凑热闹。这是一种矛盾喜剧的模式，这种结构确是真正的喜剧架构，法国喜剧大师莫里哀通常都会用这种手法来制造笑料。这也就是让黄佐临啧啧称奇的一场好戏……

当众人将稀里糊涂的阿Q制住，叫来了地保，并让阿Q赔偿每个人损失费。各式各样稀奇古怪的赔偿要求，地保逼阿Q都答应下来，等众人索要赔偿费时，阿Q说："我没有钱。"要赔家里只有一条棉被，送进当铺也能当个两千大钱，算下来还嫌不够，还剩身上一件布衫，吴妈这个被损害被侮辱的当事人只有赔到一件布衫，最后还被赵家少奶奶撕去一大半去作了未出生孩子的尿布，所以剩下来的一小块布头，只好做做鞋面布。这就是吴妈得到的赔偿。

这场戏一开头，饰演吴妈的绿杨还有一段精彩表演，因阿Q在赵府帮短工舂米，夜里还要加班劳动，因此太太特许夜里点灯。吴妈向邹七嫂介绍时，碍于阿Q在场，顾及阿Q忌讳，凡提到灯字，只能用手触触阿Q头皮，引得满场哄笑："因为夜饭吃得早，一吃好大家就准备困觉，所以平常是绝对不出点……（指阿Q头）这个的！今朝是例外的，因为阿Q来做短工。少奶奶关照过，阿Q舂米，可以点这个……因为不点这个……房里就没有……唔，这个，看不见；一点这个……房里就有了这个……看得见……"吴妈指手画脚的表演，演得神乎其神，一本正经，而且她越是一本正经，观众越是笑得起劲，真是妙不可言！而阿Q也感激吴妈的善解人意，对她的好感平添了许多。

阿Q被赶出赵府，未庄所有的人不是避开他，就是躲着他，也没有人再雇他当短工。他以为一定有人抢了他打短工的活儿，排来排去，只有小D身强力壮，会抢他活干。终于在静修庵前，与小D相遇，仇人相见，分外眼红，他上前大喝一声："畜生！"小D不想与他纠缠，马上讨饶：

小 D：我是虫，好不好？

阿 Q：什么虫？

小 D：老虫……

阿 Q：你还老？

小 D：硬壳虫……

阿 Q：你还硬？

小 D：好……我毛毛虫也不说了，我是臭虫！

阿 Q：呸！这都是我说过的话。

小 D：那你要怎么样呢？

阿 Q：打！（他摆出了阵势）。

于是他们扭打起来。

小 D：我从前又瘦又没有力气，常常给你吃吃！现在也不一定给你吃吃！（航船七斤喝彩）

阿 Q：你不给我吃吃，现在我也没有力气，大不了给你吃吃。（航船七斤喝彩）

小 D：大家吃！（摆阵势）

阿 Q：吃！

阿 Q 拉住小 D 辫子，小 D 也拉住了阿 Q 的辫子，大家用另一只手护住辫根，成了势均力敌的架势，他们像木人打架一样，上前三步，退后三步，不时哄起一阵喝彩声。但这场龙虎斗，终于没有斗起来。

阿 Q 是饿得实在强硬不起来，只好到静修庵里挖只萝卜充充饥，却又偏偏被小尼姑、老师太撞见，害得他从狗洞般的篱笆下钻出，落荒逃去城里。

过了中秋节，阿 Q 从城里回来了。听邹七嫂讲他穿的新夹袄，腰里还挂着大褡裢，重重的，里面都是钱！吴妈也讲："此番阿 Q 回未庄，城里回来真风光，腰里挂只大搭把，洋钱放得满堂堂。身上背着大包、小包，完全是新衣裳。邹七嫂买了便宜货，所以来替我讲。她买了一条绸裙子，天蓝颜色亮光光。阿 Q 只要九角洋钿，七嫂立刻买定当。价钿公道、货色灵光，人人看见勿肯放。风声四面传开去，都去向他买衣裳。赵司晨的老太太，真是一副好眼光！三百钱买件洋纱衫，是七成新的小衣裳。大红花头、金玉满堂，做工好得不能讲！要占便宜是好机会，勿会再有第二趟！”

赵家沸腾了，从赵老太爷到秀才娘子，一个个丑态百出算计着从阿Q那里买些什么便宜货，可等到阿Q告诉他们东西都卖完了，他们又不约而同说起阿Q的坏话来了。

宣统三年九月十四日。城里人造反了！据传有钱人家举人老爷为了躲避革命，也逃到乡下来了。有这么个好事？阿Q也要造反了！他想入非非：“哈，哈，舒服！舒服！造反有趣！革命党白盔白甲，个个手里拿着板刀、钢鞭、炸弹、洋炮、三尖两刃刀、钩镰枪……未庄的狗男女一个一个跪在地上叫阿Q爷爷饶命！哼！一个也不饶！第一个该杀的是地保，嚓！赵太爷，嚓！还有秀才，嚓！还有假洋鬼子，嚓！通通拉到刑场上，嚓一刀！小D，王胡本来也要嚓，现在马马虎虎不嚓。元宝、洋钿，对了，我卖给他们的洋纱衫、褡裢袋，要拿回来！再有，秀才娘子一张宁式大床，先搬到土谷祠。红木家生也要，自己是不动手了，叫小D来搬！要搬得快！搬得不快打嘴巴！得得锵锵，呀、呀、呀、呀得，得锵锵，得，令锵令锵……我手执钢鞭将你打……”

还没等他把梦做完，真的革命党，那个挂了个银挑子的“假洋鬼子”钱少爷来了，他带头革了“静修庵”的命，把庵里值钱的宣德炉什么的都革走了，等阿Q再赶去“革命”，竟什么也没有了，还被抓去当了替罪羊。

张樵侬饰警长

大堂上，叫阿Q画供画了个圆圈，阿Q嫌供状画得不圆，要重画一个：“难板画，总要画得圆一点……”临刑时，他还大呼一声：“二十年以后，又是一条好汉！……”

南薇对鲁迅先生始终抱着景仰态度，并三度改编了鲁迅先生作品。他为越剧写了《祥林嫂》，《祥林嫂》成了越剧里程碑；他为滑稽戏写了《阿Q正传》,《阿Q正传》成了滑稽戏的经典。从这一系列的作品中，不难看出南薇在话剧编导上的才华和天赋。

南薇（后右5）与大公剧团合影

二十八　“春草”一曲，响遍九州大地

从1956年起，一些人对南薇进行排斥的事态越来越严峻，连一些区级剧团都不敢请南薇排戏。

在此之前，南薇除了为大公滑稽剧团排戏，还为沪剧名家杨飞飞排了《王魁负桂英》《宝莲灯》，为王盘声排了《光绪与珍妃》，为另一位滑稽戏名家小刘春山排了《戏迷传》等戏。收入尚能维持日常开销，在此以后，便日渐捉襟见肘。

这段时间也是南薇最困难的时期，家中儿女甚多，无处排戏，无所收入，油盐柴米，学费水电，可是一刻也不可或缺。偶尔尹桂芳和戚雅仙剧团请他排个《梁祝哀史》，只能各自请他到她们家里去排，排的时候还要拉上窗帘，生怕被人察觉，一旦传扬开去，对剧团和南薇都是绝对不利。而演出海报、广告、说明书上，则随便换上个人名，冒名顶替一下蒙混了事，总算能遮人耳目。

就在这全方位封杀南薇之时，忽然来了一线生机。

宁夏回族自治区来上海请求一越剧团支援宁夏，自治区有关领导求贤若渴，亲自登门邀请南薇支援少数民族地区文化事业，说是中央对少数民族地区政策特别宽松，之后还要办个电影制片厂，电影、戏剧都要仰仗南薇的大才。一片诚意让南薇欣然心动，他与第二任妻子郑孝娥，随即一同踏上北上的列车，远赴西北宁夏。

宁夏三年，三分之二时间，二度被下放农村“体验生活”。手无缚鸡之力的南薇如何熬过宁夏的酷暑严寒，已不得而知。每当夜色临空，在农舍羊栏旁，仰望着沉寂的天空，借问一声老天，天涯茫茫，终有尽头，这下放体验的生活，何时方能见到个头啊？

但终究还是有个尽头。后来，南薇找了个机会返回上海。

南薇这次返沪，可以说是溃逃，没有了户口，没有了口粮，他也不考虑考虑如何生存，便不辞而别，贸贸然回到上海。幸亏有些朋友仗义帮忙，其中有一位就是飞鸣越剧团的鼓板师傅裘樟火。

裘樟火是嵊县人，打了一辈子的鼓板，在越剧圈里人头熟，人缘好，人脉广，他多次介绍南薇到福建等地剧团排戏。最兴旺的时候，顺昌路家中天天门庭若市，剧团里邀角的总务在他家中坐等他去排戏，飞鸣越剧团另一位好友戴子和便当了他义务的临时大总管，为他张罗接待，安排到各地剧团排戏日程事宜，忙得不亦乐乎。

裘樟米为南薇介绍的第一个剧团是福建泉州晋江专区越剧团。当地文化局推荐了两个莆仙戏剧本，让他选取一个准备地区会演，尽管有些粗糙，但他慧眼识宝，挑中了《春草闯堂》。经他移植成越剧剧本后，剧情丝丝入扣，喜剧矛盾更为突出。通过他别具匠心的导演，剧场效果达到爆笑终场的程度。演出时，经常有其他剧团全团前来观摩、拍照，结果造成全国上演“春草”的热闹场面。他所设计的舞台调度，纷纷被人借鉴、临摹、翻版。作曲金笳，50 元钱一套，光卖曲谱就卖了三十余家。据说他用这些款项还添置了一架上好的钢琴。

贵谿越剧团《春草闯堂》剧照（一）

贵谿越剧团《春草闯堂》剧照（二）

一石激起千层浪，短短几个月，“春草”遍地开花，各地越剧团争先恐后抢排，基本全国越剧团体都演过《春草闯堂》，而且其他剧种也纷纷移植改编。

这是继《阿Q正传》之后，南薇又一次显示了他处理喜剧题材的超凡才华。无论从改编角度，还是从导演的手法，都体现了他独特的风格。即便将喜剧处理成闹剧，也是越剧界导演中较为独特的，更何况他处理的风格仍属于轻喜剧。

南薇一眼看中《春草闯堂》剧本，是因为这个剧本的结构就是典型的喜剧架构，矛盾冲突的展开方式本就是喜剧型的。因此他尽可能保留原作风貌，在结构上作了调整，唱句台词仅改动了三成左右，使得整出戏一气呵成，紧凑明快，毫无赘笔。

故事情节早已家喻户晓：相府千金李半月，带了贴身丫鬟春草、秋花，去华山上香。遇到吏部尚书之子吴独调戏，这可是朝廷重臣的子弟，可谓一等一的小霸王。在李半月危急之际，被侠士薛玖庭相救。吴独贼性不改，转眼又去强抢民女，薛玖庭愤而挺身阻挡，不料打死吴独。薛玖庭赴知府衙门自首，春草见恩公见义勇为闯大祸，不及禀报小姐，当即尾随其后，来至府衙。胡知府刚坐堂审案，气势汹汹来了诰命夫人，她来至堂上二话不说，硬要胡知府将薛玖庭立马击毙堂下。胡知府刚要举签行令，春草闯上堂来，与诰命夫人当庭抗争，一个是尚书夫人，一个只是相府丫鬟，情急之时，春草冒认薛玖庭是相府姑爷，相府姑爷的分量压倒尚书公子应该绰绰有余了吧。这下可热闹了，胡知府以为只要巴结上相爷，便可青云直上，加官晋爵，于是送婿进京，结果弄假成真。相国面对六部大臣，甚至前来道贺的太子和钦差，无计何施，只得假戏真做，成全了这凭空飞来的姻缘。

不妨举些南薇在执导《春草闯堂》时的几处神来之笔，来看看他如何驾驭喜剧这匹放荡不羁的烈马来制造笑点的。

戏一开始，花花太岁吴独公子出场，南薇有意不用戏曲传统四个龙套来伴同，而是让三个恶奴家丁跟随其后，一行人边唱边舞，招摇过市。吴独公子与三个“龙套”将那种盛气凌人、目空一切的丑态演绎得淋漓尽致。他们或嬉闹，或逗趣，或寻衅，或作弄，左右穿插，满台横行，看似无章法，仔细一推敲，不难发现，这一招一式，无不经过精心设计。事后，南薇先生告诉身旁人，说这种种变化均是从龙套程式“蛇蜕壳”演化而来。但当人们在看戏时，怎么也看不出“蛇蜕壳”的套路踪迹了。

公堂认姑爷的戏，让春草出尽风头，她与诰命夫人唇枪舌剑，毫无惧色。但是吏部尚书夫人的权势太大，春草无奈之下，暂且冒认个姑爷，想搪塞一下，谁知惹下大祸。胡知府十分精明，他当然先要证实这个姑爷是真是假，以便权衡轻重，是靠拢相国呢，还是依附尚书，这是有关仕途升迁的大事，他必须亲自去相府求证。而春草为了掩饰自己的谎言，只能千方百计地以谎瞒谎，既要稳住小姐左右为难的情绪，又要消除知府大人的疑惑。所以在去相府求证的路上，春草想方设法拖延时辰，制造一个又一个笑点，但终究还是走到了相府大门口。

她不能让知府直接进府见小姐呀，公堂擅认姑爷，小姐一无所知，贸然相见，岂不一下子露馅？所以春草又编造一通话来吓唬吓唬知府大人：

小姐生来金玉姿，
老爷爱如掌上珠！
慢说你是个小知府，
就是三尽童子，
八十岁的老管事，
不奉呼名也不敢放肆！
说什么无私有弊，有弊无私，你倒试一试！
管教你，乐极悲生，无活有死！
……
我小姐精通文墨知诗书，

会客素来很矜持。
她先换罗衫后换裙，
扫过蛾眉理青丝，
贴罢翠钿点额黄，
抹了花粉再涂胭脂，
哪怕你是个张天师，
纵有法道也无从施。

胡知府算是被春草吓唬住了，可过小姐这一道坎却比登天还难，春草好说歹说，小姐始终不答应认这门子亲啊。春草实在没有办法，于是脑子动到另一个丫鬟秋花头上，让秋花冒充小姐，再蒙一下胡知府。

李半月小姐身旁的两个贴身丫鬟，一曰春草，一曰秋花。春草是主角，当然出尽风头。而秋花是个陪衬，台词寥寥。排戏的时候，南薇为她设计了许多小动作，使她成为一个遇事会自作聪明却憨厚可爱的小姑娘。结果，四两拨千斤，后半场戏的笑点，有许多都出在秋花身上。试看：

春　草：小姐不答应也罢，我应付知府！秋花，事到如此，小姐不认，只有你认！

秋　花：我不来，好端端地去认上个姑爷则甚！

春　草：谁逼你去认什么姑爷来！秋花！

秋　花：怎么？

春　草：我告诉你……（耳语）

秋　花：（吃吃而笑）我装不像！我装不像！

春　草：只要端起个架子，告诉他姑爷是真的，就完了。你凶些，他胆小如鼠，又不敢看你，你有什么装不像的？

秋　花：端起架子，告诉他姑爷是真的，就完了？

春　草：就完了！

秋　花：这个倒便当。

（春草下。秋花放下珠帘，坐于帘内作小姐态，忍俊不禁；又觉在内不妥，复又掀帘而出，坐下。

春　草：（内声）胡大人，走好！

胡知府：嗯。（与春草上）

春　草：胡知府，身在相府，只准低头，不准抬头！

胡知府：这是为何？

春　草：我家小姐脾气不好，不许人家偷看。谁要偷看，她一哼，就要死！

胡知府：好怪的脾气，我记下了。烦大姐从旁多多用心，千万劝小姐这个哼字，少哼为妙！

春　草：这个自然。（秋花上）小姐来了！

（秋花缩回，被春草拖上。

（胡知府低头躬身而进。

胡知府：小姐在上，西安知府胡进有礼。

秋　花：嘻，嘻，嘻！（以手掩口，吃吃而笑）

（胡抬头，春草急按其头，又止秋花笑。

秋　花：你问吧！今日到相府来有什么事情呀？嘻，嘻，嘻！

春　草：人家还未问呢！告诉他姑爷是真……

胡知府：（欲抬头，春草急压下，以身遮之）小姐在上，本府有一事特地到府请教，伏乞小姐以实相告。

秋　花：叫你问，你就问，问过了，我告诉你，就完了。多啰唆什么！

胡知府：（自语）这个小姐怎……怎么这样粗俗？只因吴独公子打死民女张玉莲，有解元薛玫庭路见不平……

秋　花：可以说了？说了告诉姑爷是真，就完了！

胡知府：原是春草大姐告诉我说姑爷是真，是不是真，本府特来请问小姐一声，务望小姐不吝下告。

秋　花：对呀，对呀，薛玫庭真是小姐的姑爷，小姐的就是我的！我都中意他了！你赶快回去将他放出来！凶些！不然的话，写信告诉老爷，抽你筋，剥你皮！凶不凶？

胡知府：哎凶，哎凶，哎……凶！

（春草上前止秋花，胡知府抬头与秋花四目相对。

秋　花：完了！哼呵？他的胆一点都不像老鼠，总在看着我呢！

春　草：胡知府，你好不规矩，身在相府，一个头像乱钟一样，举上就落下，落下又举上！

胡知府：哎呀，春草，这分明不是小姐，你为何瞒骗本府？

紧要关头，李半月只能露脸，告诉他："相府女婢岂能骗你！"眼前的疑惑可能解除了，但胡知府毕竟是老官场，老狐狸，他不敢全都相信，为谨慎从事，特地派了王守备进京再探虚实。

相国闻听王守备禀告，勃然大怒，即写了一封回书：“一封书信字八行，殷勤问及薛家郎。道路人传是我婿，老夫不取他东床。首付京都见我面，升官备宴将你赏！”

此时李半月和两个丫鬟也赶到京城，春草、秋花想出办法糊弄王守备，计赚回书，将“不”字改成“本”字，“付”字改成“府”字，回书性质突变：“一封书信字八行，殷勤问及薛家郎。道路人传是我婿，老夫本取他东床。首府京都见我面，升官备宴将你赏！”

接下来，胡知府送婿上京，相国府假婿乘龙，将戏推向高潮。

南薇所排春草，小噱头不可胜数，尤其别出心裁，将一个小角色秋花排得出神入化，个性十足，让《春草闯堂》的红彩自始至终不断。

有时再观其他剧种搬演，达不到爆笑终场效果的原因恰恰就是小秋花这一环没有处理好。失之毫厘，效果截然不同。这便是导演的高明之处。

南薇这段时期，辗转江、浙、赣、闽、皖，为福建泉州、沙县，江西贵谿，江苏苏州、丹阳、镇江，安徽芜湖等越剧黄梅戏剧团排戏。排了《春草闯堂》《洛神赋》《红粉金戈》《李慧娘》《黄道婆》《晴雯》《罗帕记》《燕尾令》《鲛绡泪》《夫妻桥》等，可以看出成果丰硕。

值得再补上一笔：南薇为苏州越剧团编导了根据川剧改编的历史剧《夫妻桥》。凑巧川剧原版《夫妻桥》，与苏州越剧团的《夫妻桥》，以日夜场形式，在同一剧场相遇。结果，无论从剧场效果、演出质量、票房成绩，两者竟大相径庭，这就令川剧院领导大为诧异。领导不仅让全团演职人员观摩越剧演出，观后还组织讨论：为什么原版《夫妻桥》演不过改编的《夫妻桥》？当时院领导得出一个结论，这是导演因素在起作用。于是礼贤下士，亲自登门求教，又谱下一段艺坛佳话。

苏州越剧团《夫妻桥》剧照（一）

苏州越剧团《夫妻桥》剧照（二）

二十九　南薇笔下敫桂英

王魁负桂英的故事搬上戏剧舞台已有700年历史，在《南词叙录》和《太和正音谱》中，尚残存部分曲文，而真正流传民间的却是清光绪年间赵尧生所作的《焚香记》。田汉、安娥创作的《情探》就是以赵尧生的《焚香记》为蓝本改编的，由东山越艺社首排，傅全香和范瑞娟主演，导演便是南薇。杨飞飞的《王魁负桂英》首排导演亦是南薇。复排时由于一些原因，南薇礼让商周执导。南薇对《焚香记》其实是非常偏爱和喜欢的，其实他自己也改编过该剧，手稿犹存。但田汉是他的至交，他不愿做夺友人所爱的不义之举，宁可将手稿封存箱底。有时为了帮助剧团提高演员的演技，他曾以单出形式相授，一招一式，精心设计，回味无穷，足可传世，可惜难以再现。我们只能从文字中欣赏当年的风采。

南薇改编的《王魁负桂英》共分六幕：焚香、赴考、义责、书负、折证、情探。

海神庙内，王魁饥寒交迫，敫桂英出事相救。两人各有一组唱段，声情并茂，词意华美，不妨先摘录少许：

杨飞飞饰敫桂英

齐唱　　　　北风萧萧雪纷纷，
　　　　　　玉龙腾起舞银鳞。
　　　　　　梵钟声声唤痴迷，
　　　　　　古庙何来焚香人？

（莱州，北市深巷名妓敫桂英，携婢小菊，冉冉步雪而至。

齐唱　　　　原是那，莱阳名妓敫桂英，
　　　　　　虔诚踏雪来还愿心。

小菊：唱　　　　　姐姐你，大病初愈来把香焚，

　　　　　　　　　小菊我，也有个心愿要告神明。

敫桂英：鬼丫头，人大心大！如今也有起心事来了！不知你有什么心愿，要向海神爷祝告？

小菊：少停，待姐姐焚香拜佛之时，我就跪在一旁附告，就说信女小菊，每次伴同姐姐前来参拜菩萨，总未曾许过什么心愿。今番却要相恳菩萨，施施神威，为我桂英姐姐觅个如意郎君！

敫桂英：啐！我说你哪里又生出什么心愿来了？都是与我嚼舌！

小菊：姐姐！

　　　唱　　　　　纵然你，艳名遍传莱阳城，

　　　　　　　　　难不成，烟花丛中了终生。

　　　　　　　　　坐看年华如流水，

　　　　　　　　　美人迟暮伤飘零。

敫桂英：唱　　　　感菊妹为我谋终身，

　　　　　　　　　厚义深情也真诚！

　　　　　　　　　如意郎君本难求，

　　　　　　　　　须仗慧眼去辨认。

　　　　　　　　　海神岂管男女事！

小菊：海神爷管不管姻缘之事，谁也难说。我只祝告我的，且看他……

　　　唱　　　　　有无知己到风尘！

主婢二人寥寥数语，道出委身烟花巷中的敫桂英内心深处的美好憧憬和强烈愿望，也为日后王魁的忘恩负义致使敫桂英幻想破灭、痛不欲生，最终悬梁自缢，留下了合乎情理的伏笔。

反观王魁偶遇敫桂英患难相救，才能赴京应试，种种深情厚爱，一旦春风得意，便风吹云散。接下来这一段是王魁落魄时和仆人王忠的对答：

（济宁王俊民，失意下第后，迫于贫病，困卧莱阳。是日，偕老仆王忠，行乞于飞雪寒霜之中。正好踉跄地朝着望海阁走来……

齐唱　　　　　　　海神庙里权栖身！

王忠：唱　　　　　纵横泪眼结冰凌！

王魁：唱　　　　　肢寒骨冷，步履艰辛。

王忠：唱　　　　　主仆俩，频借呵气暖心神！

王魁：王忠！
王忠：少主人。
王魁：唱　　　　你我主仆，客地沦落举目无亲，
望海楼下苟延残命。
今榜落第万念灰，
好一似，凄切寒蝉吟也无声！
岂承望，红梅白雪黄昏近！
王忠：少主人，千万保重才是！
唱　　　　眼前的休戚犹浮云。
且挨到，春风动，愁雾尽，
少不得，御风破浪遂平生。
伸了凌云志，慰了先人灵，
更不枉，十数载，风晨露夕、鸡窗灯火的苦光阴！
但看这，彻骨寒梅，老枝劲挺！
王魁：唱　　　　再休提，雁飞鹏程、鱼跃龙门！
浮槎上青云，今生嗟无份，
也非关胸中少经纶。
论文章，我倚马立就如拾芥，
行艺显著，籍籍有声名！
殊不料，命途坎坷多乖舛，
贫病交加濒绝境。
还道甚，龙虎榜上题名姓，
看将来，生死簿中早圈定！
王忠：唱　　　　相公宽怀善自珍，
病中还宜节忧愤。
得失荣辱寻常事，
壮志雄心莫消沉！
而今蹭蹬何足论，
曾几何时，你鹤立鸡群，当奏赋宸廷！
哎呀，相公呀！
你当是，少年擢魁的第一人！
王魁：唱　　　　愿早日，冰消雪融报春信！
王忠：是呀！

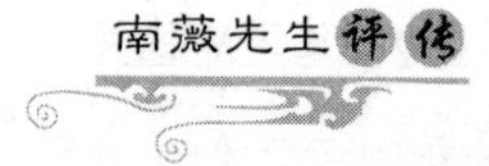

唱　　老天也有怜才意，
　　愿早日，否极泰来，得以光耀门庭！

王魁进京赴试，敫桂英在鸣珂巷翘首以盼，谢绝风尘。鸨儿威迫利诱，她自对王魁的海誓山盟坚信不疑：

谢妈妈：唱　　你须知，潘安的容颜狼虎的口，
　　球儿的心肠，一滚就走！
　　漫道他，口不如心，有前无后，
　　怕叫你，受他亏负，无人担羞。
　　儿已然，花残叶瘦，何不早回首？
　　茹苦含辛怎生受？
　　依着儿的娘，娘把聘礼收它个够！
　　你自穷究，别效燕侣鸾凤俦！
敫桂英：唱　　你看我，犹如无篷无缆无舵的舟，
　　便把儿，明珠暗投，随波逐流？
　　你那富家郎，狂施计谋空下钩，
　　宁笑我，这章台柳，也不嫁他飞禽走兽！

但她等来的偏是事与愿违的凶讯：

小菊：我念于你听！
（又咳了几声假嗽。
小菊：（念）“王魁具柬寄桂姐妆次……”叫你桂姐？
（她感到了这称呼的疏远。
小菊：（念）“自别姐赴京，侥幸得中。刻蒙韩老相爷招赘……（她顿了顿，便一口气念完了这信）韩老相爷招赘，即日成礼。既有新婚，难践旧约。白银二百两，以报贤姐两年恩爱。小诗一章，略表王魁一片心意：比翼连枝愿已乖，休得薄倖怨王魁。只因憔悴章台柳，怎向琼楼玉宇栽？”
（桂英抢过书信，抖了一阵，便扑向几上……
齐唱　　比翼连枝愿已乖，
　　休得薄倖怨王魁。
　　只因憔悴章台柳，

怎向琼楼玉宇栽?!

敫桂英：只因憔悴章台柳，怎向琼楼玉宇栽！

(她忽地朝门外奔去，被小菊阻住。

小菊：姐姐！

敫桂英：菊妹啊！

唱　　这一张无情的纸儿，断了两年欢！
两年，共苦同甘、嘘寒问暖，
指望他，鳌头独占，天长地久永相伴！
他竟然，一朝富贵把旧欢捐，
我为他情牵意缠，蜡成灰，泪未干！
那负心汉，他藕丝轻断，藕丝断！

齐唱　　山盟海誓顷刻完！

小菊：唱　　你毋心酸，
事已如此哭也徒然！
权且从长计议……

敫桂英：唱　　……也谅难挽转！
菊妹呀，他既然嫌我是章台柳，
何必当初又许誓愿?

小菊：唱　　姐姐啊，如今万事更休管，
你还须，强装笑颜把事瞒！
被妈妈知道何以堪?
她会到处传！

敫桂英：唱　　满腹辛酸难出口，
万感交集思从头！
我欲去京都……

齐唱　　去京都！

小菊：姐姐，他都负了你，还去则甚?

敫桂英：唱　　我问他，问那薄倖郎，缘何将我负！

小菊：唱　　那禽兽昧心忘了旧，
姐妹们待你请谊厚。
你应念，我们相交如手足！

敫桂英：唱　　听你诉说我心忧！
菊妹啊，非我不念姐妹情，

我见姐妹，更添满面的羞！
王魁！
如今我，如鬼似魔，没路奔投，
弥天恨，九霄云上浮！
若非是，佛无灵，神不佑，
我便到九泉，也索将你那魂儿勾！

敫桂英绝望之中，无路可走，只身直奔海神庙。便是在这座海神庙，她仗义挽救过王魁的残命；也是在这座海神庙，她与王魁海誓山盟，海枯石烂永结同心；更是在这座海神庙，她与王魁在海神爷面前立下重誓。此时此刻，她要在海神庙殿前折证，求海神爷还她个公道：

敫桂英：唱　　恨漫漫，苍天无际……
齐唱　　天无际！
敫桂英：唱　　你闪得我，无靠无依！
我好比，断线的风筝，折枝的连理！
又好比，银瓶坠井，菱花落地！
我眼巴巴，将心托月……
（白）指望……
齐白：指望……
敫桂英：唱　　……指望夫荣妻贵！
他恶狠狠，
春闱报捷，便忘恩失义，
白茫茫，风涛一片愁云低！
虚飘飘，举步难移！
海神庙里去折证，海神爷啊！
（桂英行及庙前，跃跪尘埃。
敫桂英：信女敫桂英，与济宁王魁，结为夫妇。两年以来，相亲相爱，那王魁上京应考之时，也曾同在海神爷殿前，焚香发誓：死生祸福，各不相负！若违盟誓，女沉苦海，男坠刀山！如今王魁，侥幸得中，竟负初心，休弃于我，别娶韩女为妻。海神爷！菩萨！你就该与我速赐勾提折证才是！
唱　　叹绮年，寄风尘，
与王魁，天涯咫尺结同心。

他是末路穷途下第归，
我是怜才怀悯托终身。
两年间，相亲相爱复相知，
每夜伴读到三更。
春闱既近上京取应，
我双双，同往州北，神前焚香设誓盟！
铁铮铮，道生同欢笑死同悲！

（白）菩萨

唱　　到头来，他口是心非忘、忘……忘了恩！
果如他，春风得意中魁选，
别恋红妆翠眉欺神灵！
但得神圣施恻隐，
休书纹银是凭信！
勾了他的魂来折证，
我便死黄泉也把冤伸！
海神爷啊！

（白）海神爷，那日殿前焚香设誓，男不重婚，女不再嫁。他今鳌头高占，雀屏中选，是负了前盟，你是怎的不管？你怎的不问？你聋了？你哑了？敢莫是求你的人多。你忘记了？倘忘记了，就叫判官查对……判官老爷，那王魁昧心欺神，是你亲眼得见。望你与我查对则个……小鬼哥哥，这是非曲直，你定然都知。你就该与我代禀一声，纵不代禀，便提一句也好！如何？你等都不肯言语？我知道了，看将起来，这天子门生，宰相女婿，便尔等也奈何他不得！好恼！好气！海神爷，你好无理！一任我敫桂英，倾诉含冤！我是一问一吞声，一悲一悲啼！尔等偏是充耳不闻，闻而不答，分明辞穷理亏，欺我孤零！

唱　　判官不为我作证，
小鬼也立意不传禀！
闻人言，海神爷，正直无私求必应，
却不道今宵全无灵！

（白）嘘……嘘……难道我打你不得？哎呀，诉说无益，打有何用？

（庙祝走了出来。

庙祝：这位小娘子，天色不早了。此处海风很大，及早回家去吧！

敫桂英：我是不回去的了啊！我要问你，是不是海神爷就只管海上的风涛？这人世间含冤负屈之事，是不管的了？

庙祝：小娘子，不要如此！海神爷有求必应，你若有所求，是无不应验的！

敫桂英：既是如此，那就好了！我就是跪死在此，又有何憾？海神爷！

齐白：海神爷！

敫桂英：唱　　望求神圣将我念，
勾摄王魁到殿前！
……

（桂英出了庙门。

敫桂英：唱　　海神爷也不敢，得罪那王魁，
人心难测天心晦！
相思寸寸俱成灰，
猛听得，孤雁儿嘹嘹呖呖……

齐唱　　嘹嘹呖呖地叫……

敫桂英：唱　　叫声悲！
那王魁，在那绣帏罗帐成双作对，
可怜奴，今夜晚，孤孤单单，
在这海神庙侧，倚砖枕石，无家可归！
宁使海风吹得心肺碎，
也强似，血泪盈眼，愁云锁眉！
我呼苍天！

齐白：天！

敫桂英：唱　　……天如醉！

（白）爹……娘……

唱　　我叫一声爹娘……

齐唱　　……他骨已成灰，骨成灰！

敫桂英：唱　　敫桂英，有何辜？有何罪？
偏遭暴雨打，狂风吹！

（白）海神爷要我回去，庙祝也要我回去，只是，今夜要我回到哪里去？回到鸣珂巷去？我怎能过得了那种日子？回到姐妹们那里去吧？我也不能忍受这样的耻笑！啊呀，我只有死啊！有道是死了，死了……是啊，我若是死了……便什么都完了……

唱　　满腔烦冤毋庸诉，

星月无光天地愁！
王魁！

齐白：王魁！
敫桂英：我要你的命！
齐白：要你的命……命……命……
赴黄泉！

王魁无情无义，传书家奴捎回莱阳街坊间的传言：

小的闻，街坊上，人言纷纭，
望大人，闻此言，休顾忌。
尽说道娼妓明大义，
敫夫人，在大人微时曾相济，
似不应，共得患难，不能共富贵，
好端端，反把送命的休书寄！

王魁负了桂英，心存愧疚，终日忐忑不安。王魁在负心负义与锦绣前程两者之中，选了后者。在舞台上，南薇圆了桂英的梦，于是王魁只有乖乖跟随敫桂英去海神庙走一趟！南薇把“情探”这一场戏处理得节奏紧凑，佳句连篇。笔者不忍割舍，摘录于下，供大家共赏：

王魁：唱　　独步画廊万籁静，
见签押房中，一灯如豆闪不停。
狺狺的犬吠，更漏近，
这更漏，打得我，魂牵梦萦，别恨离愁感慨生。
鸣珂巷，两年整，
与桂英妻，浓浓情、蜜蜜意、深深恩。
夫妻原是同林鸟，
为的是，未到大难就离分。
想从前，卿共我、我共卿，卿卿我我共一心，
不尽的温存，不尽的情！
谁叫你，刚烈成性，
命薄如桃花，薄于秋云！

天若有情天亦老，
王魁空负薄倖名！
念过去，你有恩，我有情，你我有恩有情恩情重，
到而今，人面去，桃花落，无处问！

（白）唉！这本账，早已一笔勾销！思也无益。敫桂英哪，敫桂英！今生是我用的情，前世是你修的命！啊！垣墙外，为何阴风飒飒？

敫桂英：唱　　阴风飒飒……

（敫桂英率鬼卒至。

敫桂英：唱　　……星月无辉
相思血泪流满腮，
顷刻间，化为孽海！

鬼卒：前面黑气罩天，便是王魁的寝室了！

敫桂英：唱　　状元府邸好气派，
今宵梦断也悲哀。
你看他，绿窗红灯照绣帏，
那还记得，凄风苦雨卧长街？

王魁：唱　　人生莫做亏心事，
每闻风声，便疑祸胎！

鬼卒：唱　　万丈孽火暴如雷，
趁此刻正好性命追！
索命债，将他拘至阴阳界！

敫桂英：唱　　你慢思裁！
且等待，权忍耐！
犹恐他，旧日恩情依然在
我愿求神灵，撤销追魂牌！

齐唱　　痴情女子好痴呆！

（鬼卒啾然隐去。

敫桂英：唱　　且向纱窗叩玉钗！

王魁：观书眼双垂，和梦赴阳台。

（桂英静立少顷，未见响动。乃闪身入室。触景伤情，感喟万状……

（王魁秉烛复出。

王魁：似听铜环鸣，无风门自开。呀！
　　唱　　灯花儿倒卷好奇怪！

（见敫桂英）呀，你是谁？

敫桂英：是我啊！

王魁：是你……你找谁？

敫桂英：我找状元公道喜呀！

王魁：唱　　面庞儿恰是旧相随，
　　你是何方女裙钗？
　　却为何，挤眉弄眼假作痴呆？

敫桂英：唱　　眼前分明是意中人，
　　映入眼帘却成怪！
　　状元公，你可曾记敫家有女孩？

王魁：唱　　你是人？是鬼？
　　这……这……这……是祸？是灾！
　　我朱门洞户未曾开，
　　春色如何进得来？

敫桂英：唱　　状元公，你熟读文章用车载，
　　这些许小事竟费疑猜？
　　你可知，我潜踪秘迹上春台，
　　都只为，鱼水旧情曾相偕！

王魁：唱　　鱼儿已然跃龙门，
　　扶摇直上云天外！
　　你深夜擅闯状元府，
　　纵有原委也有罪！

敫桂英：唱　　我含辛茹苦为谁来？
　　不想你无端将我怪！（悲啼）。

王魁：唱　　可怜她，一寸相思一寸灰，
　　相思成灰亦可哀。唉！
　　你休悲啼，莫伤怀，
　　只为你，千山万水骤然来。
　　既无鱼雁事先至，
　　又无婢仆随身带。
　　你飘忽生烟行踪乖，
　　这情由令人好费解！

敫桂英：状元公猜疑的原是这个！待我先与状元公道喜，再慢慢地诉与

你听！

王魁：不必如此！

敫桂英：状元公身体可好？

王魁：我问你路上的事，身体有何不好？

敫桂英：但得郎君玉体安康，便是奴家万幸了！

王魁：我问你路上的事，不必啰唆！

敫桂英：状元公，我千里迢迢，来到这里。难道你，竟听不得我三言两语么？

唱　　自从郎君赴秋闱，
往事如烟萦心怀。
你可记得？为求功名夜读书，
我亲伺君侧奉汤水；
你可记得？朔风萧瑟难入眠，
我与你，裹足取暖两相偎；
你可记得？你偶感风寒病垂危，
华佗再世难挽回。
海神庙，问卜求救我立重誓，

（白）只要郎君，起死回生。

唱　　我愿意，减却阳寿整六年。

（白）状元公，你还记得不记得？

王魁：记……记得又怎样？

敫桂英：唱　　风露侵袭摧肝肺，
只怕是，旧病复发成祸害。
一纸药方传千里……（取出药方，递于王魁）
为郎君，驱凶化险消病灾。

王魁：唱　　肺腑言，声声哀，
王魁闻听心也碎。
莱阳欢聚多恩爱，
此情景，几番长夜入梦来。
感念她，千山万水不畏险，
况且她，花容玉貌依然在……

（白）呀，不可！

唱　　章台柳岂容相府栽？

韩丞相知道怎调排？
王魁纵然把良心昧，
停妻再娶本无奈！
一片苦衷天可鉴！（对桂英）
何用药方消我灾！（掷药方）

（白）如今我锦衣玉食，岂会有病？即便有病，也有人侍候。

敫桂英：侍候有人，更是奴家万幸了。请问状元公，侍候又是何人呢？

王魁：你听了，本官蒙当今天子，钦点一十七省头名状元。恩上加恩，宠上加宠，钦命入赘韩相府第。你要问侍候我的人么？就是一品当朝，韩宰相的堂堂小姐！

敫桂英：贺喜了！敢问状元公，万岁爷是管众人婚姻，还是专管状元公一人的婚姻？

王魁：哎呀，厉害！听她之言，要告我停妻再娶了！我且搪塞她一番！（对桂英）这万岁爷专管状元、宰相两家的婚姻。

敫桂英：更可喜了。既是如此，我就要请见有福有命的状元夫人，听听遵旨成婚后的教训！

王魁：真是多此一举！雪花纹银二百两，书信一封，早送到济宁敫家庄。那就是成婚后的教训！

敫桂英：倒是有劳状元公费心了！但不知你那教训二字，从何说起？

王魁：你回去自然明白！

敫桂英：我回去则甚？

王魁：你不回去，又则甚呢？

敫桂英：回去？回到你读书的书斋去么？

唱　　　梨花落，杏花开，
梦绕长安十二街。
夜深和露立苍苔，
到晓来辗转书斋外。
这纸儿，笔儿，墨儿，砚儿，
件件般般，都是郎君在！
泪洒空斋，泪洒空斋……
只落得，望穿秋水，不见一书来！

王魁：情到不堪回首难，事如春梦化尘烟！还提它则甚！

敫桂英：四月初旬，算来是京城发榜之期。奴家又到海神庙焚香祝祷。奴说道，海神爷啊！

唱　　你生时忠义死时威，
香烟鼎盛传万代。
我郎君，落拓青衫一秀才，
要保他，神思敏捷、文章入时、笔底生辉！
莫使他，春愁如山落第归，
寒窗苦读化流水！
求神灵，且念我，四礼八拜心至诚，
果然是，马前呼道状元来！

王魁：我那文章，也是得意的！岂是下笔有神助？

敫桂英：抬头三尺有神灵！那日晚间，海神爷却来示梦。说郎君不但科名显赫，而且是……

唱　　红鸾星，照妆台，
连理枝头花重开。
怕只怕，绿珠红粉闪光彩……
醒时倚枕费疑猜！
莫不是魔梦生灾怪？
岂有这，风涛神管我风流债！

王魁：呀！

唱　　一霎时，碧纱窗外阴风吹，
潮打芦苇如鬼魅。

（白）莫非真有神道？可怕！可怕！

敫桂英：前事不说，但说如今。

唱　　我为你，迢迢千里涉尘埃，
今宵明月入君怀。
纵不说，女英娥皇双凤飞，
却也愿，再续三生丝萝带。
春光未老芳华在，
你怎忍心，抛下名花不肯栽？

王魁：唱　　但听她，呖呖莺声实可哀，
惊世容貌仍姣美……

（白）呀！

唱　　华堂已有新人在，

岂容她举案再齐眉？

（白）你速速回去吧！

敫桂英：状元公三思！当初困卧街心，彼此相逢，是何等光景？及后南坡送别，海誓山盟，又是何等光景？

王魁：哦？你敢奚落下官！你本烟花弱质，我不念你当初薄薄恩情，今夜冒闯相府，早送你到枉死城去了！

敫桂英：状元公倒还记得当初恩情！奴也正是割舍不下当初恩情，才千里到此，婉转求你呀！

唱　　黄金屋，不须开
芙蓉帐，依然垂。
任凭你，凤颠鸾倒多欢爱，
我纵然，屈居偏房也心慰！

王魁：唱　　她，她，她，春蚕临死犹缠绵，
痴情不悔亦悲哀！
且容她偏房度残岁……

（白）啊呀！不可，不可呀！

唱　　压妻为妾岂可为？
此事倘若传扬开，
状元公脸面恐涂炭！

（白）常言道，宁可我负人，不可人负我。

唱　　一任她，口吐莲花巧言乖，
我横下心肠断祸胎！
谁人见天网尽恢恢？
身后事，谁去管它是与非！

（白）你去吧！

敫桂英：事已如今，情知做妾，也是无命。望状元公开一线之恩，格外修好，容我为奴作婢，得免饥寒。

唱　　可怜我，孑然一身难依赖，
尘世茫茫无处归。
不做妻妾做奴婢，
也免我，冻饿长街抛尸骸！
且念我，跋山涉水苦难耐……

王魁：事已至此，我不问你的来路，只要你的去路！速速地去吧！

敫桂英：唱　　　　你恩断义绝，莫贻后悔！

（闻鬼卒吼声。鬼卒上。

王魁：唱　　　　莫不是，相府有人来？

　　　　　　　　勘破机关怎下台？

（白）敫桂英，你再不走，我要你的命！

敫桂英：我有几条命，容你要的?!

王魁：死不要脸……（手击桂英）。

敫桂英：（趁势捉住王魁，示意活捉）负心贼子！我在海神庙中，早已悬梁自缢。如今奉命，捉拿王魁！

（鬼卒拉王魁下。

（敫桂英随下。

南薇导演的“情探”这一段戏一波三折，回味无穷，曾作为单折为合肥越剧团、芜湖黄梅戏剧团排演过，好评如潮。现如今只能权且作为案头欣赏，聊供缅怀。

三十　后期佳作《阿倍仲麻吕》

南薇

20 世纪 70 年代末，“文化大革命”刚结束，南薇惊魂未定，去湖北黄石散心探亲。他亲侄女刘秀娣在黄石某医疗单位当护士。正巧刘秀娣有位同事的母亲，刚从秦城监狱平反，住在女儿处休养，她便是黄慕兰。这位令人尊敬的革命老人文学修养极高，能诗能文，古道热肠。两人相遇，意气相投，谈诗论文，几成莫逆。当听到南薇遭遇时即愤然不平，便亲自带领南薇上京到中宣部申诉。

中宣部让上海提报一份撤销处分报告，然后由中国作家协会出面，恢复了南薇的中国作家协会会籍。

青年黄慕兰

南薇后期的艺术创作，日趋成熟完美。南薇后期创作的作品中有一出完全称得上上乘力作的历史剧：《阿倍仲麻吕》。不妨借此剧剖析一下南薇后期创作上的艺术成就和特色。

《阿倍仲麻吕》描画了盛唐时期，日本国所派遣的遣唐使中，一位曾在唐朝做过官的日本使臣阿倍仲麻吕的传奇故事。

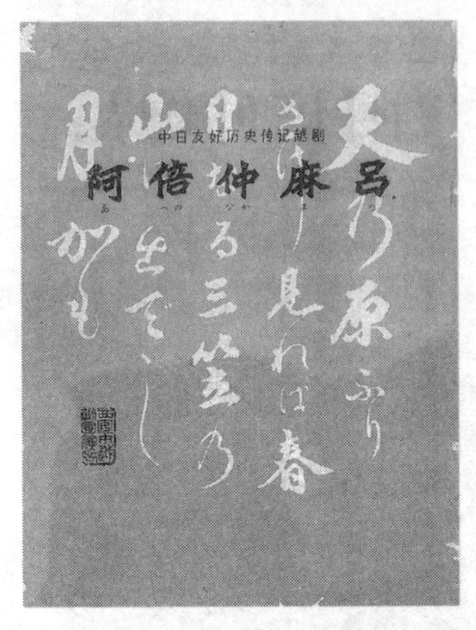

西安市越剧团演出说明书

该剧创作，可追溯至20世纪80年代。为纪念西安与奈良缔结友好城市五周年，西安市越剧团决定创作《阿倍仲麻吕》以示纪念。任务被分配到在团任职的韩义身上。要创作如此重大的历史题材作品，资料又异常匮乏，韩义深感力不从心，于是邀好友南薇、金笳前去加盟。南薇在文学和戏剧结构上，尽可独当一面；金笳精通日文，对日本的风土习俗知之甚多；而韩义则在舞台设计、人物造型、头饰服装诸多方面十分擅长。就此三人默契配合，一台大唐盛世的历史画卷，终于如期绚丽多姿地展现在观众面前。

西安市越剧团演出剧照

阿倍仲麻吕（高剑琳）

阿倍仲麻吕于公元717年，以遣唐留学生身份远涉重洋，来至长安，客居54年，为玄宗赏识，官至“左散骑常侍”“安南都护”等职，卒于770年。阿倍仲麻吕汉名晁衡，通音律，精诗文，与当时文坛学士交往甚密，尤其与李白、王维、储光羲等名流情谊深厚。李白与仲麻吕留下的两首小诗，成了该剧创作的主要依据和素材。

李白诗《哭晁卿衡》：

日本晁卿辞帝都，征帆一片绕蓬壶。明月不归沉碧海，白云愁色满苍梧。

阿倍仲麻吕《望乡诗》：

翘首望东天，神驰奈良边。三笠山顶上，想又皎月圆。

剧情没有拘泥于首尾连贯的故事形式，而是放在大唐盛世的大背景下全方位地展开的，气势恢宏，场面壮观。全剧通过描写阿倍仲麻吕一生中的几个关键的转折点，将阿倍仲麻吕多彩多姿的人生展现得淋漓尽致，光彩照人。戏剧矛盾冲突则是通过阿倍仲麻吕与几组人物之间的关系，交错地将剧情推向一个又一个的高潮，可以说是高潮迭起，张弛有度，显示了作者深厚的功力和高超的技巧；从而增添了全剧的厚重感、纵深感，拓宽了历史的视野，加深了剧情的观赏性和真实性。

剧中塑造了阿倍仲麻吕的两位红粉知己，一位是青梅竹马的未婚妻小野樱子，一位是曲江池畔的公孙皎月。

小野樱子（沈雅璋）

公孙皎月（张昆莲）

虽说阻隔千里，烟波浩渺，两段感情戏处理得仍是有情有致，耐人寻味，意境隽永深远，令人神往不已。

阿倍仲麻吕的未婚妻小野樱子有两场重头戏。

一场在日本平城京（即奈良市）东郊三笠山麓的阿倍仲麻吕家院子里，即第一场“遣唐去国”。小野樱子对总角之交，童年时的侣伴朦朦胧胧的初恋感情，随着阿倍仲麻吕游学日期的临近，变得清晰起来。小野樱子之父，也是阿倍仲麻吕的启蒙老师，小野信夫发觉了女儿的心思，在阿倍仲麻吕临走时许婚，相赠祖传古剑，以壮行色。小野樱子亲绣剑囊，作为定情之物。二人相约学艺归国，再结丝萝。三笠山下，依依惜别，远涉重洋，风波险恶，离情别绪，无限伤感。

第六场“薨下凶耗”，仍是在日本平城京，彼时，唐招提寺初建成。小野樱子听闻阿倍仲麻吕随同大唐高僧鉴真法师东渡返国，前来探视。不料返日途中，风暴施虐，阿倍仲麻吕所乘之船折回大唐，生死未卜。鉴真法师只捎回小野樱子亲绣的锦囊一枚。小野樱子手抚锦囊，悲痛欲绝，唱出郁结在心头的肺腑之言：

手抚剑囊泪涔涔，
岁月难磨旧时情。
岂能忘，三笠山下芳草坪，
花前月下盟同心。
岂能忘，去国遣唐登远程？
风声、浪声、叮咛声。
你说道，学成归国再相逢，
古剑绣囊寄情深！
阿倍兄，自从含泪送君行，
夜夜神驰渭水滨。
我望断海天孤帆影，
花开花落几度春。
早盼君，晚盼君，
却不料，盼来了空囊……却不见君！
阿倍兄，你魂兮可曾归故郡？
只盼你，游魂儿夜夜入梦境！

阿倍仲麻吕的另一位红粉知己公孙皎月，乃是长安城内赫赫有名的剑器大师公孙大娘之妹，深得剑器浑脱舞真传。杜甫曾有诗推崇公孙大娘剑舞出神入化、艺冠京都："昔有佳人公孙氏，一舞剑器动四方。观者如山色沮丧，天地为之久低昂。"公孙皎月则是南薇杜撰，灵感可能来自"三笠山顶上，想又皎月圆"的诗意，其剑术当系其姐亲授，似是八百里秦川一位风尘女侠！阿倍仲麻吕在曲江池畔邂逅李白、皎月，惺惺相惜，终成莫逆。而后在"安史之乱"大祸陡降之际，为了保护阿倍仲麻吕的安全，皎月临危挺身，不惜玉焚。在第七场"望乡赋怀"中，阿倍仲麻吕渡海遇险，在明州普陀山养伤，遥望一轮皎月，恍惚之间，皓月渐渐变大，映衬出皎月婀娜的舞姿，转身移形中，又化作小野樱子的倩影：

他喃喃吟哦，情愫万钟……
海天佛国寄萍踪！
又一年，金风送爽丹桂香浓。
蟾光浮动海潮中，
波涛雷鸣震耳聋。
恍惚间，海难惨烈眼前涌……
你可曾，天佑哲人趋吉化凶？
……
樱子呀，你深情叮咛响耳畔，
我与你，未绾红丝先离鸾。
你临别殷勤赠剑囊，
芳心伴我度险难。
三笠山下分别后，
这永日相思怎割断？
我思乡不见乡关路，
望乡只见白云卷！
我相思犹如茧中蚕，
何日里，破茧成蛾回家园？
到如今，我病卧海岛伤未愈，
思人难遂意中愿！
对月吟就望乡诗……
吟　　　　　　　翘首望长天，

神驰奈良边。
三笠山顶上，
想又皎月圆……

阿倍仲麻吕与李白、鉴真的交往，又构成戏的另一个侧面线索。一个是大学士，一个是大和尚；一个是诗坛泰斗，一个是佛门祖师，南薇怎么将他俩贯穿成戏的？这里就显示出作者的功力了。阿倍仲麻吕与李白以诗为友，结下了深厚的友谊，从李白《哭晁卿衡》的诗中，不难体验到大诗人激昂跳动的脉搏。但诗与戏毕竟是两码事，于是便设计了“护释谪仙”这一场好戏。律宗大师鉴真意欲赴日传灯，遭到扬州刺史刁难。在王维、储光羲的斡旋下，阿倍仲麻吕答应亲赴宫中向杨贵妃求情。

李白（刘文辉）

鉴真（许瑞春）

须知杨贵妃是玄宗跟前最得宠的人，她若答应相助，什么疑难之事立马迎刃而解。阿倍仲麻吕求情之时，正值高力士为报脱靴之仇，在背地“触壁脚”，诽谤李太白。阿倍仲麻吕仗义执言，慷慨进谏：

杨贵妃（胡申棉）

李学士，是千年难得一奇士！
却难免，恃才傲物言有失。
娘娘你，爱才如渴天下知，
望娘娘，怜才惜才多宽恕！
微臣我，愿免官去爵保学士，
求娘娘，网开一面免惩处！

从而使李白幸免于难，放归林泉。这样一来戏就天衣无缝地黏合成一个整体。

所以，曲江流觞、诗仙雅兴、胡姬风韵、剑器浑脱、李白被贬、鉴真东渡、椒房专宠、安史之乱、阿倍游学、别绪离情……通过南薇的精心布局组合，大唐天宝盛世的生活场景展现得一览无余。戏剧冲突丝丝入扣，毫无拖沓累赘之感。

西安越剧团演出时，日本奈良市文化界曾专程组团前来观摩，并给予很高的评价。

南薇、韩义、金笳返沪以后，再度精心修改，将《阿倍仲麻吕》更名为《大唐樱花录》，由虹口越剧团演出。

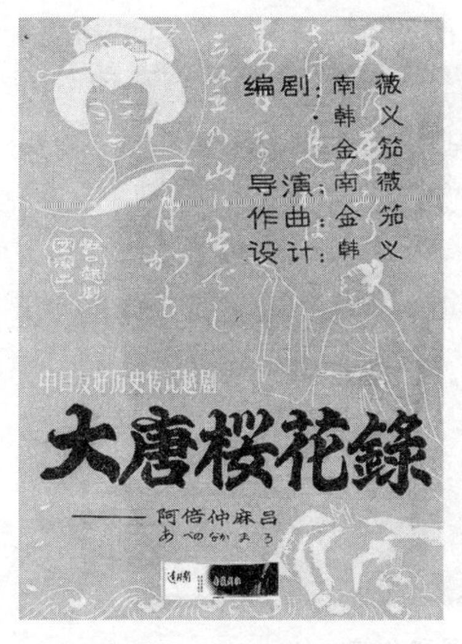

上海虹口越剧团演出说明书

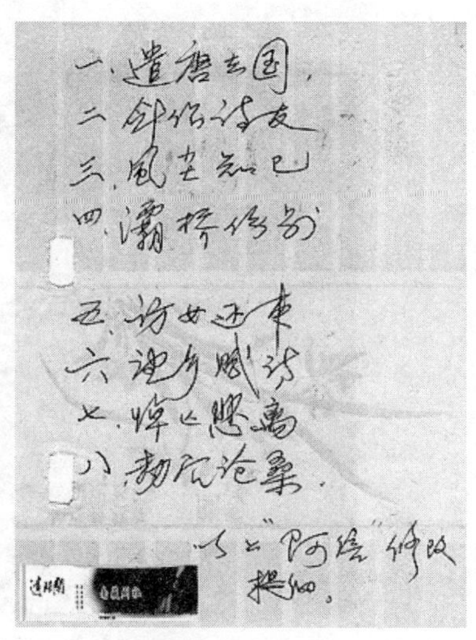

南薇手迹

《阿倍仲麻吕》的成功，佐证了南薇晚年的艺术素养更为精进，创作水平更上一层楼。

三十一　有心栽花花不开

南薇一生的遭遇坎坷不平，他始终处于被一团阴霾有形无形地笼罩着的局势中，朋友与之交往也有意无意地保持一定的距离，谈得上推心置腹的好友少之又少。

张莹、南薇、戴子和金笳

他自认为知己莫逆的也就是只有韩义、金笳、张莹（美工，服装设计师），另外还有原飞鸣越剧团的戴子和、镇江越剧团的蒋凤鸣。他们相识于20世纪四五十年代，一起合作搞过戏，还合伙搞过一个小科班。晚年，自从《阿倍仲麻吕》合作成功后，又一同加盟了上海虹口越剧团，1980年年初又合作复排了《山河恋》和根据《阿倍仲麻吕》重新处理过的《大唐樱花录》。

随着电视的普及，人们对娱乐和文化生活的追求日趋多样化，舞台剧的衰落已在所难免。南薇和他的这些朋友也是池水冷暖鸭先知，但他们并不悲观，他们认为戏曲艺术的第二个春天，将在银屏上展现，他们还是大有可为的。

这里必须提及另一位同志，即镇江市文化局局长姚凡。姚凡虽然是由中国新闻社（简称“中新社”）调入文化界，但他热爱文艺，而且修为颇高，与时任镇江越剧团的导演蒋凤鸣交往甚密。通过蒋凤鸣介绍，南薇与姚凡有了交往，彼此都有相见恨晚的感觉。姚凡有可能回调中新社，而中新社是可以中外合作拍电影的，如《岳家小将》《精变》，均是中新社所拍。所以他们书信往来频繁，希望有朝一日畅通这条途径，来施展他们的抱负。

一个人有了希望，就会有盼头，有前进的动力。在这段充满期盼的日子里，南薇埋头写作，创作了电影剧本《雅克萨之战》《寒梅御霜》《凶宅》等。姚凡也提了不少意见，见解甚为精辟。

其中《寒梅御霜》是一部写程砚秋的传记电影剧本。

南薇对程砚秋先生的人品和艺品非常敬仰，因此创作了“程砚秋传”的电影剧本，定名为《寒梅御霜》。该剧本尤其将程砚秋与早年亲自为他写剧的罗瘿公之间亦师亦友的关系，刻画得情真意切，十分感人。完稿以后，他特地请俞振飞先生提提意见，毕竟俞振飞先生与程砚秋先生有过合作，熟悉程砚秋先生的往事，既然是传记性质的电影，容不得一丝马虎。剧本得到俞振飞先生肯定。但事关挚友的传记，当时程砚秋先生的夫人果素英女士尚还健在，俞振飞先生决定亲自推荐，让南薇去趟北京，将剧本交付程夫人过目。他不仅与程夫人通了电话，还亲笔写了推荐信，一定要让南薇带在身上，亲手交付程夫人。

正巧程砚秋先生的大公子从英国伦敦回家探亲，当时看过南薇《寒梅御霜》剧本的人很多，除了程夫人果素英、程公子，李世济、王吟秋也看过，都认为这个本子是当时写有关程砚秋先生往事的剧本中最好的一个。据说，李世济同志还跃跃欲试想演程砚秋先生一角呢。由于京剧界规矩很严，程砚秋先生与梅兰芳先生毕竟有过“师生之谊”，在《梅兰芳传》尚未拍成问世之前，万不可僭越先拍，所以此事便搁置下来。

至于《凶宅》，则是悬念惊悚片，有几场武打的大戏，纯粹是商业性质的娱乐片。据说在苏州西山，太湖之滨有一古宅，宅院阴森，庭院破败，仅有老妪哑女厮守陋屋。传言太平天国运动失败后，有笔金银财宝可能隐藏于此。于是忠王部下、天国叛将、朝廷官兵，三方面人马纷纷入驻寻宝。守屋童妪恰恰又是隐姓埋名的太平军留守人员，而且武艺高强。各路人物明争暗斗，猜忌暗算，惨案频发，悬念丛生，颇具观赏性。

彼时，姚凡正式调任中新社上海分社社长。他们所向往的桑榆晚年最后一搏即将成为现实，谁知发生了一件本不该发生的事情，给了南薇最后的沉重一击。

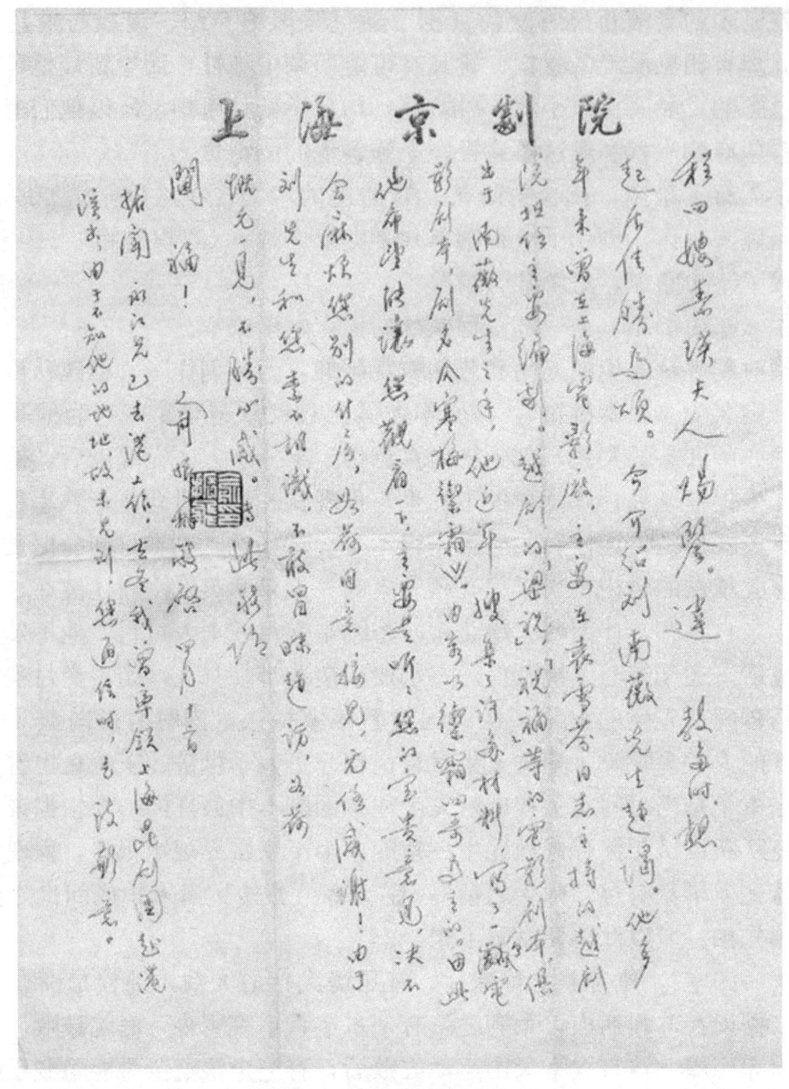

上海京劇院

俞振飞先生的推荐信手稿

南薇的《凶宅》剧本，是为中新社专门写的。开局打炮戏，当然要讲究开门红，票房盈亏至关重要。一炮不响，后面就没有戏唱。剧本写成后还来不及送审，已被身在西安的韩义捷足先登，将他写的剧本《秦川女侠》先送至中新社总社。不看剧本，光看剧名，秦川女侠，八百里秦川出了个女大侠，肯定剧情惊心动魄。当时，《少林寺》一炮走红，武打片正炙手可热，就凭秦川女侠四个字，即可立项开机。所以《秦川女侠》摄制组毫无悬念地在上海成立。韩义自编自导，嘱南薇协助拍摄，蒋凤鸣理所当然成了制片主管。

南薇倒是积极配合，酒香不怕巷子深，暂且将《凶宅》放置一边。为挑选女一号主角，在上海一位年轻朋友的介绍安排下，让上海一位杨姓的太极拳传人陪同，赴正在郑州举行的第一届全国武术比赛大会现场去挑选女侠。于是一行四人前往河南，找的是全国武协副会长、云南省武术队总教头沙国镇，由他安排了以记者身份出入在比赛各场区。

几场比赛，长枪短剑，通臂南拳，少林武当，跌打滚翻，看得眼花缭乱，也看不清眉毛眼睛。四人正在一筹莫展之际，大会秘书处宣布，隔天休会游少林，记者愿去可随行。一行人喜出望外，立刻登记同游少林。

少林景色虽好，但南薇有任务在身，不敢有丝毫懈怠，穿着整齐，穿梭在各个武术队之间，因为要选的是女一号，所以目不转睛专挑女运动员观察。那些被上下打量的女运动员倒也没感到不自在，反而落落大方，还尽量展现最美好的姿态让你仔仔细细看个够。原来现场有五六个摄制组在会场选角的消息早已在各省市运动队传开。运动队的教练们对此很反感，好不容易培养出一名颇有前途的武术运动员，被摄制组相中去拍一次片，回来功夫就失去了三五成，而且思想上混乱得再不能专心致志学武练功，甚至还能毁了运动员的前途。所以凭空给整个运动会笼上一层诡秘的氛围。

杨老师、沙国镇、南薇、汪永泰（从左至右）

运动队的女孩子虽然英姿可观，但都略显稚嫩。最后选定了吉林武术队一位青年女教练，她的谈吐举止，相貌仪容，与剧中久在江湖浪迹的女侠有一样的气质，南薇一眼相中，她，就是她了！就她合适！

当南薇一行人敲开吉林武术队的驻地房间时，那位俏丽的女教练仿佛早已知道他们的来意，便笑脸相迎了。一个盛情相邀，一个心有所望，双方一拍即成，答应赛事结束，便赴上海试镜。

角色刚挑选定当，便接到中新社来电，说李连杰的《少林小子》剧组下午抵达郑州，不宜与之碰面，须立即撤回上海。

谁知刚返上海不久，摄制组风云突变。由蒋凤鸣直接宣布，将南薇及他带来的"子弟兵"全部清退，理由是人事浮动。所谓"子弟兵"，是事先商定妥的。一来培养下一代接班人，二则便于管理。为什么连南薇一窝儿清退呢，而其他"子弟兵"却一个不动？南薇至死都没想明白。

说是压缩开支吧，所发劳务费也不过每天三五元钱，摄制组尚未开机，三五十万元已花完，多三五个人的劳务费连个零头都算不上，应该不是这个问题。

那是冲着南薇来的了？与姚凡相处虽说时间不长，从留存的信札来看，他们还是惺惺相惜的，倒也不像泛泛之交。而与蒋凤鸣、韩义、金箎都是五十多年的交情，怎么可能说断就断？

若说是南薇子弟兵无所事事，在摄制组瞎混所召的祸，那更是无稽之谈。只需举上一例，便可证明。

摄制组请的美工设计是上海电影制片厂的美工名家张曦白，因《秦川女侠》的故事发生在唐代，他光设计的道具就有一百来种、一千余件，瓷器陶器，上至熏炉酒壶，下至寻常碗盏，白瓷三彩，花色繁多，要求符合唐代的真实生活，不允许混杂。摄制组还请来两位上影厂纸扎工，慢工细活，开机前短时期内根本无法完成如此浩大的道具制作工作。一位南薇的子弟兵，凭借宜兴丁山的亲戚关系，三下丁山，跑遍丁蜀镇美陶厂、紫砂厂、钧陶厂、缸甏厂，最终在紫砂二厂的高级工艺师刘惠大、王振国、张锁坤的无私帮助下，用手工一件一件捏出来，而且每个品种不论多孤，只付了八元钱劳务费。那时候厂里还没有机械化的轨道窑，只是人工装窑的煤炭窑，烧成出窑时尚有百摄氏度高温，大工艺师刘惠大亲自帮忙出窑。须知他做的紫砂小壶，当时售价已超过六千元一把，你说这批道具都是手工货，该值什么价？一千多件呐！

产品烧得很成功，如何运回上海却成了大难题。20 世纪 80 年代初运输尚不发达，摄制组没有车，班车不能运，包车又无处包，正在一筹莫展之际，多亏上海空军某单位一辆装货小车司机鼎力相助，将这批道具加放在车顶，货上加货，而那位子弟兵则坐在货顶上。紫砂厂的朋友生怕他中途摔下来，便想了个酸主意将其紧紧缚住，六个小时，连夜缚到上海。车子抛锚时，他还被蚊子叮了个一身的包。

一千多件道具解决了摄制组的大难题，而且解放军同志一个铜板的运费都没要，这批道具中新社以后很长时间还在出租呢。所以说南薇子弟兵一无是处不是理由。

半世朋友晚年突然变脸，是南薇始料未及的。沉重一击虽说是致命的，倒也没能让南薇颓然倒下。他决定自筹资金拍片。剧本不成问题，可资金却更为重要。拍片需要巨资，巨资从何而出？

三十二　无心插柳柳成荫

那个“子弟兵”从宜兴回来，带回一个讯息。他到宜兴紫砂一厂求助时，得到该厂副厂长李昌鸿的热情接待，并领他参观了作品陈列室。陈列室仅200来平方米，但藏品却琳琅满目，美不胜收，如同进了一个紫砂博物馆，如此多的紫砂精品，件件都是构思奇特，做工细腻，精妙绝伦，夺人眼球，看了甚为震撼。

刘朝晖（南薇长女）、李昌鸿、汪永泰

李昌鸿是紫砂大师顾景舟的开门弟子，他创作的孙子兵法竹简壶，曾获得莱比锡世界博览会金奖。当走过大门左侧第一个陈列橱前时，南薇的“子弟兵”看到许多紫砂人物雕塑，其中有一尊吉卜赛跳舞女郎，据说是雨果《巴黎圣母院》中的女主角爱丝米拉娜，跳舞的姿态极具动感，令人过目不忘！紫砂雕塑不同于其他瓷雕陶塑，因为它不上釉，全凭紫砂本色来表现，可塑性极强，最主要的特点是它能较完善地保留作者的原貌和创作意趣。时间越久，它的表层会出现一种金属光泽，而且历久弥新，永不褪色。经李昌鸿介绍，中央美术学院雕塑系的一位著名教授，每年暑假都带一批学生来厂实习，这批作品是他们师生留下的。李昌鸿还说过那位教授对紫砂陶的高度评价："紫砂是雕塑最好的材料。"厂里虽有个雕塑车间，但总没有大的起色。

当晚，李昌鸿在他蜀山陋巷中的旧居中招待了子弟兵，八仙方桌，木条长凳，一壶宜兴贡茶，两盏紫砂小盅，他们促膝长谈，如能发挥上海雕塑人才的优势，厂里负责生产，强强联手，当大有作为。当时创建雕塑车间的紫砂名家徐秀棠，他是宜兴紫砂雕塑最高水平的代表人物，他的怪人八仙，敢于"量天""拨地"的一群不知天高地厚的莽和尚群塑，构思巧妙，想象丰富，早已声望在外，可徐秀棠因想法与人不合，离厂他去。厂里正为雕塑车间的前景忧虑。

谈及南薇先生，李昌鸿仿佛并不陌生。而且李昌鸿听说摄制组有南薇先生参加，表示非常乐意帮忙，只是任务太重，要在短时期内制作这批名目繁杂的道具，实在爱莫能助。

南薇听到这些介绍后，认为开发紫砂雕塑项目不同于纯粹经商做买卖，它具有很大的挑战性和创造性，不妨一试。于是扯上紫砂雕塑大旗，挂靠在改革初期颇为著名的一家公司麾下，开启了他又一番的创业之路。

在上海延安西路达华宾馆，李昌鸿与他敬仰已久的南薇先生在这里见面了，虽说初次相见，却是一见如故，所有合作意向，没有任何异议便顺利达成。

紧接着南薇联系了四五十位雕塑家、工艺美术家，包租了一辆豪华大巴，浩浩荡荡地开进了紫砂厂。这下可热闹了，随着港台紫砂热的影响，上门找厂长批条子买紫砂壶的小汽车停满了厂区广场，而一次来了这么多雕塑专家尚属首次，厂长高海庚和副厂长李昌鸿亲自迎接，参观座谈全程陪伴，招待午餐，亲自端饭递菜，气氛始终热烈。

当南薇听到厂里还有一位被忽视了的雕塑家廖文井时，十分震惊。他是中华人民共和国成立前国立艺专雕塑专业的高才生，是创作鲁迅公园和鲁迅先生像的作者之一，与雕塑家王大进是同班同学。在会后合影时，南薇特地请他坐上主座与厂长书记、上海客人一起合影留念。从此以后，他仿佛焕发了青春，在创作上颇有建树，硕果累累。

南薇与紫砂一厂的雕塑厂签订了协作协议。谁知一年以后，厂长高海庚心肌炎突发，英年早逝。继承者心不在焉，合同难以为继。南薇只得另辟蹊径，在上海成立了遗珠阁，为海派紫砂艺术的建立奠定了基础。

遗珠阁紫砂雕塑以大中型人物雕塑为主，参与创建或自行培养的创作人员已有三位被评为上海工艺美术大师，十余年创作作品近千件，多次赴美国、新加坡、南非、马来西亚、韩国，以及我国台湾地区展出，赢得广泛的好评。

万分遗憾的是，建厂仅仅一年，南薇先生便驾鹤仙去，没能见到遗珠阁日后的辉煌。

三十三　南薇先生谢幕之作

时代的脚步在飞速前进。昨天还是新鲜的玩意儿，今日已成过眼云烟。戏曲赖以生存的中小型剧场，在商品市场化的浪潮中，纷纷被挪作他用，变成大卖场，变成杂货铺，然后又一个个地被拆除，有的变成高楼大厦商务楼，有的建成“群艺馆”“文化馆”，失去了剧场的功能。戏曲成了无水承载的浮萍断梗，又回归到草台班状态。虽有若干国家级的专业大剧团，由于场租费越来越昂贵，票价直线飙升，让人可望而不可即，已远远脱离普通民众。

剧团排戏的成本水涨船高，往往拉不到政府补贴和企业赞助，新剧目未经排练便胎死腹中。剧团只能靠炒炒冷饭、演演旧戏过日子。戏曲的处境显得岌岌可危。

南薇先生对戏曲的危局却并不悲观，他认为戏曲不可能轻易消亡。原因很简单，它深深扎根在民间，民众的喜闻乐见，便是它们赖以生存的保证。尽管外来文化，宛如惊涛拍岸，一波又一波地冲击着戏曲艺术的危堤，一旦风浪平息，堤岸依然巍立。纵观戏剧历史，从勾栏瓦舍到楼台亭阁，从风烛草台到灯光剧场，戏剧场所不断更迭变换，戏曲艺术也变得越来越光彩夺目。

现如今，剧场少了，电视却普及了。戏曲的载体变了，作为有志于戏曲艺术改革、进步的人士，应该认清路途，重新定位，再启征程。

南薇决定设立一个类似于影视剧团的综合性戏曲团体，采用越剧、黄梅戏等多种剧种的演员组成混合剧团。如新剧目以越剧形式出现，黄梅戏演员则可演配角；若所排剧目用黄梅戏形式，越剧演员则可演配角协助。待剧目在舞台上立起来了，相对比较完美了，再用摄像录像让其定格在演出的最佳状态中。而且在摄录过程中，不必拘泥于舞台的框架模式，可以借鉴其他艺术的表现手法，还可以让导演发挥他的想象力和创造力，让众多作品呈现出风格各异的百花争妍的繁荣局面，让戏曲有个凤凰涅槃的升华，这兴许又是一场脱胎换骨的革命，让戏曲艺术的道路走得更远、更接近观众。

这个标新立异的想法绝不是突发奇想，而是南薇早已成型的观念。追溯至中华人民共和国成立初期，有过一次关于戏曲发展模式应该是“演员中心论”还是“导演中心论”的争论，南薇是持后者论点的。他以为戏曲只有确立编导的主导地位，才能不断出戏、出角儿、出人才。这才能让戏曲源源不断地有活水注入，茁壮成长，蓬勃发展。

在南薇生命的暮岁阶段，他的思维，他的脚步，都没有停止。不妨看看他最后编导的三部戏，来看他是怎样走完他生命不歇、探索不止的艺术人生的。

这三部戏，分别是彻底翻转的《刁刘氏》、旧貌焕新的《祝枝山换婿》，以及谢幕之作的滑稽戏《时髦进行曲》。

《刁刘氏》原是本禁戏，中华人民共和国成立初期就被禁演，它确实是相当诲淫、黄色猥琐的一本戏。它的蓝本是弹词小说《倭袍》。《倭袍》类似于《金瓶梅》，是弹词作品中的一朵奇葩。它的曲词写得流水行云，雅俗相宜，非常优美，但故事内容却不堪入目。刁刘氏被描绘成一个十恶不赦的荡妇，她败坏纲常，与王文淫乱作乐，又伙同其谋杀亲夫刁南楼，最后骑木驴游四门，被凌迟处死。但刁刘氏却是一个在封建社会被损害、被侮辱的女性。她的丈夫刁南楼专宠二房小妾王氏，冷落刘氏，刘氏兰闺寂寞，难免春性动也。再说刘氏即便有罪，也不必定罪后让她骑着木驴游街（封建社会一种酷刑），骑到家门口去羞辱她的父亲刘通政刘大人。因此南薇着重写刁刘氏，将刁刘氏处理成官场斗争的牺牲品，案翻得也合情合理。剧本基本保留了毛龙吊孝、监会、游四门等精彩折子。

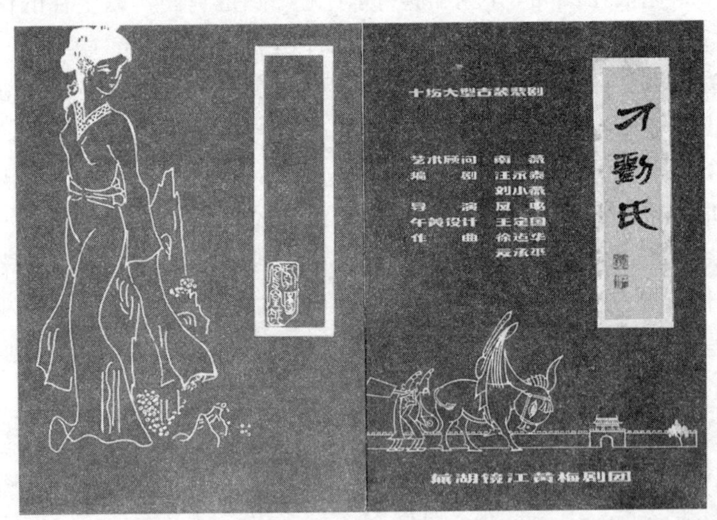

《刁刘氏》演出说明书

《刁刘氏》排过两个剧种，一是排黄梅戏，一是排越剧。在为福建省沙县越剧团排该戏时，剧团正在毗邻杭州的长安镇演出。《刁刘氏》因戏长，分上下两集。演完上集，下集还在响排，还未来得及彩排，戏园子门口便汇集了几十个人，一定要看响排，说不化装不穿行头，也愿意买票看戏，可见《刁刘氏》吸引观众的程度。

剧团的下一个演出地点是杭州。剧本送到文化局，局里的一位主要领导看完剧本，评价它是“一朵美丽的山茶花”。可是杭州演出，《刁刘氏》还是被拦下了。当时中央文化部一名大员赴杭州视察，开座谈会时有人告状，说有剧团想上演禁戏《刁刘氏》，那位大员不假思索就说：“那怎么行！”未经调查核实，就在杭州又禁演了一次《刁刘氏》。

第二部戏是《祝枝山换婿》。排这本戏的剧团是一个小之又小的民间小剧团——嘉兴市凤凰越剧团。剧团虽小，但演员清一色是小青年，颇具可塑性。她们提供了一个根据粤剧移植的剧本《祝枝山嫁女》。剧本平铺直叙，但南薇先生慧眼识珠，认为这完全是个喜剧题材，于是重写了这个戏，演出非常成功。但此时此刻，戏曲舞台已是灯火阑珊，再也掀不起《春草闯堂》般的辉煌。不久，他又将《祝枝山嫁女》改写成影视分镜头剧本，以备后用。

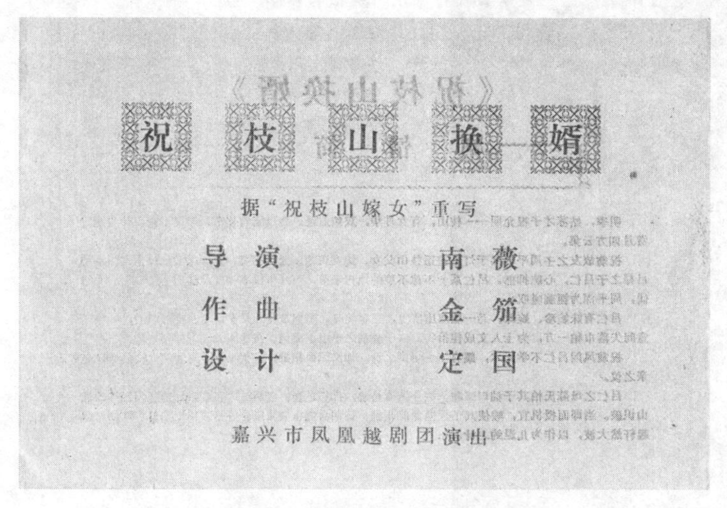

《祝枝山换婿》演出说明书

第三部戏，也是南薇先生排的最后一本戏，它不是越剧，而是滑稽戏。它不在上海，而是在苏州，苏州市滑稽剧团。

南薇先生与苏州渊源颇深，早在十年前，他曾被聘为苏州文化局创作组的导演。这期间，他为苏州市滑稽剧团编导了以民警帮助街道里失足青少年为题材的喜剧《对象》，又特地为苏州市苏剧团创作了历史剧《苏州五丈夫》。《苏州五丈夫》是发生在明朝末年一段真实的历史。明末，阉党魏忠贤专权，朝政腐败，激起民变，朝廷下旨镇压，五位普普通通的老百姓甘愿冒死顶罪，以免苏州屠城之灾。五人的义冢至今犹存，这确实是一段可歌可泣的悲壮历史，只是戏写得太激动人心，又似乎有些敏感，谁也做不了决定，可演或不可演，因此只能搁浅。

南薇最后排演的一本戏也在苏州，为苏州市滑稽剧团执导了《时髦进行曲》。该剧曾请上海颇为著名的学院派导演排过，但试演后让人怎么也笑不起来。滑稽戏让人笑不起来，确是再滑稽不过了，这也意味着没有票房，没有票房，意味着没有收入。此刻的剧团，人心涣散，想出国的、想转业的，想什么的都有，思想混乱，如果戏树不起来，很可能一蹶不振，面临解体。于是决定请南薇重排。

时髦进行曲

此剧曾得到宋驹伤、俞亮同志的热情关心，特此鸣谢。

编剧：陆伦章
导演：南　薇
副导演：殷雨官
舞美：吴继涛
灯光：陆文冠　许明

演出前的话

青年设计员乔可立在春秋服装大奖赛中拔压群雄，崭露头角。但与未婚妻爱玛在构思最佳蜜月方案时产生了分歧。正在此时，桃源绣品厂某莉以嫁登门求聘技术指导，乔可立被对方精湛的刺绣装饰所吸引，感情遂迁，揭开了时髦进行曲的序幕。

一对城乡青年的大胆企求，遭到了至爱亲朋的极力阻挠。服装厂荣厂长陶醉于眼前的热销，自命伯乐却不喜欢“千里马”离开个人意志的庭院；绣品厂负责人根根出于狭隘的小农意识，误将真金当黄铜；于是错讹百出，风波迭起，一连串啼笑皆非的闹剧，象朵朵浪花，冲击着变革中的千年古城。

历史继承了美的传统，同时沉积了旧的习惯。但愿生活中多一点理解，少一点误会。

苏州市滑稽剧团《时髦进行曲》的演出说明书

《时髦进行曲》紧跟形势，描写了一家绣品服装厂，在改革春风吹动下，小农经济保守意识很浓的荣厂长与敢于创新、敢于改革的青年技术员之间的误会和矛盾，引申出不少噱头和笑料。南薇果然将这部本来略显沉闷的戏，排得笑声不断。一剧挽回危局，演出场场爆满，剧团有了盈利，人心日趋稳定。苏州演出成功后，又接到郑州等地邀请，一下子签了两个多月的演出合同。剧团为了答谢南薇，请南薇随团巡演，说是巡演，其实是让他随团游山玩水，放松一下心情。谁知南薇由于年老体弱，加上水土不服，一时偶感风寒，回至上海，竟然一病不起，不久便与世长辞。南薇怀着再为戏曲事业奋起搏击的雄心，但遗憾的是，空有壮志腾云霄，悲恸一曲逐冥泉。

南薇先生，以越剧改革拉开了他艺术生涯的序幕，以改革时代的滑稽戏留了个尾声。他一生为戏，矢志不渝。

三十四　南薇追悼会

南薇先生

1989年，南薇逝世后，家属至上海越剧院报丧，在傅全香同志的力争下，上海越剧院于《新民晚报》的夹缝档里，发了个不易察觉的豆腐干大小的讣告。

追悼会在龙华殡礼馆大厅举行。在家属未发通知的状况下，也来了一两百人。上海越剧院来了范瑞娟、吴小楼、袁雪芬；大公滑稽剧团来了《阿Q正传》中演地保的张利音、演假洋鬼子的王定国；原雪声越剧团剧务部，后调至上海电影译制片厂的著名翻译家萧章；好友中仅作曲家金筘到场，韩义、蒋凤鸣均未前来送老友最后一程。

临追悼会开始前十分钟，家属挂出了凭吊者送的六副挽联。居中一幅是："英气当年，曾教村俚登大雅；彪炳千秋，终使越讴成绝响。"两旁一副长联："雪落有声，东山宿志，怎禁得几番淫雨、半生飘零；鹤逝无踪，岁暮遗愿，唯留下数行残稿、满纸酸辛。"另外四幅是："孔雀仳离、蝴蝶分飞，雕虫未必小技；洛水神韵、镜湖遗恨，盖棺似可定论""艺坛痛失如椽笔，人间难续断肠诗""灵雀与彩蝶齐飞，阿Q共祥林并传""一代奇才，千古绝唱"。

顿时，原本鸦雀无声的追悼会场面，连呼吸声都感受得到。许多人不发一声，许多吊唁者眼眶都红了。

诗曰：

英气当年绕榭梁，几番街坊成空巷。
曾教村俚登大雅，终使越讴成绝响。
梁祝三上为糊口，剧稿八易亦匆忙。
祥林有灵当感恩，何期名彰成牌坊。
戚姬魂断汉宫秋，香妃魄飞返回疆。
铸就桂冠胜凤冠，鸟尽弓弃诉悲凉。
梁祝有幸化彩蝶，坎坷一生是蝶殇！
春泥沃土谁还识，谤语依旧似严霜。
孤茔依云太湖边，清夜对月话凄凉。
两封判词虽相慰，蝶影无奈远梦乡。

附　录

当年越剧革新的启示

刘厚生

（发表于2006年5月14日上海《文汇报》第7版）

刘厚生先生

越剧大致于本世纪初形成，二十年代前后进入城市，有了初步发展。抗日战争开始后，全部由女演员组成的女班——女子文戏在上海畸形环境中呈现一种畸形繁荣的状态。

一九四二年，越剧开始了革新运动。一九四六年，雪声剧团演出《祥林嫂》，又成为革新运动的一个里程碑。一九四九年新中国成立后，越剧在五十年代有了飞跃的发展，越剧团大量增加，浙江、上海的越剧流传到华北、西北、西南许多地方。在短短的十几年中，越剧由一种地方小戏迅速成长为具有全国影响的剧种。原因何在呢？

原因当然是多方面的，有种种复杂的客观因素和主观因素，这里着重谈谈四个问题：

第一，越剧革新取得成就是由于得到党的正确领导。

任何文化革新运动，都是有阶级性，有阶级或政党的领导的。但在不同社会中不同阶级或政党的领导的自觉程度则大不一样。越剧的形成与初步革新，带有一定程度的资产阶级民主主义性质，曲折地反映着市民阶层的思想感情。这同其他一些在大城市以及其周围农村的剧种相类似；然而越剧是幸运的，她的特殊性是，由于《祥林嫂》的演出，同进步文化界见了面，并且同中国共产党有了直接的接触。先是田汉、于伶等同志，然后是周恩来等同志都观看了越剧，并且注意到越剧在群众中的影响。田汉、于伶同志约了《祥林嫂》的主要创作者袁雪芬、南薇、韩义作了长谈，周恩来同志更明确指示党的地下组织加强对越剧的工作。可以说，由此，越剧的革新由自发逐渐转入自觉，逐渐接受了党的领导，也就由旧民主主义革命范畴逐渐转入新民主主义革命范畴。这一点对越剧的发展至关重要。

第二，越剧革新取得成就是由于出现了重要的革新家。

戏曲革新的主要力量在于戏曲艺术家。

无论任何剧种，都不是个人创造出来的。但任何由广大群众和戏曲艺人集体创造出来的剧种，当它的艺术元素积累到一定程度的时候，总是需要有一个或几个在艺术以及工作上有较高修养，较强开创能力，有理想、有道德的人物出来带领群众有所突破、有所创造，使剧种在艺术上和工作上提高一大步，出现质的飞跃。

这样的革新家的出现并不容易。如果客观条件不具备，有了这样的革新家也发挥不出积极的作用；如果客观条件成熟，而有革新雄心的人在思想、品德和艺术水平上有欠缺，那也只能徒呼负负，或者只能小有所革，难以成为影响历史进程的革新家。

越剧又是幸运的，它在四十年代出了袁雪芬这样有代表性的革新家。

袁雪芬于四十年代初，在当时主客观条件下，和她的伙伴们开始了舞台艺术的革新。这时的革新并没有多少先进的系统的理论的指导；只是在生存竞争中，为了艺术的提高，吸收一些话剧、电影以及京剧、昆曲等兄弟剧种的东西，为我所用。她们在剧团体制上改革旧班社，实行了剧团制，建立剧务部，取得了一定程度的艺术自主权；在文学上废除幕表、单篇，采用文学剧本，不断写出新剧目；在舞台艺术上建立导演和技术指导制度；在音乐上设置作曲职务，每一出戏都设计和创造唱腔和伴奏，提高作曲家的作用；在舞台美术上用立体布景、现代灯光、重新设计服装化装制式等。这对当时的越剧艺术产生了巨大影响。一九四六年在袁雪芬主持下演出《祥林嫂》，更是越剧史上十分重要的一页，它的伟大意义是，不仅巩固了前一阶段的种种革新，而且革新的内容由文学形式、舞台艺术进一步深入到戏剧文学的主题、题材领域，提高了越剧思想内容的进步性。在这一时期中，反封建礼教的戏，宣扬爱国主义的戏，反封建暴政的戏日益增多，但终是曲折地反映了人民群众对封建压迫和国民党反动统治的不满情绪。当然，在当时的条件下，革新运动不能不有其局限性和复杂性。

只有在新中国成立后，以袁雪芬为代表的越剧革新者们在党的直接领导下，才得到最有利的环境和条件，团结了更多的越剧工作者，在民主改革运动中彻底改革了剧团体制，在艺术上进一步提高剧本的思想性和文学性，进一步同小市民的庸俗趣味斗争，追求舞台艺术的高度完整性，推行男女合演，创造现代戏，等等。这一时期的革新带有很大的革命性，使越剧得以健康地成长。于是越剧的影响很快遍及全国。

不言而喻，这一切都不是袁雪芬独自一人之功。如果没有许多先行者在三十年代中零星而长期的积累，如果没有许多合作者在四十年代的团结协作，如果没有党的指引和进步力量的支持，特别是，新中国成立后如果没有党的直接领导，一两个革新家无论有多大的雄心壮志，也是事倍而功半。

第三，越剧革新取得成就是由于越剧工作者政治上的团结。

在旧社会，戏曲艺人一方面有着同行的义气和相互帮助的品德；另一方面，在反动统治者和流氓戏霸的挑唆下，也存在着钩心斗角的斗争。越剧并不例外。然而革新的共同利益使得他们有了较多的共同语言。一九四六年到一九四九年，她们的团结更是日益带有政治意味。她们联合演出《山河恋》，联合筹备成立越剧学校，共同参加当时戏曲界反对反动统治的许多斗争，如反“艺员登记”等，联合起来同逼死筱丹桂的反动流氓斗争，以及最后为迎接上海解放而秘密进行的一些活动，都是以国民党反动派作为斗争对象的。尽管这期间也还有不少内部纠葛，但这种政治上的团结和进步始终是她们艺术革新的基础和条件。越剧在那种环境下，在艺术上没有走下流的“劈纺”、脱舞、荒诞神怪的恶性海派，而是向着虽然还有小市民庸俗趣味，但终是比较健康的道路前进，这无论如何不是偶然的，而是有着思想上、政治上的进步因素。

第四，越剧革新取得成就还在于团结和使用了一大批知识分子。

上面说到，在袁雪芬的前后左右，有不少同她协同作战的伙伴。从革新运动的角度说，其中作用最大的是一群知识分子。具体地说，是编剧、导演（包括“技导”）、作曲、舞台美术设计等。

在革新运动之前，越剧和其他剧种一样，只有老戏师傅、管事、班主之类人物。艺术上代代相传，口传心授，极少有知识分子参与其间。即使有个别所谓“打本子的”，也不过是主要演员的工具。在这种情况下，虽然由于艺术上推陈出新的规律，由于主要演员和主要乐师的努力，艺术上也在逐渐地改进、丰富，但实际上说不上真正的革新。特别是在旧中国，由于社会的原因，有着这么一种奇特的现象——“文盲艺术家”。有相当多的知名演员或乐师，专业修养极高，社会经验丰富，但文化水平却很低，甚至不识几个大字。因此，艺术的发展不仅缓慢，往往还会出现进一步退两步的现象

但是艺术革新必须要有文化知识。尤其是现代，没有高水平的广博的文化艺术知识和理论修养，就谈不上真正的、深刻的革新。尤其是戏曲，千百年积累的传统形成功力深厚的保守力量，没有突破这种保守力量的知识和勇气，也是难以革新的。越剧之所以革新得较快，也正因为它是地方小戏，传统不厚。就是这样，没有知识分子，也同样难以革新。谁要革新，谁就要寻找、发现、团结、使用，特别是尊重编导音美各方面有修养的知识分子。

袁雪芬及其他支持越剧革新的主要演员们的一项重大功绩，就是从一开始就向话剧学习，团结了不少知识分子在自己的周围，充分发挥他们的聪明才智，共同改革和创造新的越剧艺术。前面说到那些剧团体制改革、编导制度的建立，音乐、美术的重视等，无一不是有专业修养的知识分子在发挥重要作用。

最早参加越剧革新的一批知识分子（他们的代表人物是南薇、韩义、徐进等同志）在当时还算不上高级知识分子，甚至也不是有较高文化素养的新文艺工作者，他们只是比大多数演员们有较多的文化知识，接触过新文艺作品，用今天的话，就是比较优秀的文艺青年。他们的优点是胆子大，框框不多，敢于创新，能够从新文学、话剧、电影中吸收营养，重视追求舞台艺术的完整性；同时，他们也自知不是成名的大作家、大导演，他们也还是年轻的艺术学徒，因此比较虚心，没有以改造者自居，尊重作为革新主体的主要演员和主要乐师，尊重越剧的基本艺术特征。四十年代后期，这样的人日益增多，如吴琛、英郁、钟泯、刘如曾、幸熙、苏石风等，其中不少人是从话剧战线转过来的。重要的越剧团体几乎都吸收或培养了自己的知识分子队伍。他们工作也有失败，也有对小市民习气的妥协，但总的来看，如果没有这样一批知识分子的参

与，越剧的革新是不能想象的。正是在这一方面，越剧走在了许多姐妹剧种的前面，并影响了许多剧种。沪剧同越剧同在上海，也有着革新的潮流，因之也在艺术上有了长足的进步，只是在革新的气势和知识分子队伍的规模上差一些。他们的特点是在新中国成立后奋起直追，勇气惊人，获得很高成就。

回顾越剧的发展历史，我以为上述四点是革新取得成就的主要原因。是不是也可以说，不仅在剧种的革新时期是如此，就是在剧种的相对稳定阶段也都应如此！因为，稳定绝不是保守，即使在稳定阶段，任何剧种也都是在运行中推陈出新规律；每一个戏的创作和演出，也都体现推陈出新的精神。越剧由于四十年代到五十年代的大革新，取得了巨大成就，而这些巨大成就转过来也就积累成为传统，成为保守力量。靠山吃山，靠水吃水，有传统也就会靠传统吃传统。这时就特别需要强调革新，强调推陈出新方针。

近年来，就我所看到的一些（主要是上海）越剧来说，同其他某些剧种一样，由于十年浩劫的影响，也由于粉碎“四人帮”后越剧大有老本可吃，因而虽也有新的创造，出现若干好戏，但总的看来，革新的势头不强，艺术上的提高不快，团结的问题不少，知识分子（编导音美以及理论工作者等等）的数量和水平都很不够，重视更不足，于是出现一定的停滞状态，甚至某些退步。这很值得警惕。越剧是以革新起家的，现在千万不能因保守而衰落。我想，四五十年代越剧革新运动的经验有着一定的普遍意义，它适用于其他剧种，也适用于今天的越剧。因此在这里提出来供创造新局面的戏曲界同志们，特别是越剧界的许多老朋友参考，并请指正。

编导奇才南薇

傅全香　口述

傅俊　整理

傅全香

南薇，是越剧编导的早期先行者。1943 年，他就参加大来剧场的越剧改革工作，编导《香妃》《绝代艳后》《一缕麻》《洛神》《祥林嫂》等戏。越剧十姐妹义演剧目《山河恋》也是由他主要编导。我和南薇是从 1947 年东山越艺社成立后开始交往多起来的。我很尊敬他，他对我在艺术上也有很大的帮助。特别是解放初期，东山越艺社的剧务部工作，由他主持。那时，东山越艺社编导阵容很强，有陈鹏、朱铿、宗华、司徒阳等。前期还有吕仲、肖章、刘如曾、郑传鉴等。但是，主将是南薇。他为我编导了不少戏，《大地》《真假夫人》《晴雯之死》等。最有代表性的是《梁祝哀史》《祥林嫂》和《孔雀东南飞》。

1950 年 8 月，东山越艺社应文化部艺术事业管理局的邀请，赴北京演出。这事在北京全靠田汉支持，在剧团，则全由南薇主要策划两个公演剧目《梁祝哀史》(《梁山伯与祝英台》，简称《梁祝》) 和《祥林嫂》也都是由他编导的。《梁祝》采用台上搭台布景，大幕开启后中间不再闭幕，用灯光布景来更换戏剧环境的方式，让演员在台上搭台的布景和台阶上穿梭演戏，犹如电影一个镜头接着一个镜头的表现形式，样式新奇，这在当时是个新创造。演《祥林嫂》时，我有些怯场，因为珠玉在前，再演为难。南薇鼓励我，说："不要怕，各有特色，你有乡土气息。"东山越艺社的这次北京之行，是上海越剧第一次进京演出，受到重视，受到欢迎。周总理请我们到家作客，我和范瑞娟，还有就是南薇、陈鹏，一起合影留念。《梁祝》进怀仁堂演出，毛主席也来看戏，然后召开了首都文艺界座谈会，影响很大。

“东山”回到上海后，南薇又为我编导了《情探》（田汉、安娥编剧）、《劈山救母》和《孔雀东南飞》等戏。《孔雀东南飞》从1950年演到1951年，客满三月，成为我演出的最有影响的新剧目。我认为，这也是南薇编导得最成功的一个剧目。《祥林嫂》和《梁祝》，南薇都是首先编导，初创出新的功臣，然后经过后来者不断加工，反复提高才成为越剧舞台上的优秀剧目。《孔雀东南飞》则是他自始至终，独立创作，独具特色的一个越剧优秀剧目。

《孔雀东南飞》在20世纪50年代中期，还由丁赛君和筱月英天鹅越艺社演出过，也取得很大成功。“孔雀”能飞得更高，还是在1980年。越剧院要到香港演出，香港方面有人提出要看《孔雀东南飞》。我也很想重演这个戏。于是，就请来了南薇，我们共同商议怎么修改和提高这一部30年前的越剧名戏。

1951年下半年，我随东山越艺社加入华东越剧实验剧团。南薇也于1953年进过团，1955年，成立越剧院，不久，他就自动离职。由于多种原因，有历史的、时代的，也有个人的，南薇和我在编演上没有再继续合作。到1980年，他已经老了，经有关方面指示照顾，在上海越剧院领退休工资，我们才再聚在一起，共同商讨《孔雀东南飞》的修改重排方案。我们都同意这样三个意见作为修改重排的主要设想：一是将刘兰芝塑造成外柔内刚的古代女性，不仅是可怜的苦媳妇，以兰花幽香为特征。二是不要纯赚人眼泪，演成大悲剧，50年代是以这个取胜的。婆婆不是简单的恶婆婆，不能脸谱化，对这个少年守寡的老妇人作更深的心理分析。三是不要过分鞭挞焦仲卿，不能简单化。身为孝廉，从小由母亲抚养长大，母子相依为命的特殊家庭，自有着特殊的感情。

此外，在唱词上、唱腔上、场次安排上，都作了大量修改。对长诗的理解，也有进一步所得。洞房、雀盟、雀会三次盟誓，都作了艺术强调。

南薇对我说，他老了，不再导演了，就由他的弟子也是好友朱铿担任导演，他只担任编剧，还可到排演场边排边改。

30年后的《孔雀东南飞》比起50年代时自有很大提高，第二年，又拍了戏曲电视剧再进行一次提高丰富。这个戏终于成为越剧舞台上的优秀剧作。这是我在越剧舞台上晚年的一部好戏，这也是南薇在越剧舞台上的最后杰作。

南薇还对我说过，他还有两部戏未完成，本来想为我编导的。一部是《牡丹亭》，一部是《茶花女》，他还写过好几次提纲。南薇在1989年因病而死。我那时正在外地演出，未参加丧礼。他在病重期间，还给我写过一封信，好几张信纸，还说了不少“不足为外人道”的话。可惜这封信后来遗失了，只能让它绝迹了。

南薇是越剧编导中的一个“奇才”，他为越剧早期改革立下丰功伟绩。《祥林嫂》《梁祝》，还有《孔雀东南飞》都将长留越剧史册。但他的思想、性格、脾气也与人有异，所以形成他后来脱离越剧的“奇遇”，没有创造更大的“奇迹”。这是他个人的悲剧，也有一些时代的原因。

越剧改革的功臣——纪念南薇逝世十周年

范瑞娟

（发表于 1999 年 11 月号《上海戏剧》）

范瑞娟

年复一年忆故人，抚今追昔念功臣。越剧老艺术家南薇先生离开我们，转眼已有十年。他为越剧事业的发展、探索和革新，贡献了大半辈子青春。50 年前，越剧在上海还是一个年轻的剧种，后来能登上我国地方戏曲大剧种，并作出辉煌的业绩，南薇先生是立下汗马功劳的！

对艺术的尽心尽责

南薇从 1943 年涉足越剧界起，数十年来无论在编剧、导演和舞台艺术工作方面，可以说，都结出了可喜的硕果。这位艺术家对戏曲的改革抓住一个“新”字，始终抱有使越剧艺术价值进入更高层次的勇气和毅力。我回顾自己 20 世纪 40 年代起亲自经历的越剧革新旅程，值得忆念的事、人和作品实在不胜枚举。但是最使我难以忘怀的，而且无论何时何地都要非提不可的，是这位越剧艺术家南薇先生。他是我从 1944 年 9 月到九星大戏院与袁雪芬搭档开始，接触到的第一位新文艺工作者参与越剧革新的导演。他在“雪声剧团”和“东山越艺社”时期，都担任主要编导。不断地给予我们演员很多创新的启迪和耐心帮助，也虚心听取演员的意见，达到密切合作，使大家对每出戏的演出都能同心同德地投入，获得最佳效果。与此同时，他对整个剧团的兴衰和事业的成败，忘我地付出了极大的心血和劳力。为了每次演出的成功，他总是置个人功利于度外，尽心竭力地贡献自己的一切。比如从 1944 年 9 月至 1946 年 6 月，“雪声”共演了 30 余个剧目，大都由他任导演，其中有七八个剧目他兼任编剧，为达到演出的艺术质量要求，他一边导演，一边还得修改他人编写的剧本。例如“雪声”早期聘请一位号称“言情小说家”当专职编剧，可是编的剧本不尽如人意，南薇在排演前每次都不得不花大力气通宵修改剧本以供如期上演。另外南薇还十分注意培养新生编剧力量，如后来成为越剧界一名女编剧家的成容同志说过：“当初如果没有南薇先生那样手把手地教我，那我是不可能成为编剧的。”还有吕仲先生是越剧圈内众所周知的老编剧家，南薇对他十分尊敬，在导演他编写的戏时，摒弃私念，一切从戏出发，追求艺术作品的完善性，进行加工。有一次在导演吕仲编的《琵琶记》时，南薇先生将其全剧 7 幕的戏，改成 5 幕 16 景 21 场。当时编剧对导演作如此大的改动颇有异议，但等到搬上舞台演出后，观众看了感到满意，吕仲先生也认为很有新意而点头笑了。由此可见，当时南薇在每次演出前工作量之大、劳动力之繁重和生活节奏之紧张，可以说是今天的越剧从业者难以想象的。那时一没奖金，二没加班费或什么补贴，每天日夜两场演出，排戏只能在上午或者演出之后加班。南薇先生肩负导演重任，如此奋力工作，但从未计较过任何个人功利，这完全是他对艺术竭尽全力崇高思想的表现。

给戏曲艺术留下了瑰宝

实践和历史证明，始自 20 世纪 40 年代中期的越剧革新能成为一股令人瞩目的潮流，关键在于剧团剧务部体制的建立。它犹如一军的总参谋部，起着一军强弱、一役胜负的主宰作用，它是一个剧团演出哪些剧目、什么内容以及艺术质量的重要决定因素。南薇当时是“雪声”“东山”两剧团剧务部的主要成员，往往是演出剧目的主要决策人。他选定的剧目犹如菜肴之荤素搭配，雅俗共赏，既能适应各层次观众的口味，为尽可能多的人喜闻乐见，又能反映当时社会的情况和人民的心声，有积极的思想意识，因此当时两剧团的演出受到观众的欢迎，一般都保持较高的上座率。如在敌伪时期，针对日本帝国主义侵略者统治下吸毒泛滥的社会现象，他导演的《黑暗家庭》旨在唤起民众认清鸦片的危害；抗战胜利后，国民党反动派发动内战，他就用历史上曹丕、曹植兄弟萁豆相煎的故事搬演历史剧《洛神》，表达人民反内战的要求；后来反动派加紧镇压进步力量，他选定由徐进编剧、他导演的《天涯梦》，演述荆轲刺秦皇的历史，含有反暴政之意。南薇特地在剧中给我演的荆轲这个人物，加进了歌颂陈胜、吴广等揭竿起义、敢于造反的大段唱词，从而引得国民党社会局认为有影射现实的嫌疑，派人来勒令删除这些唱词。南薇在着重演剧的内涵及其社会意义的同时，也十分关注发掘演员的艺术才能，以及破除旧传统中一些束缚演员创造各种不同角色的障碍。比如我是演小生的，过去演的角色大多是忠厚善良的书生，可是他根据排演新剧目的要求，引导我们打破行当界限，演小丑和老生的戏：在《黑暗家庭》中演鸦片烟鬼，在《江流僧》演江洋大盗，尤其在他根据包天笑小说导演改编的一出反映民初时期家庭剧《一缕麻》（他推荐由成容执笔编剧）中，让我饰演一名生性痴傻的呆大少爷。按旧传统行当应由小丑演，当初我不能说心中没有微词，但在导演的引导下，我不仅演得相当出色，而且还特别创造了足以表现这一特定角色性格的唱腔，结果使得观众格外爱看和爱听。后来在电台广播中"呆大少爷"的唱段变为听众点播的热门节目，成了我的特色精品之一。此外，在探索革新越剧艺术的道路上，南薇也时时思考着要提高越剧的文学艺术价值。他在1946年5月将鲁迅的名著《祝福》改编为《祥林嫂》搬上越剧舞台，演出十分成功，轰动了上海，受到上海文艺界前辈、进步人士和影剧名人的重视和关注。当时的新闻媒体纷纷评论："《祥林嫂》是越剧的里程碑……""……是越剧改革艺术道路的转折点，又如编导《山河恋》……"这也可以说是让越剧跻身于文学艺术之林的先声。后来，南薇又搬演改编过好些文学名著，其中有一出也可称之为代表南薇在艺术上另一个新高峰的《孔雀东南飞》。这是1950年他根据我国著名古诗改编的。他写的这一剧本文学性高，辞章高雅，既保持原诗韵味而又明白易懂，还充分体现了剧中各个不同角色的性格。1980年我去香港演出此剧时场场满座，不仅当地报刊都大加赞扬，而且有不少青年观众来后台寻访南薇（当时他未同去），青年们告诉我说，她们在学校里背诵过这首古诗，非常熟悉这个故事，看了南薇改编的这出戏，觉得情节丝丝入扣，人物都写得活灵活现，真使她们看得出神入化，对这位编导的手法称赞不已。俞振飞老先生在上海观看该剧时也说他被感动而泪湿了衣襟。作为饰演剧中男角焦仲卿的我很钦佩这位老艺术家的才华，不过我更钦佩他在工作中的虚怀若谷，听取他人意见的态度。比如在排该剧时，"雀会"一场，最初是刘兰芝被休弃回娘家后苦等焦仲卿半年不至，当焦得知刘要改嫁信息后，焦赶去向刘评理。我演下来觉得别扭，不舒服，南薇听取了我的意见，改为焦怀着内疚、无可奈何的心情与刘会面。我这样演起来就顺多了，感情也容易投入了。这也应该说是他值得后人学习的创作态度。

南薇在探索越剧艺术改革上，既有不少杰出的新的创作，在整理旧的传统剧目方面也是不遗余力地创新的。其中最富有成果的，当推《梁山伯与祝英台》了。1944 年他从我和袁雪芬口述的本子开始整理出《梁祝哀史》，后来数度增删重整，一次比一次修改得令人耳目一新。终于在 1950 年，我和傅全香从上海第一次跨过黄河赴北京演出，毛主席、周总理等看了说此剧改得不错，周总理对《梁祝哀史》剧台上的搭台形式演出评论说很有新意。越剧圈内的编导也称赞南薇确实身手不凡。南薇在创作上对越剧的革新绝不把旧有的老戏一概否定，他曾撰文说："……一件事的革新，一方面须造起一个新的新陈代谢；可是另一方面更应致力于革。'革'就是改革，也就是将旧的来改造一下，把旧有的躯干，输进去新的血液，去芜存菁，用新的姿态来和观众相见。"

回顾这位艺术家在越剧创新改革道路上所留下的轨迹，有许多令人纪念的业绩，恐怕绝非我一纸一文所能记叙，而且有的不仅为我们今天的越剧艺术所享用，甚至已经化为今天戏曲界的共有的艺术表现手段。例如当今的越剧和其他地方戏曲乃至新编的京剧，为了表达、衬托或强化剧中主题、某些场合的情景和气氛，以及演员表演上的内在感情，经常采用"幕后群声合唱"这种表现手段，可是很少有人记得或知道这一艺术表现手段的创始者是南薇。1945 年 5 月他在自编自导的一出宫廷历史剧《绝代艳后》中启用电影旁白式的"幕后合唱"，效果极佳，深为观众赞赏，以后常被采用并有发展，一直流传和沿用至今，是不少艺术家们欣赏的表现手段。虽然它的来龙去脉现已鲜为人知，但能一直流传下来，这也应是一件可告慰于这位长眠在九泉之下的艺术家之事，他给戏曲艺术留下了一份用之不竭的瑰宝！

忆南薇

杨华生

杨华生先生

刘南薇同志离开我们而去已经快3年了，我们都很想念他，他是一位非常有才华、有胆识而且卓有成就的好编剧、好导演。他所编导的《梁祝哀史》《祥林嫂》和《孔雀东南飞》等名剧，从20世纪40年代起直到现在仍具有强大的生命力，至今还不断在舞台上演出，在银幕和荧屏上出现，已成为优秀的传统剧目，是越剧艺术宝库中的精品；他在越剧发展和革新的历程中，起过不可泯灭的积极作用。他的离世，是戏曲界的一大损失，我们将永远怀念他，深深地怀念他……

南薇同志和我们滑稽戏合作，是在1952年左右，那时我们"杨、张、笑、沈"与"程、刘、俞"合组的"合作滑稽剧团"，演出《活菩萨》已达一年零九个月之久；合久必分，"程、刘、俞"另组"大众滑稽剧团"，我们"杨、张、笑、沈"也另外成立了"大公滑稽剧团"。当时的滑稽戏还处于创业时期，还没有成为一个正式的剧种，急待建立编导制度、排演制度、舞台制度和演出制度，我们"求贤若渴"，终于感动了南薇同志，他与韩义、朱铿等同志联袂加盟我们"大公滑稽剧团"，组成了阵容较强的"剧务部"，废除了手工业方式的"幕表制"，建立了正规的排演制度，先有定字定句的剧本，然后再排戏。通过南薇等同志的努力，我们剧团逐步正规化，剧种也因而从"雏形期"逐步转向"成熟期"，演出一批颇受观众喜爱的剧目如《活捉》《两夫妻》《打得好》

和《一贯道害人》等，我们至今也感激南薇等同志的辛勤和功绩。

最使我们难忘的是1956年纪念鲁迅先生逝世20周年时，南薇同志为我们编导了根据鲁迅先生原著改编的《阿Q正传》，将其推上了滑稽戏的舞台。我们不能不佩服南薇同志的魄力与胆识，因为滑稽一向是以反映小市民生活为主，对演出鲁迅先生的原著，是连想也不敢想的。然而在南薇同志的再三鼓励和坚持下，《阿Q正传》终于上演，受到欧阳予倩、田汉、黄佐临等前辈的关注和鼓励，也吸引了不少知识界的观众，正如20世纪40年代在袁雪芬同志的支持下，南薇同志把鲁迅先生的名著《祝福》改编为《祥林嫂》一样，越剧艺术进入一个更高的层次，受到广大文化界人士的赞赏，也使越剧步入有全国影响大剧种行列。直到现在，越剧《祥林嫂》和滑稽戏《阿Q正传》都已成为优秀的传统保留剧目，这不能不归功于南薇同志的远见卓识和非凡的功力。

南薇排戏有个特点，就是喜欢“拆剧本”。所谓“拆剧本”，就是把整个剧本的结构拆散，重新组合，重新“搭结构”，重新“砌台词”。这种搞法在别的剧种是很少见的，也是行不通的，尤其是话剧，可是对我们当时的滑稽戏，却刚刚正好。南薇拆剧本不是高兴拆就拆，而是当时有些剧本实在太平淡，缺乏喜剧因素，实在不像滑稽戏，南薇才不得不拆，一经他七弄八弄，剧本“拆”得确实比原来要好得多，演员也心服口服。我们发现南薇绝顶聪明，点子多而且快，这说明他有才华、有胆识、见多识广，而且非常熟悉戏曲观众心理，也熟悉舞台，更熟悉戏曲艺术的创作规律。尤其难得的是他能很快熟悉演员的表演个性，谁出戏快，谁出戏不快，哪些演员只要“点到为止”，哪些演员却非“重捶”不可，他心中都有数。他善于“碾发诱导”，调动演员的积极性。在排演场中，他既不“盛气凌人”，也不“敷衍迁就”。他善于和演员打成一片，他跟谁都相处得很不错，因此，他的话演员容易听得进，演员有什么好点子，他也乐于采纳。因此，当一个戏树起来之后，很难分辨出哪些是南薇的创造，哪些是演员的创造？而是“你中有我，我中有你”，是导演和演员共同创造的成果。因此，我们和南薇合作很默契，很愉快。

目前，整个戏曲界都处于低谷期，不太景气。越剧早已越过她的“辉煌顶峰”，而滑稽戏也不再是“全盛时期”，我们常常慨叹编导人才难得，我们更为失去南薇这样的好编导而痛惜。“闻鼙鼓而思良将”，他将永远活在我们的心里……

送"孔雀"南飞，祝载誉归来

俞振飞

（发表于1980年11月29日香港《文汇报》）

俞振飞先生

文匯報

送孔雀南飛 祝載譽歸來

一人說市·身不由己！

筆滙

藝海點滴

上海越剧院的同行们赴港演出。范瑞娟、傅全香、徐玉兰、王文娟、金采风、陆锦花、徐天红、丁赛君等几位光彩夺目的演员，带了《孔雀东南飞》《西园记》《盘夫索夫》三出光芒四射的名剧。这三出戏，我都是举家往观，每次都得到很大的满足。尤其是范瑞娟、傅全香的《孔雀东南飞》，自始至终把我们紧紧吸住，蔷华、红儿则为之“泪湿罗巾”，我也眼眶里润湿，这就不能不钦佩这个戏的巨大魅力。

说起《孔雀东南飞》，我倒是三生石上同它有些“缘分”的。早在青年时代，我就十分喜欢这首诗。20 世纪 30 年代初期，我正式“下海”同砚秋合作，常到王瑶卿大师家谈戏。有次忽然谈起了这出《孔雀东南飞》。当时北京戏曲学校常演此戏，由王和霖演焦仲卿，赵金蓉演刘兰芝。王和霖是老生，由老生演这个角色，我总觉得不大合适，就顺便向王大师商讨，改由小生来演如何？王大师说：“好则好了，惜乎戏校没有好的小生。”我就自告奋勇，表示愿意一试。怎知我们“言者无心”，王玉蓉却“听者有意”，后来排演《孔雀东南飞》时，果然邀我演焦仲卿。从此，便把“挂胡子的焦仲卿”挤出《孔雀东南飞》了。

顺便讲个有趣的插曲。当年我年轻的时候，曾经三次抢过“老生”的戏，这焦仲卿是第一次。砚秋《红拂传》的李靖，原由郭仲衡扮演，后来也由我演，这是第二次。梅派《西施》的范蠡，原来也是王凤卿扮演，后来我同慧珠合作，由我扮演，这就是第三次。

这回范瑞娟、傅全香的《孔雀东南飞》，开始她们两位邀我们夫妇去看戏，我颇为担心，《西园记》《盘夫索夫》美玉在前，这出戏能否“并驾齐驱”？

这个担心，是有自己的经验作为根据的。因为我们京戏《孔雀东南飞》，虽然唱做繁重，也是骨子好戏，但有一个缺陷，就是太“冷”。我曾久居香港，知道港九同胞都是“热心肠”——爱“热”不爱“冷”。谁知这次看到大帷幕初开，马上就“热气腾腾”，不仅开头“热”，中间“热”，结尾也“热”——“热”得人泪珠儿如断线珍珠，“煞”也“煞”不住。

最出人意料的也是最令人高兴的，是范、傅均年逾“知命”，居然宝刀不老，光彩不减当年，比之五十年代演《梁山伯与祝英台》时期，扮相还要漂亮，嗓子亦无逊色，至于演技则更为精到——脸上有戏，身上有戏，脚下有戏，眼睛有戏，眉毛有戏，真是浑身是戏。也许有人说我“夸大其词”，其实“秦琼卖马，货买识家”，观众必会有定评的。

以袁雪芬为代表的越剧界朋友常说，越剧有两个“奶妈”：一是昆曲，我们从它那里吸收了优美的身段动作、细腻的表演艺术、高雅的辞章；一是话剧，我们从它那里学会了一整套编、导、演、灯光、化妆、美术、效果等科学分工，学习了现实主义的表演手法。我看，不仅昆曲、话剧是越剧的“奶妈”，京剧、川剧甚至评弹，也都是越剧的“奶妈”。袁雪芬、尹桂芳、范瑞娟、傅全香、徐玉兰、王文娟等越剧表演艺术家，几乎都师从朱传茗、张传芳、郑传鉴、方传芸学过昆曲。傅全香就跟传茗认认真真学过《游园》《琴挑》《思凡》三出戏。据她自己说，光是《游园》一场戏，传茗就足足教了她三个月。不但学昆曲，还学京戏。尹桂芳私淑叶盛兰，范瑞娟私淑马连良，傅全香更有“越剧程砚秋”的雅号。总而言之，越剧这个剧种，就好像海绵，最善于博采各家之长。

越剧的这个优点，在《孔雀东南飞》中也表现得非常明显。范瑞娟在“雀愤”一场，身段边式，表演细腻，满腔悲愤，溢于言表，极似连良。尤其是双袖翻飞那个动作，是连良最喜欢“漏”的一手。差别仅在于，马大师是以袖拂须，范瑞娟虽然无须，但用这个激烈、漂亮的动作来表示内心的激愤，恰到好处。傅全香唱法得到砚秋的精心指点，气息调节特佳，真假嗓结合严丝密缝，人称“越剧花腔女高音”，确实名不虚传。她的身段、水袖、台步既经传茗悉心传授，又得到名票顾森伯的教导，还通过“情探”一戏，从川剧名家周慕莲、阳友鹤两位名演员那里学到不少东西。因此这两位越剧表演艺术家在“雀盟”这场戏里的精彩表演，充分反映了她们善于向兄弟剧种学习的特长。我一边看，一边关照自己，当心，勿要哭，勿要哭！哪里知道，当焦仲卿因刘兰芝不肯停车而情急昏倒，刘兰芝一声惊呼，扑出车外——这一声“仲卿”，既喊得动人心魄，这一“扑”的身段，又做得揉人肝肠，看到这里，人的眼泪情不自禁地留不住了。我深切感到她们的这种表演，比我当年的演出更为细腻动人。

在这个戏里，还有一点也出乎我的意料：兰芝被遣还家，换穿新娘装束。这样打扮，证明他们的艺术设计是相当高明的。这一改，不仅耀人眼目，而且鲜明地突出了兰芝的倔强性格，这恰恰在前几场戏里被淹没在“顺从”中。在此加以“突出”，于是使戏一方面掀起了一个高潮，另一方面又为“雀殉”埋了一个很好的伏线，这是导演朱铿的匠心独运。

我还非常喜欢这个戏的本子。唱词基本上接近原诗，而又明白如话。三字句，五字句，七字句，搭配整齐，注意音韵；演员歌来，酣畅淋漓，观众听来，舒心惬意，尤其是三字句，安排得很巧妙，显示了编剧南薇的才华，实在令人钦佩。这正是我们昆剧界人多年来梦寐以求而不得的——因为昆剧曲牌格律太严，不易突破。希望从事戏剧工作者，今后能以“越”为“鉴”，推陈出新。

上海越剧院六十年前的渊源（节录）

傅瑾

（发表于 2015 年第 9 期《上海戏剧》）

1952 年 10 月华东越剧实验剧团赴北京参加全国戏曲会演，并且因《梁祝》等传统戏获得盛誉，成为剧团调整运营思路更重要的催化剂。传统戏的精彩演出得到鼓励，政治性的宣教剧遭冷落，促使剧团开始逐渐摆脱不切实际的“江南新歌舞剧”的幻想，以及片面强调宣传教育功能的急功近利的道路，重新回到承继越剧传统、注重表演艺术的轨道。在以后的发展过程中，戏改干部逐渐退出剧团一线的实际管理，各班社原有的编导的作用重新得到重视，于是才有请南薇等人加入华东的考虑。

但是这也埋下了一场新冲突的种子。在 20 世纪 50 年代越剧界的动荡重组过程中，华东在内部人事上未能真正解决好剧院的新体制与那些曾经任职编导的文人们之间的关系，其中最有代表性的就是和袁雪芬、傅全香等名演员合作多年的南薇。

众所周知，南薇的创作包括《祥林嫂》《山河恋》和《孔雀东南飞》等，尤其是在袁雪芬、傅全香的演艺生涯中都具有特殊意义的《梁祝哀史》（虽然有关该剧的署名权的争议非常复杂）。南薇堪称 20 世纪 40 年代越剧界最重要的编导，更在袁雪芬崛起过程中有过不可忽视的贡献。越剧界引以为豪的编导制的确立，南薇与吴琛、徐进都是其中的标志性人物。

但是东山加入华东时并不包括南薇，他并不在《上海越剧志》中所说的当年加入华东的“大部分人”之内。他与东山的余部自组了上海越剧实验剧团，然而并不成功，没有名角的剧团显然难以发挥他的才华。1953 年华东戏曲研究院的创作室扩大并改名为编审室时，才有南薇加盟。不过他在编审室工作一段时间后，始终无法融入这一新环境，而且他并非在编审室的越剧组，而是在资料研究组工作，所以一直郁郁不得志。和他同样不得志的，还有一起与袁雪芬等名伶多年合作的韩义。

华东越剧实验剧团组建时包括两部分人，作为主体的是越剧班社的演职员，还有像伊兵、陶雄这样的戏改干部。这些戏改干部尽管都有从事戏剧活动的经历，但是对越剧的名伶及其班社的运营并不熟悉。然而，他们既是政府推动“戏改”运动时最为倚重的干部，又屡屡在政府主办的各类演员学习班上为名伶们讲课，因此他们介入剧团的组建与运营，绝不是来协助演职员实现其经营目标的，他们更重要的任务是负责推动戏曲改革事业，还是建院之后短短几年里相继开展的“三反”“五反”运动和文艺整风运动的主导者。

在研究院初建的几年里，伊兵等戏改干部和袁雪芬等艺人之间经过复杂的互动，确实逐渐找到了彼此合作的新模式。具体到最直接地关系剧团的生存与发展的剧目方针上，戏改干部们最初以改造的姿势面对艺人的态度发生了较明显的变化，“随着尊重遗产观念的确立，也进一步培养了尊重演员的态度，在整理传统剧目的工作中逐渐加强了和演员的合作，而密切依靠演员正是做好这一工作的重要条件之一”。戏曲演员们在演出剧目上有了话语权，那么，当年与名伶们合作创编了那些优秀剧目的编导们呢？难以预料的是，戏改干部与艺人之间的冲突得到了解决，但新的矛盾同时出现，这次冲突的双方，是戏改干部与当年在商业化环境里支撑了越剧名伶的辉煌的编导们。

如前所述，无论是华东越剧实验剧团还是华东戏曲研究院，在其初建的几年里，从战时体制中延续而来的为政治宣传而图解政策的惯性依然。经历了创作大量图解政策的、成活率极低的新编现代戏的阶段，华东戏曲研究院在 1953 年终于做出了剧目方针上的重大调整，这就是南薇等人加入华东的重要契机。这里所说的重大调整，最直接的标志就是原来的“创作室”改成了“编审室”，名称的改变同时意味着更重要的功能变换。而且，既然“整理改编”成为编审室的主要职能，更能发挥作用的就显然不再是戏改干部们。如果重视剧团的经营，南薇等人的价值就不可忽视，这也是前述各大越剧班社里编导占据了重要位置的原因，同时也正是他们在新的国营剧团中存在的依托。他们与名伶长期合作的成功经历，决定了他们仍然拥有明显的影响力。

在华东戏曲研究院撤销时，越剧实验剧团所总结的四大问题中的最后一条，就是“一团受到过南薇、韩义思想的迷惑，内部思想斗争不断开展”。但我们都知道华东戏曲研究院的越剧一团不再是雪声那样的私营班社，加入了华东的南薇、韩义也不是剧团的一员而在与剧团若即若离的编审室。更何况经营状况从来就不可能是华东戏曲研究院首要的考虑，而如果要突出国营实验剧团的政治功能，那么，南薇等人在政治和文化上都没有任何优势。至于他们作品的市场魅力，在一个商业利益恢复次要地位的新环境里，也不再是其骄傲的理由。因此在华东戏曲研究院撤销时，南薇虽然留在上海越剧院，不过次年 11 月就被除名了。

如此我们看到，戏改干部和当年的私营班社编导这两类人的冲突，背后实为政治与市场的博弈，这个难题可以用简化的方式表述：如果说在上海这样的商业化城市里，新兴越剧的艺人们必须有所“依靠”，那么，她们究竟应该依靠南薇还是依靠伊兵？这也是新加入华东的南薇等人和执掌研究院实际权力的戏改干部们始终难以融为一体的内在根源。

后　记

《南薇先生评传》终于完稿，这也了却了萦绕笔者心中许久的心愿。

南薇先生谢世十八年之后，2006 年 5 月 14 日，上海《文汇报》的“文汇笔会”版面上，刊出了中国戏剧家协会主席刘厚生先生一篇文章：《越剧功臣，南薇与韩义》。

开卷明义他写道：

我首先想问一声现在的越剧观众和青年越剧工作者：你们知道南薇和韩义这两个名字吗？

我问过一些人。少数人模模糊糊，多数人不知道，只有健在的越剧前辈老大姐们都还忘不了他们。

他们是不应该被遗忘的人……

由于历史造成的原因，南薇这个名字被埋没在历史长河中。

当我们在上海各大图书馆寻找刊登有署名“南薇改编”的《梁山伯与祝英台》完整越剧剧本的《人民文学》杂志，却被告知所有出版的《人民文学》杂志都在，偏偏独缺这一期时，我们几近崩溃。最后在国家图书馆找到这一期《人民文学》，多谢国家图书馆的同志，还将该份杂志的复印件，盖上国家图书馆的印章寄给南薇家属。凭借这份证据，在江苏、浙江两省高级人民法院，南薇家属打赢了两场《梁山伯与祝英台》的维权官司。

刘厚生先生早年曾担任过“雪声剧团”的编剧，中华人民共和国成立初期，又在上海文艺界任职领导。他这篇文章的发表，不啻为南薇洗脱了他身上积存的污垢，还了南薇一生清白。为此南薇家属感激于怀，铭记在心。

对南薇感念于怀的，还有越剧著名演员范瑞娟、傅全香两位。在南薇逝世十周年之际，在《上海戏剧》杂志上，两人各自发表了纪念文章，这也是越剧界唯一为南薇先生发声的两位前辈。文章收录于附录中，这是弥足珍贵的一页篇章。

杨华生前辈是上海滑稽戏代表人物。在鲁迅逝世20周年之际，他主演了由南薇编导的《阿Q正传》，获得非凡成功。在上海越剧院成立50周年院庆时，他撰写了《忆南薇》一文，并亲自送交上海越剧院。此文也收录于附录中，印证了南薇与上海大公滑稽剧团一段合作的历史。

20世纪80年代，范瑞娟、傅全香赴香港演出南薇名剧《孔雀东南飞》，昆曲一代宗师俞振飞前辈在1980年11月29日的香港《文汇报》上发表了题为《送“孔雀”南飞，祝载誉归来》的文章，对南薇作了恰如其分的评价：“我还非常喜欢这个戏的本子。唱词基本上接近原诗，而又明白如话。三字句，五字句，七字句，搭配整齐，注意音韵。演员歌来，酣畅淋漓，观众听来，舒心惬意，尤其是三字句，安排得很巧妙，显示了编剧南薇才华，实在令人钦佩。……”全文收录于书中，供读者欣赏。

傅瑾同志的《上海越剧院六十年前的渊源》发表在2015年第9期《上海戏剧》杂志上，是篇颇有新意的佳作，附录中节选了有关南薇的章节。

这里还要提一提另外一位林鸥先生。他是沪上一位传奇式的达人。他收藏了数千册上海解放后各剧种演出的剧本，多数是各剧团上交文化局备案的油印本，以及数千页演出说明书。如南薇于1950年在上海新戏剧出版社出版的《梁祝哀史》单行本孤本，以及《祥林嫂》首演油印本和东山越艺社演出《祥林嫂》说明书，说明书专为北上北京献演特制，刊有全剧唱词白口，以便让北方观众看懂越剧。

另外一位新浪网友@格里董（董雄飞）先生，他提供了《阿Q正传》《拉郎配》等大公滑稽剧团演出的说明书，特致以谢意。感谢陈嫣媚女士对封面设计提供的帮助。

附录转载文章的作者，因联系不到本人，唐突之处，甚感歉疚，在此亦深表谢意。